实践存在论美学丛书

# 实践美学的困境与出路研究

黄学勇　著

苏州大学出版社

**图书在版编目(CIP)数据**

实践美学的困境与出路研究/黄学勇编著. 一苏州
:苏州大学出版社,2013.5
ISBN 978-7-5672-0451-5

Ⅰ. ①实… Ⅱ. ①黄… Ⅲ. ①美学一研究 Ⅳ.
①B83

中国版本图书馆 CIP 数据核字(2013)第 071414 号

**实践美学的困境与出路研究**

黄学勇　编著

责任编辑　张　希

苏州大学出版社出版发行
(地址:苏州市十梓街 1 号　邮编:215006)
南通印刷总厂有限公司印装
(地址:南通市通州经济开发区朝霞路 180 号　邮编:226300)

开本 890 mm×1 240 mm　1/32　印张 10.375　字数 242 千
2013 年 5 月第 1 版　2013 年 5 月第 1 次印刷
ISBN 978-7-5672-0451-5　定价:46.00 元

苏州大学版图书若有印装错误,本社负责调换
苏州大学出版社营销部　电话:0512-65225020
苏州大学出版社网址　http://www.sudapress.com

# 目录

Contents

# 第一章

## 绪论

“作为实践美学的主要代表之一的刘纲纪在2000年一次国际美学会议上谈到，目前世界范围内存在着三种类型的马克思主义美学：一种是苏联的马克思主义美学，一种是西方马克思主义美学，再一种是中国马克思主义美学。苏联的马克思主义美学随着苏联和东欧国家的解体已经渐渐失去其影响；西方马克思主义美学由于在许多重大的和基本的问题上背离了马克思主义，面临着严峻的挑战和危机；所以真正坚持马克思主义的只有中国马克思主义美学，不过中国马克思主义美学需要适应时代的发展，不断从世界学术文化中，特别是从西方马克思主义美学中吸取营养，进行自身的调整和改造，否则很难承担起它的应有的使命。”①哲学美学和马克思主义美学是二十世纪后期中国美学所呈现的总体样态，实践美学是马克思主义美学中国化的最重大的理论成果。二十世纪后期的中国美学界均自觉地在马克思主义理论指导之下进行研究，中国学者从《1844年经济学—哲学手稿》（以下简称《手稿》）中发掘出了中国当代美学的哲学理论依据。在马克思主义美学不断中国化的过程当中，《手稿》直接影响了中国当代的实践美学的构建。某种意义上，该时期的中国美学可以称之为马克思主义美学。《文史哲》副总编陈炎教授说：“‘实践美学’的最大意义并不在美学自身，而是从美学的角度为‘实践本体论’所提供的支持。”②

在二十世纪五六十年代中国关于美的本质的大讨论中，以李泽厚为代表的“客观社会派”在当时四大流派的论争中脱颖而出。

---

① 阎国忠．给实践美学提十个问题［J］．吉首大学学报：社会科学版．2005（4）：44－48．

② 陈炎．“实践美学”与“实践本体”［J］．学术月刊，1997（6）：61－64．

在《美的客观性和社会性》(1957年)、《美学三题议——与朱光潜同志继续论辩》(1962年)、《关于当前美学问题的争论——试再论美的客观性和社会性》(1979年)诸文中,李泽厚以《手稿》为出发点,引入"实践"范畴,对"美"做出了全新的阐释,奠定了中国马克思主义美学的理论基础,也由此形成了实践美学一派以及确立了实践美学在当代中国美学中的地位。以李泽厚为代表的实践美学,通过对于《手稿》中"自然人化"、"劳动创造了美"等命题的创造性阐释,在深刻论证了美的根源的基础上,提出了美是物质生产实践的产物、审美是实践所产生的人化自然结构的反应性活动、艺术则是对审美的反映等论断。同时,李泽厚将《手稿》中"人化自然"、"人的本质力量对象化"等哲学命题美学化,使其成为实践美学的重要命题,并在美学领域做出了深远的历史贡献。

进入二十世纪八十年代,李泽厚所代表的实践美学在之前成果的基础上,以马克思实践的哲学立场,通过对康德三个批判的批判,提出了"历史整体"和"社会总体"等概念,既抓住、吸收了康德的人类主体性的文化心理结构,又改造了康德所忽略的人类主体性的实践性的客观基础,成功界定了专属于自己的特定的主体性内涵,形成了他的主体性思想。尤其是李泽厚在自然的人化、人化的自然基础上提出并深化的"积淀说",是对"人化自然"理论的重大发展,是对《手稿》美学思想的新拓展。在《康德哲学与主体性论纲》中,李泽厚强调,美作为自由的形式,是合规律与合目的性的统一,是外在的自然的人化或人化的自然。《美学四讲》中,李泽厚将自己的美学理论概括为哲学美学、马克思主义美学和人类学本体论美学。

当然,实践美学一派除了李泽厚之外,还有其他的一些著名的代表人物，包括刘纲纪、蒋孔阳等。不可否认的是，他们之间的实践美学理论不是完全相同。例如，李泽厚主要强调社会实践的积淀美学，刘纲纪则主张社会实践的自由美学，蒋孔阳则是多层累突创的实践美学。但就总体而言，他们都自觉地以《手稿》作为其理论基础和来源，能够以社会活动的性质界定实践美学，认为作为人类总体的物质生产方式，是不以个体的主观意识为转移的。这些都是值得我们继承的好的传统。中国当代实践美学最大的意义显然不是在艺术和实证的方面，而更多表现在哲学的层面。

二十世纪九十年代之后，由于中国社会的转型加速，同时学界又多受到西方“后学”的影响，一些中青年学者已经开始了用“后学”来审视中国当下的审美现象和美学思想的状况，相当多的中青年学者开始致力于中国美学的深化和转型。从 1994 年以杨春时高举后实践美学的大旗对实践美学予以批判，提出实践美学的所谓十大局限性之后，实践美学理论中的理性主义印记、现实化倾向、物质功利性等特征就饱受指责。在这场由后实践美学对于实践美学的批判而起的大潮之中，中国美学的发展呈现出多元化样态，存在论美学、生命美学、修辞论美学、否定主义美学等的超越之声至今不绝于耳。对于后实践美学的批判，赞成和捍卫实践美学的学者们也纷纷加入论争的行列，当然在捍卫的过程中也对实践美学自身进行了有益的反思和发展。朱立元教授就指出，以实践为哲学基础的实践美学，并没有把合目的性和规律性的理性化的实践活动直接等同于审美活动，而只是把实践作为理论的出发点，作为审美产生及发展的最终、最基本的根源，以此出发探讨美和审美的本质。说实践美学否认审美的精神性是错误的，同时把审美看作是纯精神性的也是一种片面，审美活动从根本上论，是无法离开人的物质自然存在的基础的。也正是在这种对于实践美学反思和发展的过程中，有的学者在不自觉之中虽然还张扬着实践美学的旗帜，但是在本质上已经和实践美学渐行渐远。进入二十一世纪以来，新实践美学在实践美学和后实践美学的论争当中脱颖而出。由此也展开了一幅实践美学、后实践美学、新实践美学相互论争的局面。但是，从他们的最高成就表现为“后实践美学”和“新实践美学”来看，显而易见，实践美学已经成为了当下美学研究所无法绕开的学术背景。就实践美学在当代和未来的发展看，研究其困境与出路具有重要意义。实践美学的主张者，包括笔者，要分析后实践美学的各种观点以展开积极的应对；后实践美学者则要对其所批判的实践美学作深入的研究以免误读。后实践美学的理论资源基本来自西方，如尼采、海德格尔和伽达默尔，等等。他们吸取了海德格尔的观点，主张“超越”美的本质。对西方的理论资源虽然要借鉴和吸取，但是要仔细的研究。有学者曾经指出，后实践美学所主要汲取的西方当代美学思想，实际上是一种正在衰亡的思想，并且这种对西方当代美学资源的汲取很有可能在中国造成“后殖民主义文化”，在大量借鉴西方文化改造自身文化的表象下面，实际上潜伏的是一种对传统信念和精神价值的危机感。[1]事实的确如此。虽然西学东渐的影响成为中国近代以来美学的主要思想来源，但它们，包括德国古典美学、后现代美学思想等，毕竟是一种外部条件，既不能代替中国美学自身的发展，也不能割断中国当代美学与中国古典美学传统的天然联系。多元化是哲学也是美学发展的必然趋势，但是在多元化的过程中，实践美学不仅不是

---

① 张立斌.实践论、后实践论与美学的重建[J].学术月刊,1996(3):79－80.

要走向终结，而是要真正地面对未来。

在二十世纪前半叶，中国马克思主义美学的最大成就是把唯物主义反映论原理引入美学理论，确立唯物主义美学观念，即明确了"文艺是社会生活的反映，社会生活是文艺的唯一源泉"这一基本思想。进入二十世纪下半叶，实践美学正是在对反映论美学原理的机械论弊端的反思和批判中、经过了五六十年代的美学大讨论而建立起来的。曾经在二十世纪一度成为中国显学的实践美学在九十年代中期以来遭到了来自各个方面的激烈批评，包括实践美学内部的和外部的。被指责最多的方面，诸如实践美学的审美缺乏抑或是忽视了超越性、个体性、精神性等特征，实践美学带有太多的理性主义色彩和存在主客二分等理论的难点等。面对诸多诘难，实践美学的代表人物及其维护者在应对这些挑战时总是显得有些力不从心。这其中的原因比较复杂，有些确实是无法回避的。比如，二十世纪八九十年代的实践美学由于在《手稿》的价值观方面做了深入揭示，给当时的哲学界带来的是一种新的气象，符合了时代发展的要求。但是在二十一世纪的今天，中国的社会正在经历着转型，许多实践美学原有的观点和理论就产生了如何走入现代性的问题。另外从国际上来讲，当代哲学也在进行着转向，而哲学是美学的基础，所以从客观的角度，实践美学毋庸置疑面临着很大的困境。是否基于种种客观原因，实践美学在当下就失去了存在的意义，就要终结呢？本课题的意义正在于给这样的问题以明确的否定回答。我们不是要回避实践美学的困境，而是要为实践美学在现代性和全球化的语境下探索有益的出路。

实践美学最初的目的是为了超越蔡仪的客观论，同时克服机械唯物论的认识论美学的局限。李泽厚用马克思主义的实践哲学为基础和出发点，以《手稿》中的“自然的人化”来解释美的本质、美的产生、美的内容、美的形式等一系列的问题。李泽厚在发表于1981年《美学》第三期的《美学的对象与范围》中说：“关于美的本质，我还是1962年《美学三题议——与朱光潜同志继续论辩》中的看法，没有大的变化。仍然认为美的本质和人的本质不可分割，离开人很难谈什么美。我仍然认为——要从马克思主义的实践观点，从‘自然的人化’中探索美的本质和根源。”

二十世纪六十年代，李泽厚的客观社会论美学就已经基本形成了实践美学体系的理论框架。从蔡仪发表于1947年的《新美学》，开始对朱光潜的“唯心主义美学思想”（其1932年的《谈美》和1949年的《文艺心理学》）的批判开始，围绕美的本质的主客观属性问题，形成了之后的二十世纪五六十年代的美学大讨论。这场讨论形成了三个主要学派：以蔡仪为代表的客观派、以朱光潜为代表的主客观统一派和以李泽厚为代表的客观社会派，也称实践派。也有相当一部分学者，比如蒋孔阳，认为当时是四派，就是把吕荧（原名何洁）和高尔泰为代表的主观派加进去。但是，从当时这几派形成的缘起，即由于对朱光潜的批判来看，真正参与并提出一定见解的还是前面讲到的三派。

2002年2月7日晚，在香港城市大学中国文化中心，北京《文艺研究》期刊采访了李泽厚。在该访谈当中，李先生这样谈到：“‘四派’的提法，怪我。我当时在一篇文章中提出有四种意见。这一提法看来是不能成立的，因为所谓的‘四派’就是把吕荧、高尔泰也算作一派，但实际上，他们的理论，从系统和思辨的广度和深度上，都难构成一派，而且引述他们理论观点的人也不多。朱光潜、蔡仪倒各是一派。蔡仪有自己的体系，尽管你可以不相信他，但他有自己的一套，而且有他的学生坚决追随他。”李泽厚先生还说：“因为黄药眠的文章没有提出什么理论，于是就变成朱光潜、蔡仪和我三家之争。这也就是三派的由来。”

诸派之中影响最大、参与人数最多、持续时间最长，可真正堪称学术流派的当属李泽厚的实践美学一派。

二十世纪八十年代初，围绕对《手稿》的讨论，四派美学都有所发展，并进而形成了美学的第二次大讨论。以李泽厚为代表的实践美学在该时期获得了长足的发展，在争论中具有压倒性的理论优势。实践美学的基本框架在这个时期被李泽厚保留了下来，并把“人化自然”作了外在自然和内在自然两个方面的人化，在对“人化”的历史过程的概括之中使用了“积淀说”。李泽厚把自己的“人化的自然”说与中国传统哲学、美学联系起来，提出了新的“天人合一”，将其美学理论称为“主体论实践哲学”或者是“人类学本体论哲学”的美学观。这里有一个有意思的现象：李泽厚本人认为，他讲实践，也讲美学，但是从来没有把这两个词复合在一起称之为实践美学。李泽厚的实践美学，其学术资源主要来自三个方面：马克思的实践哲学、康德的批判哲学和儒道互补的中国文化传统。李泽厚在《美学四讲》中把自己的美学理论概括为哲学美学、马克思主义美学和人类学本体论美学。实践美学这个概念实属其他学者所概括。但是在2004年北京第二外国语大学举办的实践美学研讨会上，李泽厚先生也首次宣布接受了“实践美学”这个概念，并认可了“practical aesthetics”这个英文翻译。

二十世纪九十年代，实践美学面对困境：来自后实践美学的批判和挑战。该时期，受到西方“后学”的影响，一些中青年学者已经开始了用“后学”来审视中国当下的审美现象和美学思想的状况。1994 年第一期的《社会科学战线》上发表了厦门大学杨春时教授的《超越实践美学,建立超越美学》,同年第四期的《社会科学战线》接着发表了华中师范大学张玉能教授的《坚持实践观点,发展中国美学》。由此,实践美学和后实践美学的论争正式开始了。后实践美学一派还包括南京大学潘知常教授的生命美学、北京师范大学王一川教授的体验美学等。在实践美学的坚持和捍卫者的学说之中,早期的代表有武汉大学刘纲纪教授的创造自由论、山东大学周来祥先生的美在关系、复旦大学蒋孔阳先生的审美关系论等;后期的代表人物除了张玉能之外,还包括蒋孔阳先生的弟子、复旦大学朱立元教授和李泽厚先生的学生、武汉大学彭富春教授等。进入二十一世纪,新实践美学在实践美学和后实践美学的论争当中脱颖而出。2001 年,张玉能教授申请了国家社科基金项目"马克思主义实践美学范畴体系",其科研成果定名为《新实践美学论》。朱立元教授等在主编高校面向二十一世纪教材《美学》中,也做了走向实践存在论美学的尝试。在应对后实践美学的论争之中,实践美学的捍卫者们做了很多努力,同时,也认识到后实践美学对实践美学的批判并不是全无道理。朱立元教授就提出,实践美学是派中有派,李泽厚和蒋孔阳是有区别的。朱教授认为:李泽厚存在的问题主要在于一方面没有超越主客二分的传统认识论模式,另一方面对实践的看法狭隘等。

实践美学和后实践美学的论争还将继续发展。当前的实践美学研究模式为:美论—美感—艺术论—美育论,即把客观存在的美作为逻辑起点,先研究美的本质;再研究人对美的认识(美感);美感的集中体现就是艺术,形成艺术论;最后是美育论。该模式的显著特征在于,先是把人与世界截然分开,然后又把主客体看作为现成的认识关系。除了主客二分之外，现成论也是要克服的，即为了有一个认识的对象，先假定了美的存在。故此，就要不断地追问"美是什么"等有关美的本质的问题。实践美学要发展就要突破原有的思维模式，在美学的研究对象、对实践的理解等方面有所创新。目前，包括实践美学的创始人李泽厚先生也在对实践美学的困境与出路问题进行思考。

本书内容，是试图通过对实践美学的研究和维护，以期达到对马克思主义美学理论的坚持和发展。美学目前是一门独立的学科，但是，本书更多的是站在哲学的角度来梳理实践美学的发展过程、面临的困境并提出探索的出路。首先本书谈到了《手稿》和实践美学的关系，在这个大的前提之下，注重对马克思主义实践观的哲学基础的研究。目前很多学者为了适应现实环境抑或是建构自己学术体系等的需要，基本上是放弃了以实践为基础，例如杨春时的生存论超越美学；还有学者虽然坚持实践美学要走向实践，但是持转型观点，例如王德胜先生在 1994 年第三期《求是学刊》上发表的《审美文化批评与美学话语转型》一文就是典型的代表。在坚持实践美学的学者当中，例如刘纲纪等，其实际持的是改造论。当然，不管是超越、转型还是改造，本质来讲都是如何对待传统实践美学的问题。其次，时下对实践美学的困境分析，很少涉及社会现实等客观原因，应该把社会转型和受西学的影响考虑进去，这是笔者对此问题的分析视角。回顾实践美学的发展，其缘起有很大一部分原因是得自政治和当时社会的现实需要。没有新中国的成立和当时政治上统一意识形态的需要，也许就不会有第一次的美学大讨论，当然就不会催生李泽厚先生对实践美学的建构；没有"文革"对人的精神等层面的压抑，也许就不会有"文革"后紧随而至的美学界第二次大讨论,也就造就不了实践美学在当时的一度显学地位。当然,“文革”的封闭阻断了西学在中国的广泛传播也是实践美学在当时能够一统天下的一个原因。成也萧何,败也萧何,也正是历史在之后的社会转型,又把实践美学推到了时代的风口浪尖,超越、转型、改造之声至今仍不绝于耳。把这一方面作为笔者的一点创新,并不是说之前没有学者关注过,只是,之前的很多学者在探究实践美学的困境时多是从学理角度切入,而把现实方面作为实践美学困境的原因来分析,且系统成文的几乎很少。

就本书的研究方法这里先作一个简单的说明:虽然美学的研究对象是艺术,但是本书并不涉及艺术的任何问题,而是在哲学的层面,以马克思主义实践观的视角对实践美学作粗浅的研究。我国美学界在二十世纪的五六十年代和八十年代,围绕美的本质问题展开了两次大讨论,最后基本形成了一个统一的看法,马克思主义哲学的实践的观点是解决美学各种问题的哲学前提。实践美学前期从实践出发,得出了美的客观性和社会性的结论;后期从外在自然的人化论美,从内在的自然人化论美感,形成了完整的理论体系。与绝大多数学者把马克思主义理论只当作现成的理论资源和依据拿来引用不同,实践美学的代表人物李泽厚先生,敏感地抓住了《手稿》中的“自然人化”,将其定位在工具本体论的人类学环节,在唯物史观、在实践论之中形成美学的一个具体而又独特的理论支点。其次,本书论述的中心是实践美学的困境与出路,特别是在论述其困境的部分,较多地把实践美学与其他各派进行了比较。目前,正是由于社会转型、中西方文化交汇等外部原因在一定程度上导致了实践美学的困境,所以,做一番综合比较是很重要的一个方法。最后,本书还采取了以问题为中心、史论结合的方法。虽然在时间的线索上，对实践美学的发展阐述基本上立足当代，但是在对其困境的原因分析方面则更远地回顾了新中国成立以来的有关历史，以争取立论有史的依据。在内容上，本书包含了实践美学的哲学基础、困境分析和出路研究等。

本书包括绪论在内共分为七章。其中，绪论介绍了选题依据、意义、研究现状、创新点和研究方法。第二章至第七章是主体部分，其结构为“提出问题—分析问题—解决问题”的三段格式。第二章的内容为当代实践美学的形成和发展，主要谈到了当代实践美学的界定、实践美学一派的形成、当代实践美学观点的哲学基础以及当代实践美学的发展。该部分内容从实践美学的界定开始，特别要强调的是，由于李泽厚是实践美学公认的代表人物，并且实践美学一派也是由他创立，所以本书所探讨的实践美学思想也基本上就是李泽厚的美学思想。李泽厚所创立的实践美学，笔者认为主要集中体现在其前期及中期的思想，虽然当代实践美学后来有所发展和变化，但有一点是学界的通识，即当代实践美学是以马克思主义的实践观作为哲学基础，以自然的人化说为理论基础的哲学美学。在此意义上，还要说明一点，即当代实践美学的探讨并不涉及艺术的、实证的层面等。在实践美学的形成这个部分，重点介绍了二十世纪五六十年代的那场意义深远的美学大讨论，既有历史的梳理，又有个人的观点和反思。实践美学的哲学基础这个部分是第二章思考比较多的地方，结合《手稿》中美学思想的论述，重点阐释了《手稿》与实践美学的逻辑关系，以及《手稿》何以能够成为实践美学的哲学基础的问题。第二章的第四个部分，即实践美学的当代发展，其实质是要论证马克思主义美学中国化的一个简单历程，主要介绍了毛泽东和李泽厚在这段中国化过程中的历史贡献。第三章的内容是实践美学的历史地位,主要包括马克思主义理论在中国的发展、实践美学对于《手稿》异化思想的正面发展、从实践之路转向探索美,挑战了西方古典美学的最高成就、用实践美学的思想对中国古典艺术作了新的阐释。这个部分首先从《手稿》与“新美学”开始,着力论证了实践美学的伟大之处。特别是实践美学能够从《手稿》中的命题入手,包括“人化自然”、“人的本质力量的对象化”、“两个尺度”、“人也按照美的规律来建造”、“劳动创造了美”、“音乐的耳朵”(美感问题)等,不仅阐发了属于中国话语权的美学思想,而且形成了严密的理论体系,提出并丰富了属于中国化的许多美学范畴。第四章的内容是当代实践美学面临的困境,主要从实践美学的哲学基础和理论体系的被批判、实践美学内部的分化几个方面展开论述。实践美学、后实践美学和新实践美学的论争,即当下被学界认为是正在进行的第三次美学大讨论,在经历了二十世纪八十年代的美学热之后,实践美学在关于美的本质、主客体二元化、功利化等方面渐渐暴露了一些弱点。实践美学的哲学基础是实践,对实践范畴批判最严厉的是后实践美学。后实践美学试图通过对实践美学哲学根基的批判,而达到超越实践美学的目的。后实践美学对实践美学的批判,主要是围绕实践这个核心概念,而后在实践的五个方面,分别针对与之相关的五个关系来展开的。具体包括:在实践的地位上,实践与实践美学的关系;在实践的功能上,实践与审美的关系;在实践的性质上,实践与生存的关系;在实践的过程中,实践与超理性的关系;在实践的结果方面,实践与超越的关系。第五章是实践美学困境的原因分析,即社会转型的深刻历史背景、西方后学资源的影响、实践美学自身的原因分析等。实践美学在二十世纪八十年代末，尤其是九十年代以来不断受到批判而陷于目前的困境，这与社会转型的背景有很大的关系。新实践美学、后实践美学、生态美学等，很多思想就是回应了这个新的时代，比如对美的本质的消解、对实践范畴的新解、对主客二分的超越，包括对世俗的批判以达到对自由的追求等。另外，来自西方学术资源引入的影响，也是导致二十世纪八九十年代以来实践美学步入困境的一个原因。至今很多国内的学者还是将西方的资源作为研究对象，甚至是学术背景，但关键的问题是，我们对于舶来的诸多资源的理解和吸收都是正确的吗？当然，实践美学的困境除了外在的原因之外，还有其自身原因，尤其是对一些核心范畴的理解，包括对实践、自然人化以及美的本质的认识的不同等。第六章的内容是实践美学的反思，包括思辨和逻辑论证在研究方法上的缺乏、自然人化规定美的本质是否恰当这两个方面的思考。在研究方法上的反思，笔者认为主要集中体现为实践和审美的关系上，缺乏概念内涵上的逻辑论证，其中包括内在与外在两个方面：从内在层面而言，实践美学的核心命题是“自然人化”，即人的本质力量的对象化，这个命题与黑格尔的“美是理念的感性显现”一样，带有形而上的性质，不能仅依靠经验描述；从外在的层面来说，作为审美的实践根源，这个实践和审美联系的活动是什么样的活动？实践和审美的关系如何？这些都是实践美学需要反思的地方。另外，李泽厚所要建立的哲学思想体系是主体性实践哲学，那么他用自然人化规定美的本质是否恰当？这也是在实践美学的理论体系建构方面所阐发出来的问题。第七章是实践美学的出路研究，主要从三个方面展开论证，即实践范畴的再认识、实践美学需要着力重构的两个方面以及如何突破传统的“思维模式”等。在这个部分笔者指出，在对实践美学出路进行探索的时候,对于实践这个范畴如果不能超越认识论、价值论的层面而进入本体论的高度,那么,仅仅依靠传统的实践观点就无法将其与审美活动相联系,也无法进一步去说明美的根源、解释美的本质等问题。在对中国近代以来的美学本体论线索按照科学主义立场和人本主义立场进行梳理之后,重新以马克思主义的历史唯物主义立场审视了实践的内涵,特别是实践在实践美学中的界定。通过以上分析,笔者提出了以实践的二重性去重构实践与审美的关系,以及在实践的基础上如何正确看待所谓的"主客二分"的思维模式。需要说明的是,由于受笔者的资质,包括学术能力的限制,在这个部分很难有什么创新之处,对于实践美学出路的研究,还将在以后加强。本书最后为结语部分。

# 第二章

## 当代实践美学的形成和发展

# 第一节

## 当代实践美学的界定

当代实践美学的代表人物非李泽厚莫属,他所创立的实践美学,集中体现在其前期的思想,即当代实践美学是以马克思主义的实践观作为哲学基础,以自然的人化说为理论基础的哲学美学。在这个意义上,当代实践美学的探讨并不涉及艺术的、实证的层面等。

"所谓实践美学,从哲学上说,乃人类学历史本体论(亦称主体性实践哲学)的美学部分,它以外在—内在的自然的人化说为根本理论基础,认为美的根源、本质或前提在于外在自然(人的自然环境)与人的生存关系的历史性的改变;美感的根源在于内在自然(人的躯体、感官、情欲和整个心理)的人化,即社会性向心理性(自然性)的渗透、交融、合一,此即积淀说。"①这是2006年李泽厚写的实践美学短记中的一段话,应该是其对实践美学最新的结论了。从1956年的《论美感、美和艺术(研究提纲)——兼论朱光潜的唯心主义美学思想》,到1989年香港三联书店初版《美学四讲》,李泽厚的实践美学思想,用他本人的话讲,有发展但是变化不大。上段引文基本表现出了李泽厚实践美学思想的理论框架。

① 李泽厚.华夏美学·美学四讲[M].北京:生活·读书·新知三联书店,2008:408.

从李泽厚二十世纪五十年代以来的思想轨迹发展来看，他前后的变化还是有的。以对美的本质问题的看法为例，二十世纪五十年代，他认为美是用感官可以直接感知的具体形象，这个具体形象当中是包含了现实生活发展的本质规律和理想的美；到了二十世纪八十年代，李泽厚的观点有了新的变化，他提出了“美是真和善的统一”的观点，这里的真是规律性的真，善是合目的性的善，所谓的统一，即表现出的形象就是美。这里需要注意的是，之所以后来实践美学饱受争议，与这里的“真”、“善”的本质是有关系的。此处的真，就李泽厚而言，是“逻辑的真”，而不是当下流行的“存在的真”，这种观点在解释审美的超越性的问题时，就遇到了困难。其实，李泽厚在此处的观点与黑格尔是类似的，只不过黑格尔的“真”指的是观念的世界，李泽厚的“真”则带有了社会生活的内容。

“需要说明的是，这里讲的实践美学，主要是指李泽厚在《批判哲学的批判》、《美学四讲》中表达的美学，刘纲纪在《艺术哲学》等著作中表达的美学，以及蒋孔阳在《美学新论》中表达的某些美学观点。李泽厚后来游离于实践美学之外，他所谈论的与实践美学已经相距很远；刘纲纪则始终坚守在实践美学范围之内，不过他没有停止对美学基本问题的反思，在他后期的一些论述里，通过与西方马克思主义美学的比较，给自己，也是给实践美学提出了若干非常重要的理论问题。蒋孔阳虽然在许多观点上与李泽厚、刘纲纪比较接近，但是，他在‘美在创造中’、‘美是恒新恒异的’、‘美是多层累的突创’等命题中就美的本质问题表达了完全不同的全新的见解。”[①]阎国忠先生在此排除了李泽厚后期的一些思想，言下之意就是把实践美学的思想集中在他的“客观社会说”。而要对李泽厚的“前期”做个时间界定的话，应该从他26岁时，为了批判朱光潜而发表的论文《论美感、美和艺术（研究提纲）——兼论朱光潜的唯心主义美学思想》，至《美学四讲》。李泽厚说：“我的美学观点主要在《美学四讲》一书里。《美学四讲》以后，我就告别美学了。……我讲我的美学没有变化，是说我的美学的基本观点没有变化，对美和美感的基本看法没有变化，对他们那两派的看法没有变化。但就美在我的思想中的地位而言，就美学在我的理论结构中的位置而言，那是有变化的，因为后来我的美学思想成为我的哲学思想的一部分。”（见2002年2月7日晚，在香港城市大学中国文化中心，北京《文艺研究》期刊和李泽厚作的一个访谈。笔者注）

实践美学的思想体系的确是集中在了李泽厚的《美学四讲》当中。《美学四讲》中的四大部分是由李泽厚在二十世纪八十年代先后发表的《美学的对象与范围》（《美学》1980年第3期）、《谈美》（1984年承德讲演）、《美感谈》（1984年承德讲演）、《艺术杂谈》（1985年讲演）四篇文章建构起来的，或者是说结集出版。在《美学的对象与范围》中，李泽厚指出所谓美学实际上是美的哲学、审美心理学和艺术社会学三个方面某种形式的结合，并对美学的这三个方面分别做了阐述，这个论断成为他美学思想体系的一个论纲。在文章中他强调，艺术社会学与审美心理学的融合统一，

① 阎国忠.给实践美学提十个问题[J].吉首大学学报:社会科学版,2005(4):44-48.

将构成今后美学的主体。当时的这篇文章不仅开阔了人们的视野,而且打破了长期以来人们把美学仅仅局限于哲学美学的观念,在一定程度上打破了当时美学界仅仅讨论美的本质问题的局限,极大推动了二十世纪八十年代的那场影响广泛的美学热。美的哲学、审美心理学和艺术社会学,在李泽厚看来,分别是美学的主干、主体和艺术的审美。

首先,作为美学"主干"的美的哲学,包含美的存在与美的种类两个方面。其一,美的存在表现于审美对象、审美性质和美的本质三个层次上。所谓审美对象,是"主观意识、情感与客观对象的统一";而审美性质,是指对象的客观的自然性质,即比例、对称、和谐、秩序、多样统一、黄金分割等等;而美的本质,则是指"美的普遍必然性的本质、根源",这个普遍必然性的本质、根源,就是人类的社会实践,即自然人化。

其二,美的种类。李泽厚沿用习惯的分类方法,将美分为社会美、自然美、科学美和艺术美四个方面。在他看来,社会美是"美的本质的直接展现",它"首先是呈现在群体或个体的以生产劳动为核心的实践活动的过程中,然后才表现为静态成果或产品",是"从动态过程到静态成果"。自然美则包括两种,即"具体自然物的美,包括山水花鸟、珠光宝石和整个大自然风景",和"净化了的自然美,即形式美"。李泽厚认为,自然美与社会美都是人类历史的产物,是自然人化的结果。而科学美是"人类在探索,发现自然规律过程中所创作的成果或形式",是一种"反映美"。艺术美也是一种"反映美","艺术从再现到表现,从表现到形式美、装饰美,又由这些回到具有较具体明确内容的再现艺术或表现艺术",艺术美总是艺术之为艺术的重要因素,但艺术绝不等于艺术美。

其次，作为美学的主体的审美心理学是围绕审美意识展开的，审美意识就是美感。这个方面共分五部分：审美意识各阶段、建立新感性问题、积淀问题、美感种类和审美个性。李泽厚认为，审美意识有准备、实现和成果三个阶段：在准备阶段，审美意识包括审美态度、审美注意、审美经验；在实现阶段，审美艺术包括审美知觉、审美愉快（狭义的美感）；在成果阶段，审美意识包括审美观念、审美趣味、审美理想、审美情感、审美能力等。其中，审美情感、审美能力的塑造是审美意识的最后成果。建立新感性的问题，实质是审美的目的性问题。李泽厚认为，审美是实现"内在自然人化"的重要途径。"内在自然人化"，首先是"感官的人化"，即"感性的功利性的消失"；其次是"情感的人化"，也就是对人的情感的塑造和陶冶。"内在自然人化"是"社会生活实践'积淀'的产物"，有关"积淀"问题的谈论，也就是讨论新感性得以建立的历史根据问题，李泽厚根据"内在自然人化"这个"总原则"，将美感分为三个层次：悦耳悦目、悦心悦意、悦志悦神。"悦耳悦目一般是在生理基础上但又超出生理的一种社会性的愉悦，它主要是培养人的感性能力；悦心悦意，则一般是在认识的基础上培养人的审美观念和人生态度；悦志悦神则是在道德的基础上达到一种超道德的境界。"李泽厚认为，审美对人的心灵的塑造，最后还是要落实到人的个性上，"艺术或审美的个性多样化，通过社会历史而形成、发展，它标志着内在自然人化的尺度，是一个极深刻的问题"。

再次，关于艺术社会学，李泽厚前后理解有些不同。在其1956年发表的《论美感、美和艺术（研究提纲）——兼论朱光潜的唯心主义美学思想》一文中，把"艺术的一般美学原理"归之为两个方面：一是"艺术和艺术创作的基本美学问题"，包括艺术与现实的关系、艺术形象与典型、形象思维问题；二是“艺术批评的美学原则”，包括艺术的时代性和永恒性，艺术的阶级性和人民性问题。而到了1980年写《美学的对象和范围》时，李泽厚开始强调艺术社会学的对象是“作为审美对象的艺术品”，即“物态化了的一定时代的心灵结构”。于1986年刊出的《艺术杂谈》中，他又把艺术的审美研究扩展为三个方面：“审美素质的创造（创作过程和创作），审美素质的贮存（作品本身），审美素质的实现（接受过程、接受者）。”同时以审美经验为中心，将艺术作品自身分为三个层面，即感知层、情欲层、意味层。他认为，“艺术作品的感知层，它的存在发展和变化，正好是人的自然生理性能与社会历史性能直接在五官感知中的交融会合，它构成培育人性、塑造人类的艺术本体世界的一个方面”；“艺术情欲层所呈现所陶冶的是更深一层的人性结构，它是情欲（动物性、原始本能）与观念（社会性、理性意识）的交错渗透”；而意味层既不脱离又超越了感知层与情欲层，它是“整个心理状态”的“人化”，就审美讲，实际就在意味层。就此，李泽厚建构了一个包括美的哲学、审美心理学和艺术社会学在内的庞大的理论框架。

在实践美学之前加上“当代”二字，并不是仅限于对实践美学的界定，更为准确的目的是为了突出实践美学在当代美学中的地位。“当代”这个提法在实践美学领域有两种不同的用法：首先，是作为对理论形态的描述的划分。二十世纪初期，伴随着西方美学的传入，中国的美学出现了从传统向近现代的转型；而随着新中国的成立，在马克思主义意识形态的影响下，原本在受到西方美学影响下建构的中国近现代美学，很大程度上被作为唯心主义的美学或者是不符合辩证法的美学而受到批判，在相互的批判与自我批判之中，实践美学脱颖而出，成为了中国当代美学中的一面旗帜和标杆。所以，在这个层面上，当代美学是与中国近现代美学、中国传统美学相对立存在的。

其次，“当代”也是作为一种历史的分期。这种分期的方法可以借鉴中国文化领域分期的做法，以新中国的诞生为当代和现代的分野，五四新文化运动则是现代和近代的划分标志，近代的开端以1840年为界。通过这样的分析，不难发现，实践美学无论在哪一个层面看，都是属于当代的，并且在相当长的一段时期里，实践美学和当代美学甚至是可以互通的。

## 第二节 实践美学一派的形成

二十世纪五十年代，新中国成立之后的第一场关于“美的本质”的大讨论，其社会历史背景根本上是缘于新中国在学术领域推行的马克思主义指导思想的立场，这对当时的美学界产生了绝对支配性的影响。这次美学大讨论形成了中国本土的实践美学一派。

首先，马克思主义意识形态主导地位的确立，影响了新中国的哲学领域的变革，所有唯心主义的哲学思想纷纷受到批判，辩证唯物主义的哲学立场得以推行。哲学是意识形态的理论基础，哲学革命在当时成为了政治革命的先导，伴随着二十世纪五十年代初期《毛泽东选集》第一卷的出版，《人民日报》先后在1950年12月与1952年4月发表了《实践论》和《矛盾论》这两篇毛泽东的最主要的哲学著作，围绕着对该著作的学习和实践，哲学领域的学术革命就此展开。

其次，哲学的革命引发了美学领域的讨论。从美学的学科性质来说，它属于哲学的范畴，有着厚重的哲学基础，这里谈到的影响集中体现在两个方面：辩证唯物主义立场和认识论。第一，辩证唯物主义立场的影响。哲学基本问题中的物质第一性、意识第二性原理，在美学领域就体现为美是“在物”还是“在心”，即美是主观的还是客观的本质的讨论。在当时的那场美学大讨论中，关于“美的本质”是主观的还是客观的争论，在意识形态的层面，就带有了唯物主义和唯心主义两种哲学党性之间斗争的意味了。所以，对于当时美学界主流的唯心主义美学观点的批判，具体是对其代表人物朱光潜的批判就由此开始。李泽厚的实践美学一派在当时能够脱颖而出，与此背景不无关系，他坚持美是客观性和社会性的统一，在当时就被众多的学者理解为辩证唯物主义的立场，是最符合马克思主义立场的美学观点。第二，认识论的影响。毛泽东的实践论在当时被视为辩证唯物论的认识论，这一点也得到了毛泽东本人的认同。在当时的马克思主义哲学的普及过程之中，出于破旧立新的时代需要，既要对旧的唯心主义思想和一切不符合马克思主义立场的思想进行彻底的清算，又要对新的辩证唯物主义思想进行深刻的认识和挖掘，毛泽东的《实践论》为此提供了绝对的思想依据。例如，北京大学的冯友兰先生，在1951年3月26日的《人民日报》上发表了《学习〈实践论〉的收获》一文，其中提出，虽然毛泽东的《实践论》的标题不是“认识论”，但是其本质就是辩证唯物论的认识论，当时的毛泽东对此给予了充分的肯定。另外，冯友兰先生还在当时的《新建设》第三卷第六期上发表了《〈实践论〉——马列主义底发展与中国传统问题底解决》一文，强调在中国传统哲学中，对于“天人之际”（天即自然，人即社会。笔者注）的研究在本质上是认识论的问题，但是由于过去阶级的局限，其认识只能是歪曲的、片面的，要获得全面的、正确的认识，根本上要依赖先进的无产阶级的哲学，即历史唯物论对于社会问题的解决，尤其是获得“认识的认识”。认识论的影响对于我国后来的美学发展，包括对实践美学后来步入困境也是影响深远的。当时，包括吕荧、李泽厚等都认为美学的根本问题就是认识论的问题，只不过对于该认识论的偏重不同。吕荧认为认识论就主要表现为反映论，而李泽厚则认为有更为深刻的社会生活内容。总体而言，就是把美学纳入了认识论的框架，始终局限在主客二分的思维模式下讨论美学的基本问题。

实践美学一派在当时的那场“美的本质”的大讨论中脱颖而出，并且很快成为主导的美学思想。之所以有这样的结果出现，笔者认为，主要有两个方面原因。

首先，从学术的角度看，缘自实践美学的理论本身，这是根本的内因，是不能否定的。仅仅就二十世纪五十年代的实践美学观点来说，针对蔡仪的美在客观、吕荧和高尔泰的美在主观、朱光潜的美在主客观的统一思想，李泽厚就当时各派的缺陷，提出了美是客观性和社会性的统一，这在思想上无疑是一种超越。当时其他三派的美学观点中，蔡仪的美学本体，即自然美论，“美在物（本身）不在心”，该观点在解释社会美和艺术美的时候就显示出理论的缺陷。朱光潜当时所坚持的主客观相统一的观点，在今天看来有其理论的合理性，但当时他所强调的社会性，的确是不符合马克思主义立场的，朱光潜的社会性实际上是指人的主观心理，这一点和李泽厚的社会性有本质的不同。朱光潜认为美虽然有客观性，但是美却不是在物，而是“物的形象”，客观存在的对象，即他所谓的“物甲”，只是为美的产生提供了一种条件，审美的发生在根本上决定于审美主体在主观方面形成的“物的形象”，即他所谓的“物乙”。朱光潜认为，物的形象是美的属性的本体。所以，朱光潜的客观性，实际上是夹杂了主观成分的客观，而社会性也是明显的主观的社会性。对于当时坚持美在主观一派的吕荧和高尔泰而言，其观点“美在心而不在物”，抛弃了美的客观属性，自然有其理论上的极大缺陷，尤其是他们提出，美需要被审美主体感觉到才成为美，反之就不认为美的存在，在今天看来也是不足取的。即使是强调“天人合一”的中国传统美学，或者是坚持存在论的西方美学，虽然关注审美的主观性和超越性，但是更为深刻的思想也是审美过程中的人与物的统一性，这种统一性不能用主客二分的思想予以割裂，人与物双方的存在是不能忽视其中任何一方的。

李泽厚在对蔡仪、朱光潜等美学思想的批判中，提出了他的美在于客观社会性的思想。李泽厚所提出的客观性主要是针对当时的“美在主观”思想，包括朱光潜，美是客观性的存在的思想是他始终都没有改变的，这与他分析美学问题所坚持的哲学立场有关。虽然李泽厚非常重视心理、情感在审美中的作用，并用以分析美学问题，但是他的美学思想绝对不是心理层面的肤浅的描述，而是有深厚的哲学根基。这表现在，他始终站在社会存在决定社会意识的唯物史观的立场上，强调美和美感的差别，正是在这个意义上他对朱光潜的主观性的美学思想提出了批判。所有给人以“美在主观”印象的精神、心理的内容，不是说美在本质上是主观的，而是美感。美是客观的，美感是美的反映，那个主观的体验不是美，而是美感，美感属于人的社会意识领域。

李泽厚在二十世纪五六十年代对于美感的分析，是从审美心理学的角度入手，提出了美感是以社会生活为内容，以人的主观知觉性为形式的一种人的高级反映和认识，即美感二重性。朱光潜提出，时代、民族、阶级、社会形态、文化修养等的不同，影响不了一个人对于“花是红的”的认识，但是却能够影响一个人对于“花是美的”的认识，言下之意，美的本质不在物自身，而是在审美主体。这个提法实际上很符合现实的人的看法，比如文房四宝，中国文人对于湖笔、端砚等的喜爱和追捧，恐怕真是西方知识分子所不能理解的，他们也许能看到其中包含的功利的因素，包括不菲的价格，但是这其中的情感，没有相应的文化意蕴是无法欣赏和获得的。然而，对于大家如此公认和熟知的内容，李泽厚给予了深刻的社会性的解释。他提出，“花是红的”是对事物的现象的反映，“花是美的”是对事物的本质的反映，就美感对于美的反映来说，两者并没有本质的不同，“红”的反映是因为有“红”的客观属性的存在，和“美”的感受是因为有客观的美存在一样。两者的区别是层次上的，即对于事物本质的反映要比对于事物现象的反映要深刻得多。二十世纪七十年代，李泽厚在一定程度上修正了他关于美感的思想。他于1979年写了一篇《补记》，针对的是1957年的《关于当前美学问题的争论——试再论美的客观性和社会性》一文，在《补记》中他否认了审美属于认识，而美学属于认识论的看法。他把美学分成美的哲学、审美心理学、艺术社会学三个部分，指出只有美的哲学部分与认识论是有关的，美学的其他部分更多的与心理、情感有关。实际上李泽厚对于心理和情感的重视在之前已经有了表现，如最初对于美感二重性的分析就是从审美心理着手，而在分析“花是红的”与“花是美的”问题的时候，他也强调过，对于“花是美的”的反映需要一定的情感因素。

而美的社会性在那场讨论中主要指的都是美与社会生活的关系，或者是美与人的关系问题。蔡仪由于坚持美的客观性，所以他是反对美的本质与人，或者是说与人类社会生活有任何关系的，这个观点自然是站不住脚的。在承认美与人有不可分割的关系的看法上，李泽厚和朱光潜的观点是一致的，但李、朱二人在社会性的内容上是有根本区别的。具体而言，其区别至少有以下两点：一方面，李泽厚的社会性也可以称之为物质性，是一种可以将美归之于客观性的自然物本身，而朱光潜的社会性则是夹杂了太多主观成分的社会性，或者说是观念的社会性；另一方面，李泽厚论述的社会性是发生在美与整个社会生活之间，其立足点是整个人类社会，更加强调的是社会生活，尤其是物质生产等现实的实践活动创造了美，在这个层面上，李泽厚注意强调美的社会性和美感的社会性的不同，认为两者是不能混淆的。而朱光潜的社会性思想，在这个角度上涉及的仅仅是审美个体与美之间的关系，更多的是关注审美个体的心理、情感，比较而言，显得狭隘了许多。这一区别，也在实践美学后来的发展中成为了其理论的一个困境，即物质功利性有余，而精神超越性不足。笔者认为，除了理论自身的原因之外，之后的社会发展变化也是一个使得实践美学看似困境的原因，毕竟社会的转型引发了社会实践的变化，也带来了人的存在方式的变化和人的思维方式等的变化。特别是在当前市场经济条件下的

“经济人(相对于政治人而言)”存在方式的变化,社会集体的观念不断地让位于私利个体的追求,关注的视角自然会从社会整体向个体发生转移。

其次,实践美学一派在当时能够成为主导的美学思想的原因,从时代背景方面论,与当时的新的意识形态的推行有关。在那场美学思想的大讨论中,虽然主流是学术性讨论,但也带有了太多的政治色彩,当时《人民日报》《光明日报》就大量刊载美学讨论、批判的文章,例如北京大学贺麟批判朱光潜的文章就被《人民日报》以整整两版的篇幅刊载,一定程度起了推波助澜的作用。在当时的四派美学观点之中,由于对朱光潜唯心主义美学思想的批判是整个大讨论的起点,所以朱光潜的思想无法得到学界、社会的认可;蔡仪的美在客观说,由于其理论自身的缺陷,无法去解释现实的审美现象,在当时也没有太多的拥护者;而吕荧和高尔泰由于坚持美在主观说,自然也受到当时社会的无情批判。相比较之下,李泽厚客观社会性美学思想中深刻的唯物史观哲学基础,既在物质第一性、意识第二性的哲学基本问题上站在了美是客观性的立场,又从现实的社会生活出发,以物质生产实践为基础强调美的社会性,因而他的观点很快就被认为是当时最符合辩证唯物主义观点的美学思想,也就有了最多的拥护者和支持者。当时由王朝闻先生主持编写的第一本美学教材《美学概论》,主要编委之一就是李泽厚,而该书所使用的观点,基本上就是李泽厚的客观社会性的美学观点。

回顾这场美学大讨论,在谈及实践美学兴起的时代背景原因时,有值得我们认真思考甚至是反思的地方。

首先,在总体上,当时的那场美学大讨论在推进美学思想发展的同时，也给以后的中国美学思想留下了一些不好的影响。其一，在意识形态的作用下表现出了一些“左”的观点，学术讨论中夹杂了唯物主义与唯心主义斗争的思维，使得学术的争论在某种意义上变了味道，学术氛围中的一些自由的东西失去了；其二，因为要急于批判中国传统的和西方资本主义的所谓唯心主义美学思想，以及一切不符合马克思主义意识形态立场的美学思想，所以在对真正的马克思主义思想还没有完全搞清楚之前，在中国化的马克思主义思想即毛泽东思想的指导下，特别是毛泽东的《实践论》《矛盾论》等哲学著作的指导下，把美学纳入了认识论的框架，把审美视为了认识问题，都放在主客二分的思维模式下进行讨论，实际上反倒是脱离了中国传统美学思想的基本精神，抛弃了西方美学思想的精华部分，而这种局面却支配了之后中国美学很长一段时间。

其次，在具体方面，针对当时被批判的美学思想而言，有些内容值得总结。其一，对于朱光潜的批判实际上在许多方面是片面的。比如，由于对他唯心主义思想的批判，结果把他翻译、介绍进来的国外美学思想也一并否定了，这不是科学的态度。再如，朱光潜的许多美学思想抓住了中国传统美学的精髓，他强调的“物的形象”虽然是在人的主观条件影响之下形成和反映的，但是不失为是讲求“天人合一”的，在审美的精神性、超越性等方面是值得肯定的，却都由于其主观性观点的存在被无情地予以批判了。此外，在当时其他各派很少涉及艺术美的情况下，朱光潜提出了艺术美和自然美的统一，指出自然美是艺术美的雏形，其思想的深刻性在当时没有得到充分的重视和肯定。其二，高尔泰也遭遇了不公的境遇。高尔泰《论美》的观点，比起吕荧在主观性的层面上走得更远一些。与李泽厚的“美决定美感”截然相反，高尔泰提出美和美感不可区分，是“美感决定美”，美只能是依赖于人的感觉而存在，美感的产生虽然需要主客观多方面的条件，但是主观条件是比客观条件更为重要的条件。言下之意，主观条件在产生美感的过程中起到了决定的作用，而高尔泰强调的这个决定性的主观条件，就是人的善和爱。由于其观点与当时意识形态的矛盾，高尔泰的美学思想几乎是被不加分析地直接予以批判，以至于其内容在当时很少有人真正地关注和研读。

## 第三节

## 当代实践美学观点的哲学基础

当代实践美学的逻辑起点是马克思的《手稿》。1979 年，李泽厚先生为自己 1956 年的一篇文章，即《论美感、美和艺术（研究提纲）——兼论朱光潜的唯心主义美学思想》写了一篇“补记”。他在该文谈到：“在国内美学文章中，本文大概是最早提到马克思的《1844 年经济学—哲学手稿》，并企图依据它作为美的本质探讨的。”[①]虽然使用的是“大概”一词，但事实上的确如此。朱立元认为，“李泽厚的‘客观社会派’美学，在 20 世纪 60 年代已基本形成

① 李泽厚. 美学旧作集[M]. 天津：天津社会科学院出版社，2002：44.

实践美学体系的理论框架。他以马克思主义的实践哲学为基础和出发点，用马克思《1844 年经济学—哲学手稿》中的‘自然的人化’说来阐释美学的一系列基本问题”①。

关于《手稿》，有学者说：“马克思著作本身，给人类留下许多宝贵的财富，但还没有一本像《1844 年经济学—哲学手稿》这样引起这样激烈的争论。”②在手稿的整理出版地苏联（1927 年和 1932 年），许多学者因为《手稿》中大量使用了“人性”、“异化”等概念，认为这是马克思早期的还没有摆脱费尔巴哈影响的不成熟的著作。西方马克思主义则认为《手稿》的哲学意义和深刻程度远超过了马克思后期的理论著作，好像那才是真正的马克思。在这样的影响下，1979 年中央编译局继 1956 年之后重新翻译了《手稿》，使得美学界的讨论更为热烈。

在美学方面，“文革”之后对《手稿》的研究非常多。争论主要集中在三个方面：一是《手稿》的评价问题，手稿能否算作马克思成熟的作品？比如蔡仪，当时就对其评价不高；二是美的规律问题，蔡仪、陆梅林等认为美的规律是完全客观的事物的属性，而朱光潜、蒋孔阳等则认为应该是人的规律（合目的性的主观规律）；三是异化劳动能否产生美的问题。讨论最多的当属实践与美学问题等，当下的与后实践美学之争说明该争论仍在继续。此外还有诸如自然美是否只是其自身的现象还是亦属于人类社会的现象，等等。

---

① 朱立元．实践美学的历史地位与现实命运——与杨春时同志商榷［J］．学术月刊，1995（5）：95－108．

② 陈先达．处在夹缝中的哲学——走向 21 世纪的马克思主义哲学［M］．北京：北京大学出版社，2004：281．

无论马克思是否存在着青年和老年思想的断裂，实践一直是贯穿其思想深处的本质共同点。在美学领域，中国的政治领袖和一代又一代的学者从《手稿》中发掘出了中国当代美学的哲学基础和理论依据，在马克思主义美学不断中国化的过程当中，《手稿》直接影响和构建了中国当代的主流美学学派——实践美学，也使之成为了马克思主义美学中国化的一个最重大的理论成果。直到今天，实践美学的影响都是各个美学流派所无法回避的一座理论丰碑。

那么《手稿》中的美学思想到底是什么样的呢？《手稿》中有这样一段话集中体现了美学思想："通过实践创造对象世界，改造无机界，人证明了自己是有意识的类存在物，就是说是这样一种存在物，它把类看作自己的本质，或者说把自身看作类存在物。诚然，动物也生产。它也为自己营造巢穴或住所，如蜜蜂、海狸、蚂蚁等。但是动物只生产它自己或它的幼仔所直接需要的东西；动物的生产是片面的，而人的生产是全面的；动物只是在直接的肉体需要的支配下生产，而人甚至不受肉体需要的支配也进行生产，并且只有不受这种需要的影响才进行真正的生产；动物只生产自身，而人再生产整个自然界；动物的产品直接属于它的肉体，而人则自由地面对自己的产品。动物只是按照它所属的那个种的尺度和需要来构造，而人懂得按照任何一个种的尺度来进行生产，并且懂得处处都把内在的尺度运用于对象；因此，人也按照美的规律来构造。"①

"通过实践创造对象世界，改造无机界"是这段话的中心主

① 马克思恩格斯全集[M].第三卷.北京：人民出版社，2002：273.

题，围绕着这个主题，马克思首先区分了人与动物的本质的不同；其次，在阐明了人的本质的基础上，提出了人在对象化的过程中，即改造世界的过程中的三个尺度，客体尺度和主体的内在尺度等；最后，马克思从人的本质联系到美，提出人的本质力量对象化的过程中，不仅是求真和求善，“人也按照美的规律来构造”说明人还有对美的追求，是真、善、美的历史的统一。

1. 人的本质问题

马克思在论述人的本质的时候沿用了“类”的概念，不仅能够认识到个体的存在，还能够通过动物所没有的“意识”的作用，意识到人的类的存在。“类”的存在是来自费尔巴哈的思想。在人的本质上，费尔巴哈和马克思都关注人，费尔巴哈的人本主义思想影响了马克思，但是马克思对人的本质的看法要比费尔巴哈深刻得多。

首先，就费尔巴哈对马克思的影响来说，费尔巴哈的自然人的思想给马克思提供了思考的基础。其一，费尔巴哈人本哲学的出发点和基本对象是人，并且是真正的、现实的、肉体的人，在人的自然属性这个方面，马克思也有与费尔巴哈相类似的思想。马克思说：“因此，这种关系通过感性的形式，作为一种显而易见的事实，表现出人的本质在何种程度上对人来说成为自然，或者自然在何种程度上成为人具有的人的本质。因此，从这种关系就可以判断人的整个文化教养程度。从这种关系的性质就可以看出，人在何种程度上对自己来说成为并把自身理解为类存在物、人。男人对妇女的关系是人对人最自然的关系。因此，这种关系表明人的自然的行为在何种程度上是合乎人性的。"[①]其二,费尔巴哈认为动物都是单个的存在物,人却是类的存在物,具有类的意识。他们在自然界中能以整体的协调一致来生活。在这里,费尔巴哈强调用类的意识来解释人与动物的不同本质。与之相对的是,马克思在《手稿》中也接受和运用了"类"这一术语,前面的引文足以说明这个问题。

其次,就马克思对费尔巴哈的超越方面论,马克思把费尔巴哈的"类"的内涵赋予了深刻的实践的意义。人的本质在费尔巴哈那里主要是思维、意志和爱,而马克思在《手稿》中则认为,"而自由的有意识的活动恰恰就是人的类特性"[②]。可见,"类"在马克思那里具有完全不同的含义,即马克思是从人的现实的活动中来理解类的。他认为人之所以能作为类来生活,就在于他那不同于动物活动的生产活动本身的性质。一方面,人的活动不能归结为本能和生理特征。马克思指出:"吃、喝、生殖等等,固然也是真正的人的机能。但是,如果加以抽象,使这些机能脱离人的其他活动领域并成为最后的和唯一的终极目的,那它们就是动物的机能。"[③]另一方面,人的活动是自觉的有意识的活动,其中最主要的基本的活动是生产活动。正是人类的物质生产实践把人和动物从根本上区别开来。马克思还提出:"动物的生产是片面的,而人的生产是全面的。"[④]再一个方面,马克思认为,人的有意识的生产活动产生了动物所没有的类意识。"有意识的生命活动把人同动物的生命

① 马克思恩格斯文集[M].第一卷.北京:人民出版社,2009:184.
② 马克思恩格斯全集[M].第三卷.北京:人民出版社,2002:273.
③ 马克思恩格斯全集[M].第三卷.北京:人民出版社,2002:271.
④ 马克思恩格斯全集[M].第三卷.北京:人民出版社,2002:273.

活动直接区别开来。正是由于这一点,人才是类存在物。或者说,正因为人是类存在物,他才是有意识的存在物,就是说,他自己的生活对他来说是对象。”①所以,在马克思看来,人的本质和动物的根本的区别在于为生存而表现出的不同的活动上,人的生存活动被称之为实践的活动,即人的实践是有意识性的、是超越了人的肉体直接需要的全面而自由的、是符合人的主观目的的有计划的实践。

同样是对于人与动物的本质区别的问题,有的学者从马克思和恩格斯论述的比较中发现了两位伟人之间的不同,并且提出要正视这些不同,以不至于使得我们偏离追求真相、真理的科学道路。同时,对于以李泽厚、蒋孔阳为代表的实践美学在这个方面的态度表示了批评,认为,对于这些显而易见的差别,无论是出于什么样的动机,都不能视若无睹。“我国美学界实践派美学的主要代表人物,都是明确而坚决地把他们的学说的基础,建立在经典作家们的论述之上的。他们十分热衷于界定动物的种种属性,通过这种界定,把人的本质特征给衬托出来。他们的主要理论来源是马克思的《1844 年经济学—哲学手稿》和恩格斯的《自然辩证法》。但问题在于他们一面引述马克思、恩格斯的理论,一面却完全忽视马克思、恩格斯本身的这种重大而细微的差别,从而造成实践美学的致命硬伤。比如,实践派美学的主要代表之一蒋孔阳先生多次阐述过人和动物在本质特征上的种种‘不同’。引人注意的是,在描述这种种‘不同’时,他用的往往是‘完全’、‘根本’之

① 马克思恩格斯全集[M].第三卷.北京:人民出版社,2002:273.

类词汇,语气断然、很少暧昧。”[1]那么恩格斯对于人与动物的本质区别的认识和马克思有什么样的明显差别呢?主要是集中在恩格斯对于动物活动的看法上。在马克思那里的动物的本能的无意识的、片面的、出于肉体本能的活动,恩格斯在《自然辩证法》当中,从微观的进化角度却提出了相反的观点,即动物的活动也是能够有意识、有计划的,甚至在哺乳动物那里达到了相当高的阶段。对于恩格斯具体的论述,下面转引上海交通大学王济生先生在《必须正视马克思恩格斯在人与动物界定问题上的区别》中摘录的恩格斯《自然辩证法》中的相关段落和语句,对此特别予以说明。以供研究。由于内容较多,故不逐一注释。

正如我们已经指出的,动物通过它们的活动也改变外部自然界,虽然在程度上不如人所作的那样。……但是,如果说动物不断地影响它周围的环境,那么,这是无意识发生的,而且对于动物本身来说是偶然的事情。但是人离开动物愈远,他们对自然界的作用就愈带有经过思考的、有计划的、向着一定的和事先知道的目标前进的特征。

但是,不用说,我们并不想否认,动物是具有从事有计划的、经过思考的行动的能力的。相反的,凡是有原生质和有生命的蛋白质存在和起反应,即完成某种即使是由外面的一定刺激所引起的极简单运动的地方,这种有计划的行动,就已经以萌芽的形式存在着。这种反应甚至在还没有细胞(更不用说什么神经细胞)的地方,就已经存在着。食虫植物捕获食物的方法,虽然完全是无意识

① 王济生.必须正视马克思恩格斯在人与动物界定问题上的区别[J].学术学刊,2004(7):85-89.

的，但在某一方面也表现出是有计划的。动物从事有意识有计划的行动的能力，和神经系统的发展相应地发展起来了，而在哺乳动物那里则达到了已经相当高的阶段。在英国猎狐的时候，每天都可以观察到：狐是怎样正确地运用它关于地形的丰富知识来躲避它的追逐者，怎样出色地知道和利用一切有利的地形来中断它的踪迹。在我们的那些由于和人类相处而有比较高度的发展的家畜中间，我们每天都可以观察到一些和小孩的行动具有同等程度的机灵的行动。因为，正如母腹内的人的胚胎发展史，仅仅是我们的动物祖先从虫豸开始的几百万年的肉体发展史的一个缩影一样，孩童的精神发展是我们的动物祖先、至少是比较近的动物祖先的智力发展的一个缩影，只是这个缩影更加简略一些罢了。

但是一切动物的一切有计划行动，都不能在自然界上打下它们的意志的印记。这一点只有人才能做到。

一句话，动物仅仅利用外部自然界，单纯地以自己的存在来使自然界改变；而人则通过他所作出的改变来使自然界为自己的目的服务，来支配自然界。这便是人同其他动物的最后的本质的区别，而造成这一区别的还是劳动。

……我们对自然界的整个统治，是在于我们比其他一切动物强，能够认识和正确运用自然规律。

整个悟性活动，即归纳、演绎以及抽象（狄多［恩格斯所养的一条狗的名字——引用者注］的类概念：四足动物和两足动物），对未知对象的分析（一个果核的剖开已经是分析的开端），综合（动物的机灵的动作），以及作为两者的综合的实验（在有新的阻碍和不熟悉的情况下），是我们和动物所共有的。就种类说来，所有这些方法——从而普通逻辑所承认的一切科学研究手段——对人和高等动物是完全一样的。它们只是在程度上(每一情况下的方法的发展程度上)不同而已。只要人和高等动物都运用或满足于这些初等的方法,那么方法的基本特点对两者是相同的,并导致相同的结果。

狗和马在和人的接触中所养成的对于分音节的语言的听觉是这样敏锐,以至它们在自己的想象所及的范围内,能够容易地学会懂得任何一种语言。

和这些动物经常接触的人不能不相信:这些动物现在常常感觉到不能说话是一种缺陷。不过可惜它们的发音器官已经向一定的方向专门发展的太厉害了,所以无论如何这种缺陷是补救不了的。但是,只要有了发音器官,这种不能说话的情形,在某种限度内是可以克服的。

我们别再说鹦鹉不懂得它自己所说是什么了……在它的想象所及的范围内,它也能学会懂得它所说的是什么……它会像柏林沿街叫卖蔬菜的女人一样正确地使用它的骂人的话。它在乞求好吃的东西时,情况也是这样。①

2. 客体尺度和主体的内在尺度直接关系到美的本质和美的规律

长期以来,西方学者对于《手稿》的"异化"、"人道主义"关注得比较多,而在我国,"美的规律"是《手稿》中一个让大家产生分歧的命题。

对于"美的规律"认识的争论,首先表现在汉语版的"美的规律"一段的译文的不同上。自二十世纪《手稿》传入我国以来,大

① 恩格斯. 自然辩证法[M]. 北京:人民出版社,1971:152-153.

致有以下21种版本：

（1）楼适夷译文："动物只能在其所属的种的尺度，适应其要求而形成；相反地，人则能够按照任何各种种的尺度而生产，而且能够利用任何对象内在的尺度。因之，人按照美的法则，也同样形成了美。"①

（2）周扬译文："动物是按照它所属的种属的要求底尺度而创造的，至于人则能够适应每种种属的尺度而生产，并且总能够以适当的尺度去处理对象；因此人是依据美的法则而创造的。"②

（3）天蓝（原名王名衡）译文："动物只是按照种属底需要和尺度而创造的，至于人则能按照每种种属底尺度而生产，并且总能在每一个地方提供出对象底内在的尺度。因此人亦是依据美底法则而创造的。"③

（4）林枚生根据《马克思恩格斯论艺术》（俄文本）翻译为："动物根据它所属的那一物种的需要程度来创造，而人却能按照每一物种的特性来生产，而且始终能够适当地处理事物；因此人是按照美的规律来创造的。"

（5）刘慧义根据英文版《手稿》的译文："动物只是按照其族类的尺度与需要而制造，而人则能够按照每一族类的尺度而生产，并且到处都能够供给对象的内在尺度。因此人又是按照美的法则而创造。"④

---

① 苏联康敏学院文艺研究所.科学的艺术论[M].楼适夷，译.上海：读书生活出版社，1942.

② 周扬.马克思主义与文艺[M].延安：解放社，1944：27－28.

③ 亚里士多德.诗学·译后记[M].天蓝，译.上海：新文艺出版社，1953：96.

④ 马克思，恩格斯.文学与艺术[M].刘慧义，译.北京：五十年代出版社，1953：17.

(6) 中央编译局的译审高叔眉,根据《马克思恩格斯论艺术》(俄文版)译为:“动物根据它所属的那一物种的尺度和需要来创造,而人却能按照每一物种的尺度来生产,而且始终能够以适当的尺度来对待事物;因此人是按照美的规律来创造的。”①

(7) 马克思列宁主义经典著作翻译家何思敬根据德文的译文,由宗白华校对的文本是:“动物只按照它所属的物种底尺度和需要来造形,但人类能够依照任何物种底尺度来生产并且能够到处适用内在的尺度到对象上去;所以人类也依照美底规律来造形。”②

(8) 杨成寅根据俄文《马克思、恩格斯论艺术》(1938 年版)的译文:“动物是按照它所属的种属的要求的尺度而进行创造的;而人则能够按照每种种属的尺度而生产,并且能够以适当尺度去处理对象,因此,人是依据美的规律而进行创造的。”③

(9) 宗白华译文:“动物只是依照它所属的需要的尺度来创造,而人却善于按照任何物种的需要的尺度来生产,而始终善于用适当的措施来处理对象,因此,人是按照美的规律创造的。”④

(10) 吕荧根据《马克思恩格斯论文学与艺术》(英文本)译为:“动物仅仅按照它所属的族类的尺度和需要来创造,而人类则能够按照任何族类的尺度来生产,并且能够到处提供对象赋有的尺度。因此,人也按照美的诸规律(the laws of beauty)而创造的。”⑤

---

① 伏·万斯洛夫.客观上存在着美吗[M].原载苏联.哲学问题,1955(2).美学与文艺问题论文集[C].学习译丛编辑部,编译.学习杂志社,1957(3).

② 马克思.经济学—哲学手稿[M].北京:人民出版社,1956:59.

③ 涅陀希文.艺术概论[M].杨成寅,译.北京:朝花美术出版社,1958.

④ 宗白华.宗白华全集[M].第三卷.合肥:安徽教育出版社,1994.

⑤ 吕荧.再论美学问题——答蔡仪教授[J].吕荧文艺与美学论集.上海:上海文艺出版社,1984:510.

(11) 朱光潜根据俄文并参考英文译本翻译为:“动物只按照它所属的种族的特有标准和需要去制造事物,而人却会按照每一种族的标准去制造事物,并且还会到处运用对象的内在的标准,所以人还能按照美的规律去制造事物。”①

(12) 曹葆华根据俄文本译为:“动物只是按照它所属的物种的尺度和需要来造成东西,可是人善于依照任何物种的尺度来生产,并且到处善于对对象使用适当的尺度;因此人也是按照美的规律来造成东西的。”②

(13) 李泽厚的译文:“动物只按照它所属的物种的尺度和需要来生产,人类则能按照任何物种的尺度来生产并到处适用内在的尺度到对象上去。所以人是依照美的尺度来生产的。”③

(14) 刘王坤根据俄文并参考德文、日文版本的翻译:“动物只是按照它所属的那个物种的尺度和需要来进行塑造,而人则懂得按照任何物种的尺度来进行生产,并且随时随地都能用内在固有的尺度来衡量对象;所以,人也按照美的规律来塑造物体。”④

(15)《马克思恩格斯全集》第 42 卷(第一版)译文:“动物只是按照它所属的那个种的尺度和需要来建造,而人却懂得按照任何一个种的尺度来进行生产,并且懂得怎样处处都把内在的尺度

---

① 朱光潜.生产劳动与人对世界的艺术掌握——马克思主义美学的实践观点[J].北京:新建设,1960:4.

② 里夫希茨.马克思恩格斯论艺术[M].第一卷.曹葆华,译.北京:人民文学出版社,1960:226.

③ 李泽厚.批判哲学的批判——康德述评[M].北京:人民出版社,1979:406.

④ 马克思.1844 年经济学—哲学手稿[M].刘王坤,译.北京:人民出版社,1979:51.

运用到对象上去;因此,人也按照美的规律来建造。"①

(16)朱光潜在二十世纪八十年代初,又根据德文《马克思恩格斯经济学短著》(柏林建设出版社)翻译为:"动物只按照它所属的那个物种的尺度和需要去制造,而人却知道按照任何物种的标准来生产,而且知道怎样随在把本身固有(或内在)的标准运用到对象上来制造;因此,人还按照美的规律来制造。"②

(17)程代熙参考《马克思恩格斯全集》第42卷译文翻译为:"动物只是按照它的物种的尺度和需要来生产东西,而人懂得按照任何一个种的尺度来进行生产,并且到处都能运用对象所固有的尺度,因此,人也按照美的规律来进行生产。"③

(18)梅绍武的翻译:"动物按照它们隶属的物种的需要和标准来制造东西,而人则知道如何按照一切物种的标准来生产,并且知道如何到处应用客体的内在标准。因此,人类也按照美的规律来形成事物。"④

(19)伊海宇译文:"而人懂得按照任何一个种的尺度来进行生产,并且懂得怎样处处都把内在的尺度运用到对象上去;因此,人也按照美的规律来构造。"⑤

(20)陆梅林译文:"动物只是适应它所属的那个物种的尺度

① 马克思恩格斯全集[M].第42卷.中共中央马克思恩格斯列宁斯大林著作编译局,译.朱光潜,熊伟,校.北京:人民出版社,1979.

② 马克思.经济学—哲学手稿[M].朱光潜,译.美学.第二辑.上海:上海文艺出版社,1980.

③ 程代熙.关于美的规律[J].学习与探索,1980(2).

④ 柏拉威尔.马克思和世界文学[M].梅绍武,译.北京:三联书店,1980:115.

⑤ 马克思.马克思1844年经济学—哲学手稿[M].伊海宇,译.台北时报文化出版企业有限公司,1990:55.

和需要来建造，而人却会按照任何物种的尺度来进行生产，并且处处会对对象运用固有的尺度来建造；因此，人也按照美的规律来建造。”①

(21) 1995 年和 2002 年版的《马克思恩格斯全集》第三卷的译文为：“动物只是按照它所属的那个种的尺度和需要来建造，而人懂得按照任何一个种的尺度来进行生产，并且懂得处处都把内在的尺度运用于对象；因此，人也按照美的规律来构造。”

对于“美的规律”认识的争论，其次表现为“三个尺度”的论证。所谓的“三个尺度”，第一个是“动物只是按照它所属的那个种的尺度和需要来建造”，第二个尺度是“而人懂得按照任何一个种的尺度来进行生产”中的尺度，第三个尺度是“并且懂得处处都把内在的尺度运用于对象”。由于“三个尺度”的问题直接关系到对于美的规律、美的存在方式，甚至是美的本质的理解，关系到马克思主义美学思想的哲学基础，所以，在二十世纪第一次美学大讨论中，“三个尺度”的问题虽然没有直接成为论争的焦点，但是为美的本质的争论埋下了伏笔。《手稿》中的这段话，从语法结构上来看，从上文的适用物种的内在的尺度到对象上去，至下面的“依照美的规律来造型”之间，用“所以”联结起来，足以说明“美的规律”和“物种的尺度”乃至“内在的尺度”之间是有必然逻辑关系的。对于这一点，当时的，包括现在的大多数美学家都没有什么分歧，但是，在怎样理解“美的规律”这个问题的时候，大家却出现了不同观点。

在“三个尺度”的论争当中，主要集中在了“物种的尺度”和

---

① 陆梅林. 巴黎手稿美学思想探微——美的规律篇[J]. 文艺研究，1997(1).

"内在的尺度"两个方面。当时对于"物种的尺度"和"内在的尺度"的理解,有许多不同,概括起来,主要有两个根本对立的观点,即"一个尺度"和"两个尺度"。在"两个尺度"范围内,分歧比较大,概括来说有以下三种观点:

第一,认为"物种的尺度"和"内在的尺度"在本质上就是一个尺度。持此观点的代表性人物是蔡仪,他提出美的规律就是对象的内在本质与其外在形式的统一,内在尺度即物种尺度,即该种事物的内部的标志或内在的本质特征。"物种的尺度"和"内在的尺度"在他看来,无论是从语义上看或从实际上看,其实是统一的,因为物种的特征既有外表的也有内在的。而所以说到"内在的",不过是因为事物的内在的特征,比之外表的特征更难于掌握些。但即使物种的内在本质,或者说是内在特征难于掌握,人类也还是能够最终掌握,并且能够适用到对象上去。另外,蔡仪认为,之所以大家对于"尺度"的问题有如此争议,还主要涉及一个如何看待美的规律的"客观性"问题,这实际上就是一个意识形态的问题。当时对于美的客观性问题的看法很显然不完全是学术上那么简单,蔡仪在《新美学(改写本)》中就说到:"美学上的根本问题,从来就是,现在仍然是:美在于欣赏对象的客观事物本身?还是在于欣赏者的主观意识?或者说,美在于客观事物?还是主观精神?简单说来,即美在于物?抑或在于心?这三个说法是一个意思……美学上的这个根本问题的看法,和哲学上的根本问题,即物质和精神何者是第一性的那个问题的提法是一致的,是两相对立的。因此美学上也有唯物主义和唯心主义的区别。这种区别则是思想原则上的,或者说是美学方法上的根本区别。"[①]正是基于此,在意识形态的思绪原则问题上,似乎大家都会担心被扣非唯物主义的帽子。在当时看来,好像美的规律只要和主体的人产生联系,美要么就是人的一种意识,这被归结于唯心主义;要么就是审美对象的社会性,因而不像自然规律那样具有纯客观性,这也被归结为人本主义。所以,蔡仪认为,"尺度"理解的最大矛盾是对于美的规律的"客观性"的内涵理解存在的局限性,即把"客观性"内涵中固有的"自然性"和"社会性"相互排斥和相互割裂开来了,以致它们自身相互否定。然而事实上无论是"自然性"还是"社会性",都应该属于"客观性"范畴。

蔡仪的这个观点,到现在还是有许多的支持和继承者,比如湘潭大学曾簇林教授认为,"内在尺度"是属于"对象客体"的,"两个尺度"实质上是"一个尺度"。马克思的美的规律,是指具有审美属性的对象客体其内在本质与表现形式的完美统一的规律,而不是所谓任何物种的尺度与内在尺度的结合[②]。她说:"在我国马克思主义美学的研究现状中,对马克思文本的'误读',莫过于'美的规律'了。把马克思文本中的'内在尺度'误读为'主体的尺度';把'美的规律'这由对象客体所构成的客观规律的'一个尺度'之说,误读为由主体尺度和客体尺度结合构成的主客体统一的规律的'两个尺度'之说。离开马克思文本关于规律为对象客体所固有的历史唯物主义一元论的真实存在,而带来规律为主体尺度和客体尺度结合构成的历史唯心主义二元论的理论偏差。在我国,

---

① 蔡仪.新美学(改写本)[M].第一卷.北京:中国社会科学出版社,1985:76.

② 曾簇林.马克思关于"美的规律"的客观性论辩[J].文学前沿,2001(1).

这种所谓'美的规律'由'两个尺度'组成的误读,几乎成了美学界的一种思维定势,几乎一切美学教程和美学词典都是以'美的规律'的两个尺度为标题,以作为对'美的规律'的解读。"①

继而她又提出:"在我头脑中梳理出下列十大问题:1. 马克思文本中的'尺度'、'内在尺度'这些概念,马克思是在什么背景和什么意义上使用它们的呢?2. 既然'美是人的本质力量的对象化',那么人的本质力量由哪些内容组成?而作为主体人的'内在尺度',又是属于人的本质力量的何种内容?3. 既然'美是人的本质力量的对象化'是美的客体与主体的人发生美学关系时才体现出来的,那么在人类社会产生以前怎么会有美和美的规律呢?4. 美是一种价值,是世界、客体对主体人的意义,那么首先要存在美的'世界、客体',有了美的'世界、客体',才能对主体人赋予美学价值和意义。那么,它又怎么离得开哲学本体论的问题呢?5. '美是人的本质力量的对象化'讲的正是劳动,讲的正是实践,讲的正是'人也按照美的规律来建造'这种主体的活动,怎么能把它们与对象客体的规律等同起来呢?6. 美是'人也按照美的规律来建造'的产物,显然是主观与客观的统一,但它是'人的本质力量对象化'了的'对象世界',是属于对象客体,怎么能把主观与客观这对概念和主体与客体这对概念相混淆,把'美的规律'说成是主观与客观相统一的规律呢?7. 规律应该是限指对象客体的规律,'美的规律'怎么能是主体尺度与客体尺度结合而成的规律呢?8. 只有劳动,只有实践才是合目的、合规律的主体的活动,这

① 曾簇林. 三说马克思关于"美的规律"的客观性——并致朱立元同志[J]. 马克思主义美学研究,2002:262-289.

实践的性质才体现为主观与客观的统一,怎么能把'美的规律'说成是劳动的规律呢? 9. 作为有主体因素渗入的由人的社会活动构成的社会规律,为什么也是客观的而具有不以人的意志为转移的客观性? 同样是人,前者,作为社会客体的人,后者,作为认识主体的人,又是怎么限定的呢? 10. 美是一种价值,是世界、客体对主体人的意义,那么,这美的'世界、客体'或者说这整个'人化的自然界'(广义的),其客体属性又是怎么确定的呢? 正是扣紧这些问题回归马克思文本的反复索解,才把我对'美的规律'的误读步履蹒跚地、一点一滴地修正过来。"①

把"物的尺度"和"内在的尺度"理解为是一个尺度的理论,还有吕荧先生,但是,他和蔡仪的观点完全相反,他认为这两个尺度的统一不是在客体的物种,而是在人的主体。1958 年,吕荧在《再论美学问题——答蔡仪教授》一文中说道:"马克思所云事物的创造生产的诸规律就是'美的诸规律',是在实践论的意义上而言的。事物的创造生产的规律,就是人创造生产事物的规律。那意思也就是说,人类创造生产的事物,或为食用,或为欣赏,都是有益于人的生活的。无益而有害于人的生活的事物,人类不会去生产它们。这些有益于人的生活的事物,能够改善人类的物质生活条件,增进人类生活的幸福;因此,它们也就是美的事物,'因此人也是按照美的诸规律而创造的'。人类创造生产的社会的事物具有这种性质,是很明显的。自然的事物也是如此。人类要创造生产出一种有益于人的生活,适合于人的食用或欣赏的动植物(如稻

---

① 曾簇林.三说马克思关于"美的规律"的客观性——并致朱立元同志[J].马克思主义美学研究,2002:262.

麦、花卉、牛羊、金鱼等),不仅需要按照它们所属的族类的尺度来创造,而且需要提供'对象赋有的尺度',亦即人的需要之尺度。人的需要之尺度是由社会生活决定的,或为食用的尺度,或为欣赏的尺度。因此,可以称之为人的生活和文化(包括美的观念)之尺度。”吕荧还以金鱼为例来进一步说明自己的观点:“例如金鱼,按其种类来说,它是鲫鱼的变种。人类创造出这种变种的鱼,是为了欣赏,不是为了食用。因此,人要求金鱼有适合于欣赏的美的条件,即它的颜色和形态……这样的金鱼,它就是按照人类提供的'对象赋有的尺度',即欣赏的尺度(美的观念的尺度)创造出来的。而且,金鱼的创造大约是在宋代,即人类已经注重目味的时候,不是在古代,即人类注重欣赏味美的时候。”①

第二,认为“物种的尺度”指每个物种作为主体的标准;而“内在的尺度”则是指对象本身所固有的标准,即对象本身的固有的客观规律②。朱光潜认为《手稿》把“每一种族的标准”和“对象的内在的标准”与“美的规律”联系在一起来阐述,说明了“美的规律”是由主体的“物种标准”与客体对象本身的“固有标准”,即需要和规律两个方面构成的。蜜蜂筑巢、采集花粉,蚂蚁造窝、储存食物都是为了自己和后代直接的生理需求,但是它们各自具有自己的特殊标准,彼此之间是不可以互相替代的。例如,蚂蚁的窝与蜜蜂的巢无论是形状还是结构都是不同的,它们的食物也都是不一样的,所以,它们各自有不同的标准和需要。同时,“物种标准”涉及主体人的全面本质,人的生产活动和动物的就有着质的不同。

① 吕荧. 文艺与美学论集[M]. 上海:上海文艺出版社,1984:509-510.
② 朱光潜. 马克思《经济学—哲学手稿》中的美学问题[J]. 美学,1980(2).

人的生产活动当然也有着为自己和后代直接的生理肉体需要的成分,但是这不是主要的。人类的社会行业是非常多的,而直接关涉到吃、穿、住、用的行业只是占到很小的比例。人的生产与动物的生产的第一个重要不同,在于动物的生产仅仅是在直接的肉体需要的支配下进行的本能生产,一旦自己的需要获得了满足,生产就自然停止了;而人的生产即使脱离了直接肉体的需要,也还是进行着,因为人的生产是全面性的主动的生产。人的生产与动物的生产的第二个不同在于,动物的生产只能联系到它的肉体,只能按照自身所属的物种的标准和需要生产;而人可以自由地对待自己的生产和产品,懂得按照各个物种的标准和需要去生产各个物种。比如,人绝对不会用喂猪的方式去养鱼。就繁殖的方面说,动物只能生产动物,更确切地讲是一种动物只能生产同一种动物;而人既可以生产人还可以生产动物、植物,甚至整个自然界。总之,动物的生产是本能的,而人的生产是自由自觉的。所以,朱光潜说,“首先,种族的标准在于是否符合种族的需要,动物各自按照它所属的那个种类的需要进行生产,例如鸟营巢,兽掘穿穴,需要不同,标准也就不同,在不同的种族需要之下,就按照不同的种族标准去进行。这正是‘人却普遍地生产’一语所含的深刻的意义。其次,生产实践不仅要依据主观方面的需要,还要依据对客观事物的认识,例如制造石刀就要认识石刀的一些性质,内在规律或‘内在的标准’。人为着更好地生活,感到天然的石头不够锋利,不能应付他和他的种族的日益提高的需要。根据这种需要,结合到他对石头的客观属性的认识,人开始进行生产石刀的劳动,这正是根据‘种族的标准’和‘对象的内在的标准’,也就是‘按照美的规律’

来制造事物。”①

第三，站在实践的立场上，把“物种的尺度”看作是客观世界本身的规律，“内在固有的尺度”归结为实践的和目的性，即人的内在目的。比较典型的是李泽厚、蒋孔阳等。李泽厚在 1962 年《哲学研究》第 2 期上发表了《美学三题议——与朱光潜同志继续论辩》一文，其中谈到，“马克思在《经济学—哲学手稿》中的那段名言，曾为人们所再三引用，但这样理解，才似比较准确。马克思也正是在讲了人类的本质特点——具有社会普遍性（即所谓‘族类’普遍性）的生产活动之后，紧接着说：‘……人类能够按照任何物种的尺度来生产并且能够到处适用内在的尺度到对象上去；所以人类也按照美的规律来造型。’这个‘所以’，正是说明这个统一，说明因为具有内在目的尺度的人类主体实践能够依照自然客体规律来生产，于是，人类就能够依照客观世界本身的规律来改造客观世界以满足主观的需要，这个改造了的世界的客观现实存在的形式便是美，所以，是‘按照美的规律来造型，马克思完全不是从审美、意识、情趣、艺术实践而是从人类的基本实践——人对自然的社会性的生产活动中来讲美的规律，这就深刻地点明了美的客观性的本质含义所在。’”②同时，李泽厚提出，“在实践基础上，对客观必然性的能动反映，产生符合必然性的主观目的，这就是‘理想’。理想既符合客观必然性，通过客观性的实践活动，便能得到实现。这样，一方面，‘善’得到了实现，实践得到肯定，成为实现了（对象化）的‘善’。另一方面，‘真’为人所掌握，与人发生

① 朱光潜. 生产劳动与人对世界的艺术掌握[J]. 北京：新建设，1960：4.

② 李泽厚. 美学论集[M]. 上海：上海文艺出版社，1980：162 - 163.

关系，成为主体化人（人化）的‘真’，便是‘美’。人们在这客观的‘美’里看到自己本质力量的对象化，看到自己实践的被肯定，也就是看到自己理想的实现或看到自己的理想（用车尔尼雪夫斯基的话，就是看到了生活或‘应当如此’的生活）美感，于是普遍必然地引起愉快。‘美’是‘真’与‘善’的统一。真、善、美都是客观的”。[①] 在后来的《美学四讲》当中，李泽厚提出，所谓的“造型”就是一种改造对象的普遍力量，这种普遍的力量是具有客观有效性的伟大的行动的力量，而此种力量之所以自由，正在于它符合或掌握了客观规律。他说：“自由（人的本质）与自由的形式（美的本质）并不是天赐的，也不是自然存在的，更是某种主观象征，它是人类和个体通过长期实践所自己建立起来的客观力量和活动。就人类来说，那是几十万年的积累；就个体来说，那也不是一朝一夕的功夫。自由形式作为美的本质、根源，正是这种人类实践的历史成果。”[②]

蒋孔阳则认为，《手稿》中谈到的美的规律不是在谈美本身的规律，而是在用美的规律去说明劳动的规律，“人也依照美的规律来塑造物体”是在说，人的劳动是依照美的规律来进行的，所以，不能离开人类的劳动来谈美的规律。在这个前提下，蒋孔阳对美的规律的认识包括了以下几个方面：

一是对于“尺度”这个概念的理解。蒋孔阳提出，尺度这个词古已有之，在美学的领域中是指人根据客观事物本身的规律所总结出来的测量客观事物的标准。所以尺度具有客观的规律性来自

① 李泽厚. 美学三题议——与朱光潜同志继续论辩[J]. 哲学研究，1962(2).

② 李泽厚. 华夏美学. 美学四讲[M]. 北京：生活·读书·新知三联书店，2008：283.

于客观事物自身,不以人的意志为转移。但是,尺度的客观性是离不开人的,否则就失去了意义。他认为即使是从西方美学的历史去看,美和尺度都有深切的关系,比如古典主义者的"适中"、"合式",经验主义者的讲究均衡、比例等都是在联系一定的尺度谈美。而马克思正是在用西方美学史中一贯把美与尺度联系起来的方法,通过尺度去说明美的规律的。

二是对人的劳动的两个尺度的理解。蒋孔阳认为,人的劳动有两个尺度,即"任何物种的尺度"和"内在固有的尺度"。对于"任何物种的尺度",他认为是和动物的尺度相对立的,因为动物的尺度是单一的,仅仅只能是按照它自身所属的那一个物种的尺度进行生产,完全是出于动物的本能;和动物不同,人只要掌握了事物的规律,那么无论是什么事物,人都可以根据规律来进行生产。对于"内在固有的尺度",蒋孔阳认为,与物种的尺度是属于物不同,这个"内在固有的尺度"的主语应该是人,所以,是人的尺度。人的劳动要符合"任何物种的尺度"就是要符合不同的客观事物的规律性,这种客观事物的规律性是美的规律的基础;人的劳动要符合"内在固有的尺度"就是要根据主体的规律性去衡量对象,根据人的目的给其劳动的方式、方法规定法则,即人是有意识地根据人的目的和要求,按照事物的规律性去衡量客观世界、改造客观世界。总而言之,"物种的尺度"是指客观的特征,"内在固有的尺度"是指主体的特征,两者只有结合起来,才能构成美的规律。

三是美的规律是具体的,不是抽象的。蒋孔阳提出,美的规律只有在"塑造物体"或者"造型"(劳动。笔者注)中才是有意义的,如果把美的规律应用到抽象的思维、精神、概念当中,是格格不入的。美的规律只有在具体的物质形式或者形象当中才能体现出来。他举例说,数学家醉心的数学公式,对于不懂得这个公式的人是无法具有同样的陶醉的;但是木匠制造的美的桌子,凡是看到的人都会啧啧称赞、爱不释手。所以,蒋孔阳总结说:"美的规律应当是:人类在劳动实践的过程中,按照客观世界不同事物的规律性,结合人们富有个性特征的目的和愿望,来改造客观世界,不仅引起客观世界的外在形态的变化,而且能够实现自己的本质力量,把这一本质力量自由地转化为能够令人愉悦和观赏的形象。由于人类的劳动过程,是人与自然相互交往和相互影响的过程,因此,哪里有人与自然(现实)的关系,哪里有劳动,哪里就应当有美的规律。"①

3. 人的本质力量的对象化

这个命题包括了主体、客体和对象化三个方面以及这三个方面之间的关系。十八世纪的英国经验派,从人的感觉经验出发,提出是由于人之外的某物的形式或者品质适用了人的某种特殊的生理感官或者心理结构,从而产生了美。在此理论之前,人们对于美的探讨都是习惯于把主体和客体相分离和对立,要么提出美在主观,要么提出美在客观。康德在英国经验派的基础上,结合德国理性派先天理性的思想,把客观对象的表象与人的主观的、先天的理性范畴相联系和沟通,提出"美是客观对象的形式符合人的主观目的"的命题,开启了从主观和客观相统一的角度研究美的道路。从康德来看,他是从主观方面去统一主体和客体的,在他看来,人的本质力量就在于人的主体性结构。

① 蒋孔阳.美学新论[M].北京:人民文学出版社,2006:231.

最早提出"对象化"的是席勒。席勒认为,在人的外部存在着一个对象的世界,在人被强制性劳动的时候,由于人的本质力量受到了压抑,所以得不到"对象化",只有在进入游戏或审美阶段的时候,人才得以观照外部的对象。在这个情况下,人对于外部的关注集中于对象的"外观",这个时候的"外观"已经是人的可以反映自身本质力量的创造,人通过"外观"看到了自己的本质力量,所以,由于人在这个时候解除了实用的束缚,人性,即人的本质力量就可以获得自由的展开。黑格尔在席勒的基础上,全面论述了"人的本质力量对象化"的思想,只是他强调对象化是人的心灵在对象中的再现,或者是理念的感性的显现。黑格尔认为,人的本质在于心灵,人的本质要求人必须要能够认识到人的存在,认识的方式包括思想和实践两种。实践的方式,即人在通过自己的行动改变客观现实的过程之中,一方面要实现自己的目的,使得被改变的客观现实呈现人的烙印,使之心灵化、人化;另一方面,要使自我在被改变的客观事物中对象化,"把存在于自己内心里的东西,为自己也为旁人,化为观照和认识的对象"①。黑格尔说:"自然界事物只是直接的,一次的,而人作为心灵却复现他自己,因为他首先作为自然物而存在,其次他还为自己而存在,观照自己,思考自己,只有通过这种自为的存在,人才是心灵……人有一种冲动,要在直接呈现于他面前的外在事物之中实现他自己。人通过改变外在事物来达到这个目的,在这些外在事物上面刻上他自己内心生活的烙印,而且发现他自己的性格在这些外在事物中复现了。人这样做,目的在于要以自由人的身份,去消除外在世界的那种顽强的疏远

① 黑格尔. 美学[M]. 第一卷. 朱光潜,译. 北京:商务印书馆,1996:40.

性,在事物的形状中他欣赏的只是他自己的外在现实……人要把内在世界和外在世界作为对象,提升到心灵的意识面前,以便从这些对象中认识他自己。”①

黑格尔的对象化思想对于马克思的影响是客观的,当然,影响马克思的还有费尔巴哈的对象化思想。费尔巴哈的对象化思想是在对黑格尔“理念”的唯心主义批判的基础上发展起来的,他提出了“人与自然的感性统一”的命题。费尔巴哈在《未来哲学原理》中,从人本学出发,否定了超自然的上帝和理念,提出自然是人存在的物质基础,而人的本质决定于其所处的自然。从超自然的上帝、理念回到自然,去追求人的感性的幸福就是美的源泉,而美的本质就在于人在现实世界中的对象化,从而达到对于世界的欣赏。

《手稿》中人的本质力量对象化的思想体现在自然美的问题上,就是“自然人化”。把自然美的本质定位于自然人化,即人的本质力量的对象化,在新中国成立以来的马克思主义的美学领域成为了通识(除了蔡仪之外)。但是,在《手稿》当中,并没有“自然人化”这个经典的表述,反而是说“人化的自然界”,原文为:“人的感觉、感觉的人性,都只是由于它的对象的存在,由于人化的自然界,才产生出来的。”在 2002 年版的《马克思恩格斯全集》第三卷的第 305 页,表述和此处相同,只是把“都只是”去掉了“只”字,变成了“都是”。蔡仪就质疑说:“所谓的‘自然界的人化’和‘人的对象化’,我们翻来覆去的查,也没有找到明确的出处。”②那么,“自然人化”和“人化自然”是不是相同呢? 美学界有大致三种不

① 黑格尔. 美学[M]. 第一卷. 朱光潜,译. 北京:商务印书馆,1996:38 -40.

② 蔡仪. 马克思究竟怎样论美[J]. 中国当代美学论文选(第三集). 重庆:重庆出版社,1985:37.

同的看法。

首先,有的学者认为这是对于马克思经典的篡改和歪曲,并且给予了批判,比较典型的就是蔡仪的思想。

其次,认为这是对于马克思思想的创造性的阐释,但是站在对于马克思文本的严肃性的立场上,也带有一定的批评态度。"'自然的人化'原本是一个因对《手稿》进行'创造性阐释'得出的概念。20 世纪 50 至 80 年代,美学界之所以坚持在马克思主义学说的范围内为自然美寻找解释,是因为当时整个社会形成了一个朴素而普遍的真理信仰,即马克思主义是真理,认识符合真理就是符合马克思主义。基于此,所谓美学领域的真理之争,必然会让位于马克思主义之争。而从马克思主义典籍中寻章摘句,则成为对自我真理性的重要证明。但同时必须看到,20 世纪从东欧直至中国的马克思主义经典阐释学,一方面将马克思视为主宰其文本意义的最高权威,另一方面也不可避免地在阐释中放大,甚至篡改了马克思的原意。"①在所引文章中,对于这个命题的创造性阐释,作者是这样予以说明的,即"'自然的人化'由三个词构成,即自然、人和人化,每一词的内涵都是不确定的。首先,'自然'既可以指本体论层面的物质实体,又可以指认识论层面的自然对象,也可以指生存论意义上的自然环境。按照马克思在《手稿》中的看法,'被抽象地理解的,孤立的,被认为与人分离的自然界,对于人说来也是无'。这是将自然全面纳入了'人化'的视界,使其成为一个社会范畴。但马克思同时也指出,社会物从没有因人的创造而真正

---

① 刘成纪. 自然的人化与新中国自然美理论的逻辑进展[J]. 学术月刊,2009(9).

改变其自然本质,如桌子的本质永远是树木、砖瓦的本质永远是泥土。这样,所谓的社会物在本质意义上就依然是自然物。其次,'人'我们可以将其本质界定为理性、自由意志或者实践,但按照马克思在《手稿》中阐述的人的整体观,感觉、生命、情感等'有意识的生命活动'同样也构成了人之为人的基础。最后是'人化',就马克思在《手稿》和《资本论》等著作中偏重强调人对自然物使用价值的再生产而言,所谓的'人化'主要指实践化。但是,人在感觉层面将自然纳入认识范围,在情感方面作为主观情志的寄寓,在伦理层面作为主体人格的象征,也是自然'人化'的重要组成部分。从以上情况可以看出,即便在马克思那里,'自然的人化'也不是一个理论上完全自明的概念。自然、人、人化三者词义的多元性,使这一概念具有了作出多元解释的可能"①。

再次,对于"自然人化"和"人化的自然界"两个命题持肯定的态度,主要是以李泽厚、蒋孔阳等为代表的实践美学一派。"正因为如此,所以我们说,作为审美对象的客体,不是原始的自然,而是人化了的自然。但是,有的同志反对自然的人化的提法。他们的理由主要是两点:第一,自然始终存在着人化与未经人化的两个部分,我们不能把人化的自然当成整个自然,从而认为人的审美对象只是人化了的自然,这一点,我们有同意的地方,也有不同意的地方……不同意的则是,我们不能因为有未经人化的自然,就否定人化的自然。整个人类的文明,都是自然人化的结果。作为审美对象的,只能是这一人化了的自然。至于未经人化的自然,虽然客观

① 刘成纪.自然的人化与新中国自然美理论的逻辑进展[J].学术月刊,2009(9).

上和逻辑上都存在,但因为不在人的本质力量对象化的范围内,所以不能成为人的审美对象。第二,有的自然虽然与人发生了关系,但人不能对它起任何的作用,怎么能说是人化的自然呢? 例如太阳……对于这一说法,我们认为主要是对于'人化'的理解不同。人化并不一定要求对自然本身起作用,而只是要通过自然,反映出人的本质力量,在自然中找回人自身的回响和反应,表现出人的思想和感情,就是自然的人化了……所谓自然的人化,也可以说就是通过自然来表现人。它的起点和终点都是人,目的也是人,那么,我们怎么能说:自然化人,而不是人化自然呢……因此,我们探讨美的本质问题,我们所要说的,只能是自然的人化。"①

早在1956年,李泽厚在《哲学研究》上就发表了《论美感、美和艺术(研究提纲)——兼论朱光潜的唯心主义美学思想》,提出了与蔡仪将美的本质归结于自然物自身的截然相反的观点,即美的本质在于自然人化。认为自然对象只有成为"人化的自然",只有在自然对象上"客观地揭开了人的本质的丰富性"的时候,它才成为美。因而,美的自然是社会化的结果,也就是人的本质对象化(异化)的结果。自然的社会性是美的根源。在该文中,李泽厚说:"……在社会中,对于人来说,既然对象的现实处处都是人的本质力量的现实,都是人的现实,也就是说,都是人自己的本质力量的现实,那末对于人来说,一切对象都是他本身的对象化,都是确定和实现他的个性的对象,也就是他的对象,也就是他本身的对象。"②对于美感的社会性特征,李泽厚以《手稿》为依据,提出:

① 蒋孔阳.美学新论[M].北京:人民文学出版社,2006:193-195.

② 李泽厚.论美感、美和艺术(研究提纲)——兼论朱光潜的唯心主义美学思想[M].哲学研究,1956(5).

“马克思曾强调指出审美感的人类历史性质。人类在改造世界的同时也就改造了自己。人类灵敏的五官感觉是在这个社会生活的实践斗争中才不断地发展、精细起来,使它们由一种生理的器官发展形成为一种人类所独有的‘文化器官’。”①

朱光潜当时对于“自然的人化”也非常重视,他认为《手稿》对他的启发很大。1956 年,朱光潜在人民日报上发表了《美学怎样才能既是唯物的又是辩证的——评蔡仪同志的美学观点》一文,文中提到马克思《手稿》中的这句话,即“最美的音乐对于不能欣赏音乐的耳朵就没有意义,就不是对象”,使自己体会到美感的发展和美的发展的关系。朱光潜在该文中提出:“美感是一种社会的现象,它是要随着社会发展而发展的,在美感力日渐精锐化的过程中,事物的美不但在范围上而且在程度上日渐丰富和提高起来。”②在 1957 年发表的《论美是客观与主观的统一》一文中,他提出“自然人化”应该有两个方面的意思:一方面是主体客体化,人对象化,人借助对象显示其本质力量;另一方面是客体主体化,自然人化。人的美感也就是人类在长期认识自然和改造自然的实践过程中生长、发展、丰富起来。1960 年,朱光潜在《新建设》上发表了《生产劳动与人对世界的艺术掌握——马克思主义美学的实践观点》,该文一方面高度评价了马克思主义的实践的观点,认为实践的观点对于美学的发展起到了根本的作用;另一方面,在对于“自然人化”的内涵予以阐释的基础上,提出了“自然人化”对美学研究在方法论上的四点启示:一是认识与实践的辩证关系,认识随

① 李泽厚. 论美感、美和艺术(研究提纲)——兼论朱光潜的唯心主义美学思想[M]. 哲学研究,1956(5).

② 朱光潜. 美学怎样才能既是唯物的又是辩证的[N]. 人民日报,1956-12-25.

着实践发展，实践又随着认识发展；二是人与自然（主观与客观）的辩证关系，人借自然把自己的本质力量对象化，自然也被人化，两者互相依存、互相影响，丰富发展起来；三是人由自然存在物向社会存在的人的发展过程，即通过认识自然、改造自然，使自身由自然人向真正的人——社会人转变，使人的感觉力越来越成为人性的感觉力；四是单纯的自然向社会意义的自然发展的过程，人类通过劳动改变了自然原来的状态，给其打上人的印记，自然成为人类生存、生产对象的自然①。在之后的《美学中唯物主义与唯心主义之争》（1961 年《哲学研究》第二期）中，对于别人的批判，例如，李泽厚在《美学三题议——与朱光潜同志继续论辩》（1962 年《哲学研究》第二期）中说，“与朱氏把审美与生产看作同样是自然人化的活动不同，马克思的自然人化主要是在谈人类劳动、社会生产等经济学和哲学问题时，而不是在谈审美问题时使用这个概念的。马克思这里的‘人化’并不是指自然以人的主观意识，而是指人类的基本的客观实践活动，指通过改造自然赋予自然以社会的意义。马克思的‘自然人化’是通过改造自然的实践而不是通过欣赏自然的意识去‘人化’”②。朱光潜认为，“许多反映论美学的坚持者只是把美学看作一种单纯的认识活动，一种直观的认识活动；而实践观点则使人们以实践为基础，从认识与实践统一的角度来看待美学问题。在对待美的对象的时候，直观认识论美学是从旁观的角度，把它当作与自己对立的静止的认识对象，来加以观照和享受；实践观点则把审美活动看作人改变世界从而改变自己或实现

① 朱光潜. 生产劳动与人对世界的艺术掌握［J］. 北京：新建设，1960（4）.
② 李泽厚. 美学三题议——与朱光潜同志继续论辩［J］. 哲学研究，1962（2）.

自我的一种创造性的活动。这就是马克思主义美学中实践观点的主要内容。这又是美学观点的一个翻天覆地的转变"[①]。

《手稿》奠定了实践美学的哲学基础。首先,就《手稿》中的哲学观来看,马克思通过对异化劳动的深入分析,已经清楚地表现出了对实践观、人的本质和唯物史观的思想萌芽。"'异化'一词来源于拉丁字 alienatio(异化、外化、脱离)和 alienare(转让、异化、分离、让异己的力量统治、让别人支配),在英文中是 Alienation(疏远、转让、异化、精神错乱),德文使用的是 Entfremdung(异化、疏远)。"[②]马克思在《手稿》中引入异化的概念旨在分析资本主义的社会现象和工人阶级所受到的深重压迫。从马克思的论述当中,比如"对对象的占有竟如此表现为异化,以致工人生产的对象越多,他能够占有的对象就越少,而且越受他的产品即资本的统治"[③],我们可以发现,马克思使用的异化的概念比较黑格尔和费尔巴哈已经有了本质的飞跃。异化的主体就是现实的工人阶级,而不是黑格尔的"绝对理念"和费尔巴哈的抽象的人。而异化劳动在马克思的分析中,则包含了资本主义社会一切矛盾问题的根源。譬如私有财产的产生、劳动价值论的矛盾等。《手稿》中马克思哲学观就是在异化劳动这个概念中得到了最为集中地体现。对象化(objectification)是标志人类有目的的对象性活动的过程和结果的哲学范畴。在马克思看来,人的生命历程就是人在历史中展

---

① 朱光潜.美学中唯物主义与唯心主义之争[J].哲学研究,1961(2).

② 黄楠森,李宗阳,涂荫森.哲学概念辨析辞典[M].北京:中共中央党校出版社,1993:120.

③ 1844 年经济学—哲学手稿.马克思恩格斯全集[M].第三卷.北京:人民出版社,2002:268.

开的对象化的过程,而人类文明的历史就是人的思想、力量对象化的历史。与黑格尔从唯心主义出发,抽象的揭示劳动的本质不同,马克思使用对象化的范畴揭示出了劳动物化为对象的事实,劳动的对象化的客体的改造,就是作为主体的人通过对象性的活动而对自然界、外部世界的占有和改造,即人在改变自然物的形式的同时,亦在其中实现了自己的目的。黑格尔是在同一个意义上使用异化和对象化两个概念的,认为人的自我意识的对象化就是自我意识的异化。然而如果把它们等同,认为人的对象化为外部的客观的力量就是异化,就无异于宣告人类的全部历史就是一部异化的历史。异化是个历史的范畴,就好像劳动只是在一定的条件下才是异化劳动一样,异化也只是对象化的一种特殊的形式。异化只能被理解为在特定的历史时期,物质或者精神的主体在发展中产生自己的对立面,而这种作为对立面的异化力量反过来又对原创造者形成一种统治的力量。

其次,《手稿》提出了"人化自然"的科学命题,并将人对自然的情感观照建立在实践的前提上。马克思不仅在异化劳动当中发现了资本主义社会的矛盾根源,同时,他还在其中发现了美以及美感形成的根源。马克思在《手稿》里虽然不是专门地论述美,但是这其中所包含的美学价值,特别是所体现出的美学研究的崭新思路,却是实实在在地为马克思主义美学奠定了坚实的哲学基础。一方面,《手稿》明确地提出了"劳动创造了美"、"美的规律"等命题和范畴,并且在人的感觉的形成的论述里面,也等于是间接论证了美感的形成,毕竟美感亦是人的感觉之一。另一方面,马克思把美的本质和人的本质在劳动实践的基础上作了有机的统一,提出了"自然的人化"这一命题。"当现实的、有形体的、站在地球上呼吸着一切自然力的人通过自己的外化把自己现实的、对象性的本质力量设定为异己的对象时,这种设定并不是主体;它是对象性的本质力量的主体性,因而这些本质力量的活动也必须是对象的活动。”[①]再一方面,马克思通过对人的自由自觉的本质的考察,在劳动实践的角度赋予了美感以深远而又深刻的历史内涵。“只是由于人的本质的客观地展开的丰富性,主体的、人的感性的丰富性,如有音乐感的耳朵、能感受形式美的眼睛,总之,那些能成为人的享受的感觉,即确证自己是人的本质力量的感觉,才一部分发展起来,才一部分产生出来。”[②]

《手稿》中丰富的美学思想被李泽厚先生进行了很好的挖掘和利用。这里应该明确一个前提,即《手稿》的美学价值是阐释出来的美学价值。《手稿》原本不是一部美学的论著,其中“人化自然”、“人的本质力量的对象化”等原本也只是纯哲学的问题,而不是美学的问题,马克思在文中对这些命题的使用是为了从实践的角度恢复人的真正地位,意在指出:人类的感性活动是人类社会历史中的最为重要的事实。但是其中涉及的人的本质问题和美的本质有不可分割的关系。这也是实践美学真正的历史贡献之一。实践美学就是从《手稿》中的几个命题入手,包括“人化自然”、“人的本质力量的对象化”、“两个尺度”、“人也按照美的规律来建造”、“劳动创造了美”、“音乐的耳朵”(美感问题)等,不仅阐发了属于中国话语权的美学思想,而且形成了严密的理论体系,提出并丰富

① 1844年经济学—哲学手稿.马克思恩格斯全集[M].第三卷.北京:人民出版社,2002:324.

② 1844年经济学—哲学手稿.马克思恩格斯全集[M].第三卷.北京:人民出版社,2002:305.

了中国化的诸多美学范畴。

首先,李泽厚从中引发并阐述了“自然的人化”的命题。由于其当时所身处的社会状况,李泽厚认为,“生产斗争是人类最基本的实践,通过这种实践,人在自然界打上了自己的意志的印记,使自己对象化,同时也使对象人类化”①。并且,对于人类自身来说,“实践在人化客观自然的同时,也就人化了主体的自然——五官感觉,使它不再只是满足单纯生理欲望的器官,而成为进行社会实践的工具”②。可以看出,这里的“人化”包括了外在和内在两个方面,人化的本质就是社会化。李泽厚作为国内美学界最早以《手稿》为基础分析美的本质的学者,从实践的观点出发,也代表了他对于美的本质的探讨的哲学基础的转变,即从最初的反映论向实践论的转变,这是李泽厚对其他客观美学派别的一种超越。第一,自然的人化是人类的基本实践。“实践”在当时的各派观点中有不同的理解,特别是在精神领域是否存在实践的问题,直到现在学界的观点也没有统一。就当时而言,朱光潜把艺术等精神层面的活动纳入了实践的范畴,这一点被李泽厚给予了坚决的批判。李泽厚认为,实践当然包括多种活动,但是人类基本的实践只能是物质生产实践,是生产劳动,绝对不能把它与艺术生产等活动混为一谈。艺术活动和生产劳动的最根本的区别,在李泽厚看来,即生产劳动可以直接作用于客观世界,而艺术活动只能是作用于人的主观世界。从社会整体的层面看,艺术活动只能是主观意识对客观存在的一种反映。第二,自然的人化更根本的是“关系”的变化。自然的

① 李泽厚.美学旧作集[M].天津:天津社会科学院出版社,2002:79.
② 李泽厚.美学旧作集[M].天津:天津社会科学院出版社,2002:108.

人化在李泽厚那里有狭义和广义之分:狭义的含义,即人类的生产劳动对客观世界的改造;广义的含义,是指到了一定阶段的自然与社会关系的改变。之所以作这样的强调,笔者认为,还是出于审美超越性的需要。马克思提出"自然向人生成",那么自在的自然只有经历了"人化"的过程,即经由人类社会的实践活动,转变成为了"为我的自然",人才可能是以一个审美主体的角色去看待审美的对象,而不仅仅是站在一个骄傲的征服者的立场去满足某一种生理的快感。"人化"的根本在于内在关系的改变,而不仅仅是主体对客体的征服,这一方面体现了实践美学思想的深刻,另一方面也足以说明,实践美学并非是只关注功利性而不注重超越性。当然这里反映出的重整体轻个体的问题,在某种程度上还是存在的,毕竟实践美学的社会性思想是建立在人类社会的整体之上,是人类社会整体与自然的关系,而不是具体的一个审美个体与自然之间的"人化"。

其次,李泽厚先生从《手稿》中"自然人化"、"人的本质对象化"等命题联系到美的产生、美的本质和美的规律等问题。"如果没有人的社会实践,光是由自然必然性所统治的客观存在,这存在便与人类无干,不具有价值,不能有美。"①自然只有被"人化"之后,然后在自然的对象上客观地揭开了"人的本质"的丰富性的时候,才能成其为美。因为,"对象的现实处处都是人的本质力量的现实,一切对象都是他本身的对象化"②。所以,"自然本身并不是美,美的自然是社会化的结果,也就是人的本质力量对象化的结果"③。

① 李泽厚. 美学旧作集[M]. 天津:天津社会科学院出版社,2002:96.

② 李泽厚. 美的客观性和社会性——评朱光潜、蔡仪的美学观[N]. 人民日报. 1957-1-9.

③ 李泽厚. 美学旧作集[M]. 天津:天津社会科学院出版社,2002:23-24.

自然美的问题是二十世纪五十年代的美学大讨论中无法回避而又讨论更为热烈的一个问题,这个问题的解决取决于美的本质的问题的解决。第一,自然美的本质在于社会性,即“自然人化”。前文述及,经由实践的自然人化使得原本自在的自然,一方面被人类社会改造、利用;另一方面,自然和人类社会的关系产生了深刻的改变,人这种主体的自然也因为“人化”的过程产生着社会性的变化。在这个基础上,原初的自然物由于被“人化”而赋予了普遍的社会意义,成为了审美客体,而“人化”的人也具备了审美主体的资格和能力。对于自然美的本质问题,美学领域的分歧始终是存在的,在当时的那场美学讨论之中,朱光潜对于自然美坚持了与李泽厚相反的观点。他在《文艺心理学》中就明确提出“自然中无所谓美”,另外,在他的《谈美》当中,朱光潜也作了这样的论述,即认为仅仅是“自然美”这三个字就存在着矛盾,因为,在他看来,是“美的”就不是“自然的”,而“自然的”就说明其还没有成为“美”,如果你能感觉到美,就只能是人化过的艺术品,而不是自然。第二,内容的美和形式的美。为了把客观社会性的美与其他同样具有客观社会性的事物区别开来,李泽厚指出,美在客观社会性之外,还具有具体形象性,美是客观社会性与具体形象性的高度统一。客观社会性是关乎美的本质和内容,而具体形象性是美的自由的形式。对于自然美而言,李泽厚认为,把握不到“自然人化”就把握不了其真正的本质,而忽视了自然美的现象和形式,即形式美,就会走向庸俗。第三,美产生于真和善的统一。在李泽厚看来,真是不依赖于人的主观、意志的客观必然存在,善是在意识和目的性指导之下的人作用于现实世界的感性物质力量。真与善的对立统一的能动的过程就是人的实践的过程,在实践的过程中,真代表着自身的一种规律性，只有遵循了真的规律性，善才能够实现。善的意识性在于它是客观现实的能动的反映，而善的目的性在于它是可以实现的理想。真与善的能动过程中，真主体化，善对象化，主体化的真就是为我的真，具有现实的社会功利性质，这是美的本质，而对象化的善具有感性、具体的性质，其外部的存在就是美的形式。真与善的统一，就是主观和客观的统一，是内容与形式的统一，是现实和理想的统一，这个统一的基础不是建立在主观的观念之上，而是建立在客观的现实基础之上。这也是美的客观性的深刻的反映。关于美的客观性的问题，李泽厚认为，“美是客观的。这个‘客观’是什么意思呢？那就是指社会的客观，是指不依赖于人的社会意识，不以人们的意志为转移的不断发展前进的社会生活、实践。”[①]由此，他主张的美的社会性和客观性就可见一斑了。对于美的规律问题，李泽厚也作出了自己的解释，他认为《手稿》中“人类也按照美的规律来造型”的涵义是这样的：“具有内在目的尺度的人类主体实践能够依照自然客观规律来生产，于是，人类就能够依照客观世界本身的规律来改造客观世界以满足主观的需要，这个改造了的客观世界的存在形式便是美。在此实践过程中，主体人的‘自然’与客观自然都‘人化’了。人的物质生产劳动是美的本质。”[②]综上所述，在《手稿》的基础上，以李泽厚为代表的实践美学的观点基本形成。

就《手稿》与李泽厚的实践美学之间的关系来看，除了上文论及的内在的逻辑关系之外，正是对于《手稿》包含的实践思想和美

① 李泽厚. 美学旧作集[M]. 天津：天津社会科学院出版社，2002：94.

② 李泽厚. 美学三题议——与朱光潜同志继续论辩[J]. 哲学研究，1962(2).

学思想的挖掘与利用,才成就了"实践美学"这个名称(1962 年李泽厚的《美学三题议——朱光潜同志继续论辩》一文,表明了他对《手稿》中实践哲学基础的充分吸收和运用,从反映论到实践论,他的美学思想比之五十年代有了质的提升)。而实际上李泽厚在很长的一段时间内是没有使用"实践美学"来命名自己的学说思想的,虽然学界共同的看法是,他的实践美学思想在二十世纪六十年代已经发端,至八十年代就已经成熟了。实践美学的思想正是在《手稿》的基础上不断地发展和完善。比如,在坚持美的客观社会性的初期,李泽厚认为,美是现实生活中包含了社会发展的本质、规律和理想,用感官可以直接感知的具体的社会形象和自然形象。但是在对《手稿》的思想深度挖掘之后,李泽厚修正了对于美的本质的看法,他认为,社会的美美在内容,而自然的美美在形式,美的内容是现实对实践的肯定,美的形式就是自由的形式,美是现实以自由的形式对实践的肯定。

## 第四节

## 当代实践美学的发展

实践美学能在中国植根,并且成为中国当代最主要的美学一派,最主要是得益于《手稿》,也就是来自于马克思主义美学。马克思主义美学"是人类在社会实践基础之上,自身的生存境遇中

‘自由自觉’的程度得以逐渐提高、发展的过程:从‘天然统一’的生存整体出发,在实践活动的基础上,不断创造出新的需求与价值,从而使自身的‘内在尺度’在把握、整合与超越‘任何一个种的尺度’的历史过程中,愈来愈具有‘按照美的规律来塑造’的自觉性和自由性,从而不断地在更高程度上向‘天然统一’的生存论整体复归的过程——亦即不断地向‘作为目的本身的人类能力的发展’为旨归的‘真正的自由王国’迈进的历史”①。这个定义充分地结合了中国传统文化的因素,同时也使我们认识到,马克思的美学思想是建立在其哲学思想的根基之上的。

在马克思主义美学中国化的过程中,毛泽东虽然不是以一个美学家的身份出现,但他却因为把实践运用于革命文艺工作,而在实践美学的领域写下了浓重的一笔。“如果说,在20世纪前半叶,中国马克思主义美学的最大成就是把唯物主义反映论原理引入美学理论、确立唯物主义美学观念、即明确了‘文艺是社会生活的反映,社会生活是文艺的唯一源泉’这一基本思想的话,那么20世纪下半叶,中国马克思主义美学的最大成就则是建立了‘实践美学’。实践美学正是在对反映论美学原理的机械论弊端反思和批判中建立起来的,因而,可以说,它标志着中国马克思主义美学的新发展……无论是从整个中国现代美学史上说,还是从中国马克思主义美学的发展来说,它都是当今中国最有生命力和影响力的美学学说。”②毛泽东率先把实践具体的应用到革命的文艺工作当中,在实践当中践行了实践美学,新中国成立后,李泽厚泽则系

---

① 苏志宏.马克思主义美学中国化的文化学思考[J].学术动态,2007(1).

② 聂振斌.思辨的想象——20世纪中国美学主题史[M].昆明:云南大学出版社,2003:249.

统化、理论化地建构起了实践美学,以至于在中国当代,马克思主义美学和实践美学完全画上了等号,实践美学毫无争议地成为了马克思主义美学中国化的最重要的理论成果。

马克思主义美学中国化的过程具有其特殊性。如果以新中国成立作为划分的标准,成立之前这种特殊性主要在于中国当时的革命,而成立之后的特殊性则更多是受到了当时政治的影响。有学者认为:"从早期中国共产党人所倡导的文学主张中就已经为中国马克思主义美学的发展确定了方向,为形成革命战争时期的美学特色奠定了基础……后来的马克思主义者如瞿秋白和中国共产党的坚定盟友们,则进一步明确的形成了中国马克思主义美学的体系性特征……以蔡仪为代表的美学家及一些美学专著的出现,则标志着中国马克思主义美学在理论形态上的成熟。"①但是,另有学者撰文指出:"由于不理解马克思的实践观,蔡仪从旧唯物主义出发盲目地否定实践观对美学的意义,更不理解人的主体性,自然人化的真正内涵……蔡仪的美学观的哲学基础是自然物质本体论和反映论,是近代自然科学思维方式的产物,其美是客观存在的典型,美感是对美的反映的学说根本就没有进入美学本身的问题域,只能作为中国当代美学史上历史地被扬弃的一个环节。"②对同一个美学家的评价,不同的学者竟有如此大的分歧。从马克思主义美学的逻辑起点来看,为了能够使马克思主义美学内在的逻辑保持一致,其中国化的过程自然不能按照前一位学者的概括来界定。

---

① 钱竞.中国马克思主义美学思想的发展历程[M].北京:中央编译出版社,1999:142.

② 章辉.实践美学:历史谱系与理论终结[M].北京:北京大学出版社,2006:12.

1942年,毛泽东发表了《在延安文艺座谈会上的讲话》(以下简称《讲话》),该文可以看作是马克思主义美学原理与中国具体的革命斗争实践相结合的典范。首先,《讲话》把《手稿》中的实践的观点在中国的文艺领域进行了具体的运用。文艺在毛泽东当时的思想里面,更多的要为革命、为政治服务。毛泽东在《讲话》中所涉及的审美和艺术的问题是具体的现实的问题,即前文谈到的马克思主义美学中国化过程中的特殊性的问题,只有这样才能使文艺成为整个革命机器的一个组成部分。毛泽东指出:"我们是马克思主义者,马克思主义叫我们看问题不要从抽象的定义出发,而要从客观存在的事实出发,从分析这些事实中找出方针、政策、方法来。我们现在讨论文艺工作,也应该这样做。"①早在1937年,毛泽东在其《矛盾论》和《实践论》中,就已经对实践这一马克思主义的核心范畴进行了具体的分析。例如,"人的社会实践,不限于生产劳动一种形式,还有多种其他的形式,阶级斗争,政治生活,科学和艺术的活动"②。

其次,围绕着"文艺是为什么人"的问题,《讲话》把《手稿》中的审美理论进行了充分的展开。毛泽东彻底反对唯心主义的美学,他认为艺术来源于生活,"人民生活中本来就存在着文学艺术原料的矿藏,这是自然形态的东西,也是粗糙的东西,但也是最生动、最丰富、最基本的东西;在这一点上说,它们使一切文学艺术相

① 在延安文艺座谈会上的讲话.毛泽东选集[M].第二版.第三卷.北京:人民出版社,1991:853.

② 实践论.毛泽东选集[M].第二版.第一卷.北京:人民出版社,1991:283.

形见绌，它们是一切文学艺术的取之不尽、用之不竭的源泉”[①]。同时《讲话》又指出，“文艺作品中反映出来的生活可以而且应该比普遍的实践生活更高，更强烈，更有集中性，更典型，更理想，因此就更带有普遍性”[②]。在这种艺术和生活、普遍和提高、政治和艺术的一系列矛盾的分析中，既充满了辩证法，又把马克思主义的美学原理与中国的文艺实践进行了有机的结合。

再次，《讲话》并没有因为艺术要来源于生活，就否定文学艺术创作的相对独立性。有什么样的世界观就有什么样的方法论。毛泽东在肯定这两者一致性的基础上，即强调要用马克思主义的观点去观察世界、观察社会、观察文学艺术，又强调“马克思主义只能包括而不能代替文艺创作中的现实主义，正如，它只能包括而不能代替物理学中的原子论、电子论一样”[③]。所有这些论述都使得《手稿》中的美学思想在《讲话》中系统化、具体化，开始中国化了。

李泽厚首创的实践美学是中国化的马克思主义美学，其美学思想的特征主要有三点。首先，李泽厚的思想在时间上跨度长。李泽厚美学思想的形成当然和他自身厚重的学养分不开，但是就其外部原因而论，其思想的形成和发展也得益于二十世纪的两场美学大讨论。学界公认，李泽厚的思想大致可作三个阶段的划分：第一阶段在二十世纪五十至六十年代，美学大讨论中，李泽厚提出

① 在延安文艺座谈会上的讲话. 毛泽东选集[M]. 第二版. 第三卷. 北京：人民出版社，1991：860.

② 在延安文艺座谈会上的讲话. 毛泽东选集[M]. 第二版. 第三卷. 北京：人民出版社，1991：861.

③ 在延安文艺座谈会上的讲话. 毛泽东选集[M]. 第二版. 第三卷. 北京：人民出版社，1991：874.

“美是社会性与客观性统一”的命题，其美学观由认识论转向实践论，并把“自然人化”作为其哲学根基；第二个阶段是七十年代末至八十年代，伴随整个学术界的思想解放而掀起了国内的第二次美学大讨论，李泽厚提出了“主体性实践哲学”；八十年代后期以后，李泽厚提出“情感本体”和“人的自然化”是为第三个时期。其次，李泽厚的美学思想在研究重心上前后转变大。李泽厚在他思想发展的不同阶段，先后经历了“客观主义美学—主体性实践美学（工具本体）—个体性的主体性实践美学（情感本体）”这样一个大致的过程。从早期“美不是物的自然属性，而是物的社会属性。美是社会生活中不依存于人的主观意识的客观现实的存在。自然美只是这种存在的特殊形式”①，到“自然的人化”，再到“人化的自然”。再次，李泽厚的美学思想博大精深。李泽厚的美学思想体系是建立在主体性实践哲学的基础上的，“自然人化”贯穿了他的思想体系的始终。李泽厚在美学讨论中的理论建构基本上是围绕美的哲学、审美心理学和艺术社会学三个方面展开的，这也是美学的三个基本方面的内容②。由此，李泽厚用“积淀”作统领，把客体由外在的自然人化为现实的美，把主体由内在的自然人化为美感。由于历史的累积沉淀，美感获得了二重性，即李泽厚所言的“新感性”。同时，又由于原始的、艺术的和生活的积淀，则形成了艺术的不同的方面。艺术的本质，在李泽厚认为，就是人类共同的心理情感本体的物态化，人类的心理——情感本体世代相承的人类心灵文化史就构成了艺术史。李泽厚“实践美学的最大历史贡

① 李泽厚.美学论集[M].上海：上海文艺出版社，1980：29.

② 李泽厚.美学论集[M].上海：上海文艺出版社，1980：1.

献就在于为中国美学找到了最具有超越和自我超越能力的哲学基础——马克思主义的实践唯物主义，从而把马克思主义美学对于以黑格尔为主要代表的传统美学的超越具体化为中国美学中的一次巨大的超越。那就是超越以认识论为主要哲学基础的中国当代近代传统美学，特别是对于以吕荧、高尔泰为代表的主观派，以蔡仪为代表的客观派，以朱光潜为代表的主客观统一派的总体性超越。它的具体表现就在于，从马克思主义的实践观点出发，既超越了单纯认识论的美学框架，又超越了主观与客观二元对立的思维方式，建立了以李泽厚为代表的以人类学本体论或主体性实践哲学为基础的实践美学或实践派"①。

实践美学在当代的地位是毋庸置疑的。不仅是在学术领域，新中国成立以来的美学教材，尤其是高校使用的美学原理的各种教材，讲授的也几乎都是实践美学的思想。比如二十世纪六十年代王朝闻先生主编的《美学概论》，参加编写的就有李泽厚、刘纲纪、杨辛等美学大家。此外，还有蔡仪主编的《美学原理》、杨辛和甘霖主编的《美学原理》等。对于实践美学的功绩，北京大学阎国忠教授作了这样的评价："第一，把美学探讨的中心从静态的美在何处，引向了动态的美是怎样发生发展的，从而大大推动了审美社会学的研究；第二，把时间概念引入美学，而实践是历史概念，这就使美学超越认识论成为可能；第三，他的理论指向直接是作为实践主体的人，人的本质，人的尺度，人的创造力等，于是人本身成为美学的最大课题；第四，美学因此在一定程度上脱离了抽象的概念论争，而与人的生产劳动、自然环境的观赏以及艺术创作等实际问题

① 张玉能.实践美学：超越传统美学的开放体系[J].云梦学刊，2000(2)：64－65.

结合起来;第五,引发了人们对研究马克思主义经典作家的美学著述,特别是马克思的经济学著述的兴趣,马克思主义美学脱离了带有旧的唯物主义色彩的阴影,形成了新的特有的概念。"[①]即使是批判实践美学的代表性人物杨春时教授,在对中国当代美学的发展进行分段的时候,也是以实践美学为标准划分了三个阶段,即前实践美学阶段、实践美学阶段和后实践美学阶段[②]。无论杨春时教授的这种分段是否客观,都从另外一个角度说明了这样的一个问题,即中国当代的美学研究是无法绕过实践美学这座标志性丰碑。

① 阎国忠.走出古典——中国当代美学论争述评[M].合肥:安徽教育出版社,1996:408.

② 杨春时.走向后实践美学[J].学术月刊,1994(5).

# 第三章

# 实践美学的历史地位

# 第一节

## 中国化的马克思主义美学理论体系

实践美学一个伟大的历史功绩就在于,它发扬了马克思本人没有展开的一些东西。实践美学在马克思那里,原本就只有一个命题,即《手稿》的三个方面:从经验事实提出异化劳动,追究原因到私有制,解决办法到共产主义。作为一部经济学哲学著作,《手稿》提出了很多重要的美学问题绝不是偶然的,这是因为《手稿》中涉及的人的本质问题和美的本质有不可分割的关系。异化劳动是马克思所批评的,但是批评一个东西就必须要有一个正面的价值标准,实践美学就发展了这个正面的价值观的东西。

### 一、《手稿》和"新美学"(反映论美学)

1927 年,在苏联马克思恩格斯研究院院长梁赞诺夫(梁赞诺夫是《马克思恩格斯全集》历史考证版[MEGA1]的奠基人,早在前 MEGA1 时期,他就提出了"维也纳出版计划",并且身体力行地编辑出版了《马克思恩格斯著作集:1852—1862》。十月革命的胜利则为他全面、系统地出版《马克思恩格斯全集》提供了历史机遇。他所进行的 MEGA1 编辑出版活动不仅使马克思恩格斯的大量文献学遗产重见天日,而且也为《马克思恩格斯全集》历史考证版新版[MEGA2]提供了源头活水。笔者注)主持下,《手稿》的部分译文以"《神圣家族》的预备著作"为题发表于《马克思恩格斯文库》第 3 卷中。1929 年,《马克思主义评论》杂志第 1 期上,以"关于共产主义和私有制的札记"、"关于需要、生产和分配的札记"为题发表了手稿的另一些片段。1931年1月,德国社会民主党人J. P. 迈耶尔在苏黎世《红色评论·社会主义月刊》上报道说,发现了马克思的一部早期的带有提要性质的手稿,迈耶尔在《马克思的历史唯物主义的早期著作(前言)》中宣称,这部手稿是"真正的马克思主义的启示录"。1932年,在苏联马克思恩格斯列宁研究院B. 阿多拉茨基主持编辑出版的德文版《马克思恩格斯全集》(MEGA)第3卷中,以"1844年经济学—哲学手稿·国民经济学批判"为题全文发表了这部手稿。几乎同时,德国社会民主党人齐·朗兹胡特和J. P. 迈耶尔主编的德文版马克思文集——《历史唯物主义:卡尔. 马克思早期著作集》,由阿尔弗德勒·克勒讷出版社出版莱比锡版①。1935年3月,上海辛垦书店出版了《黑格尔哲学批判》(柳若水编辑翻译),该书中刊载了《手稿》中的最后一个部分,即《对黑格尔辩证法和一般哲学的批判》。《手稿》的第一个中文全译本由人民出版社在1956年出版,由何思敬翻译、宗白华校订。

1937年6月15日,延安出版的《认识月刊》创刊号上发表了周扬的《我们需要新的美学》一文,文章的副标题则是"对于梁实秋和朱光潜两先生关于'文学的美'的论辩的一个看法和感想"。该文对《手稿》(周扬在文章中将《手稿》称为《神圣家族》的手稿。笔者注)中有关"美感"的论断予以征引:"只有音乐才唤起人的音乐的感情,在非音乐的耳朵的人,最优美的音乐也没有意义,因为在他,这不成其为对象。社会人的感情和非社会人的感情不同。

---

① 西方学者论《1844年经济学—哲学手稿》编译说明[M]. 上海:复旦大学出版社,1983:1.

只有借着人的本质的被对象地展开了的丰富，主观的人的感性的丰富才会发生，音乐的耳朵，辨察形式之美的眼睛才会发生，一句话，人的要求享乐的感情才会一部分新生，一部分发达起来。”①（该段引文在2002年版的《马克思恩格斯全集》第三卷第305页中的表述为：对于没有音乐感的耳朵来说，最美的音乐毫无意义，不是对象，因为我的对象只能是我的一种本质力量的确证，就是说，它只能像我的本质力量作为一种主体能力自为地存在着那样才对我而存在，因为任何一个对象对我的意义［它只是对那个与它相适应的感觉来说才有意义］恰好都以我的感觉所及的程度为限。因此，社会的人的感觉不同于非社会的人的感觉。只是由于人的本质客观地展开的丰富性，主体的、人的感性的丰富性，如有音乐感的耳朵、能感受形式美的眼睛，总之，那些能成为人的享受的感觉，即确证自己是人的本质力量的感觉，才一部分发展起来，一部分产生出来。因为，不仅五官感觉，而且连所谓精神感觉、实践感觉［意志、爱等等］，一句话，人的感觉、感觉的人性）另外，文章还引用了《政治经济学批判导言》中的一段话：“艺术品——其他生产品也是一样——制造出一种有艺术头脑和审美能力的公众，所以生产不仅为主体产生出对象，而且为对象也产生出主体。”②（在1995年版的《马克思恩格斯全集》第三十卷第33页，这段话被表述为：艺术对象创造出懂得艺术和具有审美能力的大众——任何其他产品也都是这样。因此，生产不仅为主体生产对象，而且也为对象生产主体）

---

① 周扬文集［M］. 第一卷. 北京：人民文学出版社，1984：217.

② 周扬文集［M］. 第一卷. 北京：人民文学出版社，1984：217.

新美学的提法最早来自于周扬,他在《我们需要新的美学》中对于《手稿》部分内容的征引,也是国内比较早的把《手稿》和美学联系在一起的学者。周扬提出的“新美学”就是马克思主义的美学,对于马克思主义新美学的需要,是建立在对于一切旧的唯心主义观念论美学的基础上的。观念论的美学,在当时的周扬看来,即用内在的心理法则去说明艺术的本质的心理主义美学,是只能在逻辑上自圆其说,而和现实完全脱离的唯心主义美学。周扬在《我们需要新的美学》一文中认为:“美学思想可以远溯到亚里士多德的《诗学》以前,从鲍加尔敦(Banm-garten)把美的哲学作为一种独立的感性的学问,而给与了‘美学’(Aesthetik)的名称以来,也已有近两百年的历史。从康德,释勒(席勒。笔者注),黑格尔,一直到格罗奇(Croce),观念论的美学无论如何不能说还没有成熟。现代美学的主观化,形式化,神秘化,和那完全失去了进步性的资产者层的文化全体的没落和颓废相照应,显示了它已不能再往前发展。”①所以,新美学的建立只有在对旧美学的彻底的批判的基础上才有可能。周扬提出:“我们承认美的感情,美的欲望的事实(没有它们,艺术活动便不存在),却不承认它们是先于社会的发展,生物学地内在的。无论是客观的艺术品,或是主观的审美力,都不是本来就有的,而是从人类的实践的过程中所产生。这就是我们和一切观念论美学者分别的基点。”②朱光潜的“美是形象的直觉”,在周扬看来,正是格罗奇思想的继承。周扬批判朱光潜道,“朱先生用‘形象的直觉’来说明艺术的本质,这和我们主张的

① 周扬文集[M].第一卷.北京:人民文学出版社,1984:212.
② 周扬文集[M].第一卷.北京:人民文学出版社,1984:217.

艺术的反映论是正好相反的。所谓形象的直觉，是不用抽象的思想，不起意志和欲念，完全凭直觉来欣赏事物的形象，不去问事物效用和意义……这就是说：形象不是客观地存在的，而只是一种主观的返照，所以艺术家不必去观察和研究现实，只需陶冶性分就行了。在我们，形象是现实通过作者意识的反映，所以对于艺术重要的是客观现实的忠实；在朱先生，直觉是作者情趣性格在事物上的返照，所以重要的是主观的性分的深浅。这是对于创作的两种不同的态度，这两种态度是根本对立的"①。所以，新美学的"新"就在于强调美是历史和社会的产物，新美学的发展先要克服美学和现实的分离，再就是只能沿着唯物论的线索坚实地成长。新美学要从客观的现实的作品出发，具体的研究美的社会根源、美的本质、美的特征以及美与其他意识形态的关系。"马克思和恩格斯的美学见解，虽是断片的，甚至片言只语，都有决定的重大的意义。"②

1948年，上海群益出版社出版了蔡仪的《新美学》一书。《新美学》是我国第一部系统地运用马克思主义基本原理撰写的美学著作，该书也把《手稿》中的美学思想作为立论的重要理论资源。其中有五处征引了马克思手稿中的内容作为立论观点，包括"能够成为我的对象的，只不过是我的存在中某种力量的证明，所以对象的对于我，只是我的存在中的一种力量用自成为一种自观能力的方法，方能到达的范围"，"动物只能在其所属的种的尺度，适应其要求而形成；相反地，人则能够按照任何各种种的尺度而生产，

① 周扬文集[M]. 第一卷. 北京：人民文学出版社，1984：219.
② 周扬文集[M]. 第一卷. 北京：人民文学出版社，1984：225.

而且能够利用任何对象内在的尺度；因之，人按照美的法则，也同样形成了美”，“对于非音乐的耳，最美的音乐，也不能有任何感觉，而不能成为对象”。《新美学》的哲学基础是辩证唯物主义的认识论。和周扬对于观念论美学的批判类似，《新美学》在开篇也通过对西方美学史进行回顾的方式，对形而上美学的单纯概念的思辨作了演绎，包括柏拉图的理式论、黑格尔的理念论等。对于近代的心理学美学的形而下的经验作了归纳，例如立普斯的“移情说”等。对于客观论美学进行了深度的批判，认为只有自觉运用马克思主义的辩证唯物主义认识论作为美学研究的方法，才能建立新美学。《新美学》除了马克思、恩格斯、列宁的反映论艺术思想之外，还吸收了《手稿》中的关于“美的规律”的思想。蔡仪认为美的规律就是典型的规律，就是美的本质，所以，他总结出了客观事物的美在于典型性，即“美在典型”的命题。“总之，美的事物就是典型的事物，就是种类的普遍性，必然性的显现。在典型的事物中，更显著的表现着客观现实的本质、真理，因此我们说美是客观事物的本质、真理的一种形态，对原理原则那样抽象的东西来说，它是具体的。”①

同样是新美学的构建，同样是站在了马克思唯物论的哲学立场，周扬与蔡仪的区别还是比较明显的。其一，对于《手稿》的美学资源的关注不同。周扬关注更多的是美与实践的关系，也就是后来被实践美学继续发展的“自然人化”的思想；而蔡仪关注的焦点集中于《手稿》中“美的规律”的思想。其二，对于马克思美学思想资源的理解的差异。例如，周扬肯定车尔尼雪夫斯基的“美是

① 蔡仪. 新美学[M]. 上海：群益出版社，1948：80.

生活”，而蔡仪则提出“美是典型”。在周扬那里，生活高于艺术，生活美也高于艺术美，审美的精神属性逐渐被社会意识形态属性所取代；而蔡仪还是保持了相当的审美的自由属性，所以，蔡仪在1983年的《新美学（改写本）》（第一卷）的序言中说，“回想三十八年前《新美学》原书写成定稿时，也曾非常高兴过……我就根据自己的粗浅的认识，试用唯物主义观点考察美学的基本理论问题，得到了一些初步的理解，形成了一些大体一致的论点，这是过去美学史所没有的。并且私自认为美学要成为科学的美学，必然要走唯物主义的道路。但是由于自己当时没有充分理会，《新美学》原书还存在着不少的缺点和错误，二则根本没有想到人们对于唯物主义的看法竟然会如此的完全相反”①。

**二、实践美学对于《手稿》异化思想的正面发展**

《手稿》原不是一部阐释美学的著作，以实践为哲学基础的美学思想在其中只是以命题的方式存在，但作为一部经济学哲学著作，《手稿》能够提出很多重要的美学命题，不全是偶然的，从根本上论，这是由《手稿》中涉及的人的本质问题和美的本质有不可分割的关系所决定的。异化劳动是马克思批评的，但是批评一个东西就必须要有一个正面的价值标准，实践美学就发展了这个正面的价值观的东西。

1.《手稿》中的异化思想

马克思的异化思想的核心问题是异化劳动。异化劳动与《共产党宣言》中的雇佣劳动、《资本论》中的“大机器生产”等都是关于劳动的基本概念。马克思在《共产党宣言》中提出，资本的条件

① 蔡仪.新美学（改写本）[M].第一卷.北京：中国社会科学出版社，1985：1－2.

就是雇佣劳动。雇佣劳动创造出的不是无产者的财产,而是用以剥削无产者的财产,即资本。雇佣劳动的平均价格只能是最低限度的工资,仅仅是维持其工人的生活所必需的生活资料的数额。“资产阶级抹去了一切向来受人尊崇和令人敬畏的职业的神圣光环。它把医生、律师、教士、诗人和学者变成了它出钱招雇的雇佣劳动者。”①“因此,在资产阶级社会里是过去支配现在,在共产主义社会里是现在支配过去。在资产阶级社会里,资本具有独立性和个性,而活动着的个人却没有独立性和个性。”②《手稿》使用“异化”概念,也是用来界定资本主义私有制条件下的劳动。

异化在最初传入我国时,曾经被翻译为“疏外”、“疏远化”,比如当时柳若水、何思敬等人的关于《手稿》的译作。在二十世纪五六十年代之后,我国的许多学者开始对异化问题进行深入的研究。1975年出版的《哲学小辞典》中第一次正式把“异化”(Entfremdung)作为词条,并对之做了详细的解释。但是在当时,对于异化的认识,还是有待提升的。这里面的原因除了学术上的之外,和当时的社会政治环境也有一定的关系。由于异化问题涉及人道主义以及与社会主义的关系等问题,这在当时具有政治上的高度敏感性,所以在意识形态高压的状况下,对于异化的研究自然要保持相当的谨慎。这主要表现为三个方面:

第一,注意区分马克思的异化与其来源即黑格尔、费尔巴哈的不同。看到了马克思对于异化的使用主要是在于劳动的论述,而不是绝对理念的异化和宗教观念的异化,这是站在唯物主义的哲

① 马克思恩格斯选集[M].第一卷.北京:人民出版社,1995:275.
② 马克思恩格斯选集[M].第一卷.北京:人民出版社,1995:287.

学立场,从对资产阶级抽象的人道主义思想的批判的视角提出的。第二,对于马克思前后思想的分期问题。当时的理论研究认为,异化是指主体在一定的发展阶段分裂出自己的对立面,从而变成外在的、异己的力量。这是在马克思异化思想当中加入了辩证法的精神,当时的学者也已经注意到了,马克思在《手稿》之后就很少使用“异化”这个概念了,更多的是使用“雇佣劳动”(也有人提出还是使用,例如在《资本论》中使用了四次“异化”)。但是与国外一些学者把马克思前后时期割裂开来不同,我们更多的是通过这个辩证的精神,将马克思的前期思想和后期思想联系在了一起。第三,强调马克思异化思想的批判性精神。马克思的劳动异化思想主要揭露和批判了资本主义私有制的残酷和野蛮,这与他后来发现剩余价值学说并以之来批判资本主义社会,甚至主张进行无产阶级革命的理论在价值取向上是一致的。强调这个一致性主要是与当时的国际研究背景有关系,当时国外的一些学者过于抬高《手稿》中的异化思想,把马克思本人人道主义者化,以马克思的异化思想去否定马克思后来的革命的成熟时期的思想,从而把马克思的异化思想与其整体思想原则割裂开来。

“文化大革命”之后,伴随着对于“文化大革命”的反思,马克思的异化思想成为了我国学者当时普遍关注的一个理论问题。在当时的社会环境之下,对于《手稿》异化思想的关注,更多的是与人道主义联系在一起的,这无疑具有了一定的政治色彩。

2. 周扬和胡乔木的论争

周扬和胡乔木的论争可以分成两个方面,第一方面是对于《手稿》中异化的看法,即是否存在社会主义的异化;第二方面是对于马克思主义理论中能否发展人道主义的问题。就第一方面来说，周扬在那份报告中，站在对于“文化大革命”反思的立场，列举了社会主义的一些异化现象。例如，政治异化、思想异化、权力异化等。周扬继续了对于异化研究的初期的理解，认为异化不是一个唯心的范畴，而是辩证的。从费尔巴哈的抽象的人性论为基础的资产阶级的人道主义，到以历史唯物主义为基础的无产阶级的人道主义的改造过程之中，异化起到了关键改造作用。周扬是反对所谓的马克思后期抛弃异化的提法的，在他看来，马克思《资本论》中揭示的剩余价值思想就是从异化转化而来。与之相对，时任中央政治局委员、中央书记处书记的胡乔木，则对于所谓的社会主义异化现象提出了批评。他坚持认为《手稿》是马克思早期很不成熟的著作，虽然《手稿》是马克思走向马克思主义的一个重要环节。在胡乔木看来，马克思和恩格斯后来之所以不再使用“异化”这个概念，就是认识到了异化理论是不成熟的，是无法用以揭露资本主义和资本主义制度下的劳动的本质的。胡乔木在《关于人道主义和异化问题》一文中谈到：“这些情况当然不是偶然的。这表明成熟时期的马克思认识到异化作为理论和方法是不能揭露事物本质的，他已经超越了这种理论和方法，而创造了辩证唯物主义和历史唯物主义的科学。他不再用异化理论说明资本主义和资本主义制度下的劳动，而是用剩余价值学说来科学地说明它们。”胡乔木提出，之所以会产生所谓的社会主义存在异化的错误的想法，在根本上是没有对异化作细致的区分：基本范畴的异化和现象描述的异化。就马克思使用异化这个概念而言，只是用以对于特定历史时期的特定社会现象的描述，当然这个特定的历史时期主要是限定在了像资本主义那样的阶级对抗的社会，对于社会主义的国家自然是不适用的;就马克思所拒绝使用的异化而言,是作为基本范畴和基本规律的异化,原因就在于这个层面的异化的不成熟性,所以在后来被剩余价值学说所替代。

针对第二个方面,即是"马克思主义的人道主义"还是"社会主义的人道主义",周扬认为,虽然马克思主义不能纳入到人道主义的理论体系之中,但是马克思主义中是包括了人道主义的,当然这个包括的是马克思主义的人道主义。周扬在《关于马克思主义的几个理论问题的探讨》一文中的"马克思主义与人道主义"一节中提出:"在'文化大革命'前的十七年,我们对人道主义与人性问题的研究,以及对有关文艺作品的评价,曾经走过一些弯路。这和当时的国际形势的变化有关。那个时候,人性、人道主义,往往作为批判的对象,而不能作为科学研究和讨论的对象。在一个很长的时间内,我们一直把人道主义一概当作修正主义批判,认为人道主义与马克思主义绝对不相容。这种批判有很大片面性,有些甚至是错误的……'文化大革命'中,林彪、'四人帮'一伙把对人性论、人道主义的批判,发展到了登峰造极的地步,为他们推行灭绝人性、惨无人道的封建法西斯主义制造舆论根据。过去对人性论、人道主义的错误批判,在理论和现实上,都带来了严重后果。这个教训必须记取。粉碎'四人帮'后,人们迫切需要恢复人的尊严,提高人的价值,这是对'四人帮'倒行逆施的否定,是完全应该的……对人的问题的探讨,给我们提出一个问题,就是完整准确地掌握马克思主义的问题,只有把马克思的早期著作和后期著作连贯起来研究,既看到两者的区别,又看到两者的联系,才能对马克思主义获得完整准确的理解……只有用马克思主义的人道主义,才能真正克服资产阶级人道主义”①。与之相对的是，胡乔木提出了“社会主义的人道主义”的概念。首先，胡乔木认为，所谓的“马克思主义的人道主义”的提法，是混淆了哲学层面的人道主义和伦理道德层面的人道主义，进而在哲学层面上混淆了作为马克思唯物史观的人道主义和资产阶级抽象人性论人道主义的本质的区别。在胡乔木看来，哲学层面的人道主义就是作为世界观和人生观的人道主义，这与伦理道德层面谈论的人道主义是根本不同的。不论是把马克思主义纳入人道主义还是把人道主义纳入马克思主义，哪怕是部分的纳入都是错误的，本质上都是要把马克思主义人道主义化。从马克思主义与人道主义的关系来说，人道主义无法对马克思主义进行任何的补充和纠正，更谈不上发展，相反，只有马克思主义能够说明人道主义，并且指出人道主义的历史局限。其次，胡乔木从伦理层面的人道主义出发，提出了“社会主义的人道主义”。他在一次中央党校的讲话中谈到，“社会主义的人道主义，是作为伦理原则和道德规范的人道主义，它立足在社会主义的经济基础之上，同社会主义的政治制度相适应，属于社会主义的伦理道德这种意识形态；作为一项伦理原则，它是以马克思主义世界观和历史观为基础的……如果说，马克思主义的人道主义的含义，不是作为世界观和历史观，而是作为从属于马克思主义世界观和历史观、从属于社会主义经济制度和政治制度的社会主义伦理原则，那么使用马克思主义的人道主义的提法并无不可。不过，如果没有必要的说明，这个提法有可能被解释为马克思主义和人道主

① 周扬.1983 年 3 月 7 日在中共中央党校纪念马克思逝世 100 周年大会上所作的报告[N].人民日报,1983 -3 -16.

义这两种不同的世界观、历史观的互相混合、互相纳入或互相归结,从而引起概念的混淆。事实说明,作为社会主义伦理道德的一项重要内容的社会主义人道主义这个提法,如同社会主义民主、社会主义法制、社会主义精神文明、社会主义文艺、社会主义现实主义等提法一样,表示它们是从属于一定社会制度(经济基础)的上层建筑和意识形态,含义更为明确”。

时至今日,对于异化的论争还是没有能够统一。在关于异化和人道主义的论争当中,有一个值得欣喜的现象是,尽管对于异化的思想没有统一,但是在这个论争的过程中,对于人的价值的重视被普遍关注了,学界已开始致力于对“人学”的研究,“人”不再是马克思主义研究中的禁区。我们知道,对于美的研究是无法离开对于人的研究的,美的本质和人的本质是相互联系的,审美既是人的能力,又是人的需要,所以人学研究的发展对于美学的研究无疑是一个积极的促进。

除了在哲学和政治的层面上研究异化之外,在美学的角度,“异化和美的关系”也是美学界广泛关注的理论问题,实践美学在这个方面就给予了正面的发展。实践美学从人的存在的角度,阐述了劳动对于人的意义。在资本主义私有制条件下的异化劳动,在马克思看来,是非人的劳动、片面的劳动,马克思强调的是人的全面的劳动,即人自身的人口生产和满足人需要的物质生产,在这个基础上,劳动还决定这个人的精神生产。马克思对于共产主义环境下的劳动有这样的描述:“原来,当分工一出现之后,任何人都有自己一定的特殊的活动范围,这个范围是强加于他的,他不能超出这个范围:他是一个猎人、渔夫或牧人,或者是一个批判的批判者,只要他不想失去生活资料,他就始终应该是这样的人。而在共产主义社会里，任何人都没有特殊的活动范围，而是都可以在任何部门内发展，社会调节着整个生产，因而使我有可能随自己的兴趣今天干这事，明天干那事，上午打猎，下午捕鱼，傍晚从事畜牧，晚饭后从事批判，这样就不会使我老是一个猎人、渔夫、牧人或批判者。”①

## 第二节 以实践的路向挑战了西方古典美学的最高成就

实践美学在美学领域代表了理论探索的不同路向，超越了西方两千多年以来美学史从主客关系的角度探讨美学问题的主观派、客观派和主客观统一派。就这个方面的意义而言，具有真正的理论价值。二十世纪五六十年代的第一次美学大讨论就是这个超越方面的折射。既从劳动实践观又从人的本质观去解释美学问题是实践美学的独特之处，特别是情感本体的提出，既区别于苏联的社会派美学，又区别于蔡仪等人的美学思想。

西方古典美学的最高成就属于康德(Kant)，“如果要把‘美学之父’这个称号更恰当地给予某人的话，此人无疑是康德。因为

① 马克思恩格斯选集[M].第一卷.北京:人民出版社,1995:85.

是康德第一次给予审美活动以既独立于认知活动、又独立于道德实践的自主地位"[①]。康德以知性和理性的中间环节,即"判断力"调和了之前的理性主义和经验主义的对立,他的美学的来源也主要是理性主义美学和经验主义美学。理性主义一派的代表人物是德国的莱布尼茨和伍尔夫,经验主义派的代表人物则是英国的洛克和休谟。他们之前的理论的对立,由于康德的出现,而使得西方哲学发生了历史性的转向。在理性主义美学的思想当中,康德的思想渊源最早可以追溯至柏拉图,特别是柏拉图的"美不是有用也不是善,形式美是直线和圆所构成的图形"等思想。之后,主要包括托马斯·阿奎那(Thomas Aquinas)的美的三要素:完整、和谐、鲜明;笛卡尔(Rene Descartes)的"美是判断和对象之间的一种关系";斯宾诺莎(Benedictus Spinoza)的"美是对象作用于神经所感到的舒适";莱辛(Gotthold Ephraim Lessing)的"艺术的形象应该让观众的想象可以自由活动"等。相比较而言,在经验主义论的美学体系中,对于康德影响最大的几个代表人物的思想,包括艾迪生(Joseph Addison)的"人各有自己的美的概念";休谟的"美不是事物本身的属性,只能存在于观照者的心里";博克(Edmund Burke)的"美的观念源于人类的本能"等。

康德美学对于后世的影响巨大,包括费希特(Johann Gottlieb Fichte)的"美的精神世界在于人性的内部"、席勒(Johann Christoph Friedrich von Schiller)的"只有通过美才能够走向自由",以及以格罗奇为代表的表现主义美学流派,例如科林伍德(Robin Crearge Collingwood)、鲍桑葵(Bernard Basanquet)。以胡塞尔

① 王德峰.艺术哲学[M].上海:复旦大学出版社,2005:3.

(E. Edmund Husserl)为代表的现象学派、伽达默尔(Hans-Georg Gadamer)的阐释学美学,也都在一定程度上受到了康德美学思想的影响。在近代的中国思想家中,从康有为、王国维至蔡元培、鲁迅,再至朱光潜等,无不在相当的程度上受到了康德思想的影响。"在美学思想中,康德的地位也是很重要的。他不但是德国古典美学的奠基人,而且是近代资产阶级美学的承先启后的人……近代资产阶级的美学家,我们更可以这样说:差不多没有一个不受康德的影响……正因为这样,所以康德在资产阶级美学史中,就占有特别重要的地位。我们要研究和批判近代资产阶级的美学,不能不从研究和批判康德的美学开始。"①

康德对李泽厚的影响非常大,1979 年 3 月李泽厚出版的《批判哲学的批判:康德述评》是在中国比较早地系统介绍康德思想的。李泽厚的这部著作表明,他的主体性实践哲学,即人类学本体论的思想已基本形成,从而完成了从"实践"向"主体性"的转移。但是,李泽厚的主体性是建立在马克思主义实践观的基础之上,而不是照搬康德的先验主体性思想。对于康德哲学和美学思想的深刻把握,使得李泽厚的哲学和美学思想逐渐成熟。1981 年他发表了《康德哲学与建立主体性论纲》,也就是这个时期,李泽厚完成了他的美学三书(《美的历程》《华夏美学》《美学四讲》)的写作。在《康德哲学与建立主体性论纲》中,李泽厚谈到:"本书所讲的'人类的'、'人类学'、'人类学本体论',不是西方的哲学人类学那种离开历史社会行程的生物学的含义,恰恰相反,这里强调的正是作为社会实践的历史总体的人类发展的具体行程。它是超生物

① 蒋孔阳. 德国古典美学[M]. 北京:商务印书馆,1980:56.

族类的社会存在。所谓‘主体性’,也是这个意思。人类主体性既展现为物质现实的社会实践活动(物质生产活动的核心)这是主体性的客观方面即工艺——社会结构亦即社会存在方面。同时,主体性也包括社会意识亦即文化——心理结构的主观方面。从而这里讲的主体性心理结构,首先是指作为人类集体的历史成果的精神文化:智力结构、伦理结构、审美愉快,概言之即人性能力。”①

李泽厚早期的美学思想,主要从唯物史观的角度来探索关于美的问题,相比较审美过程之中的个体性、感性和主观心理的角度,李泽厚在初期更多的是强调社会实践对人类审美的决定作用,人类学的倾向很重。在实践论的基础上,从人的本质来联系美的本质。这就在一定程度上给他人的批判留下了空间,而批判促使李泽厚在之后更多地关注人的主体性。在对自己的哲学和美学思想重新反思的基础上,李泽厚开始突出并强调以前有所忽视的个体、感性、偶然等思想,明确提出了“情感本体论”。“‘自然的人化’有双向进展,即工具—社会世界和心理文化世界。简称之曰:客观的工具本体和主观心理本体。‘为什么活’(活的意义)产生在后一世界中。原来被悬搁的问题在当今凸现,标志一个新纪元:‘人何活’(人能活下去)大体已经或快要不成问题,所以对它提出强大的质疑。尽管质疑,却仍要活着,这怎么办?于是提出了建构心理本体特别是情感本体。”②

李泽厚的这段话中,接连出现了三个本体的概念,即工具本

① 李泽厚.批判哲学的批判:康德述评[M].北京:生活·读书·新知三联书店,2007:89.

② 李泽厚.主体性的哲学提纲之四[M].李泽厚哲学文存.合肥:安徽文艺出版社,1999:659-660.

体、心理本体和情感本体。实际上,在李泽厚的著作当中,还提出过人本体和历史本体。这样前后总共有五个本体的概念。为了对这不同的本体概念进行深入的分析和比较,有必要对这五个本体进行一个简单的梳理。

第一,工具本体,这是李泽厚从"使用—制造工具的人类实践活动"的思想中取得的概念。李泽厚在人类学历史本体论中,以"人活着"为出发点,认为人在进化过程中,工具的制造起了至关重要的作用。人作为人而存在首先就在于工具的出现和使用,因此在工具中就凝结了人的诸如能动性、创造性等本质特征。而工具作为本体,也意味着这一本体是和人严格区分开来甚至是对立存在的。

第二,心理本体。李泽厚在《关于主体性的第三个提纲》(1985 年)中,首次提出心理本体的概念。李泽厚曾经说过,他既不会写五十年之前能写的书,也不会写五十年之后能写的书,他是特别注重现实的社会问题的。"心理本体正是未曾失去问题并与人生之谜相纠缠的现代课题。在现代哲学和现代思想中,除维特根斯坦提出语言本性的重大关键之外,以马克思、弗洛伊德所提示的问题最为重要。他们两个人实际上提出的是人的食、色两大课题。"①在李泽厚看来,心理本体就是人性问题,而且是作为个体的人的人性问题。只有人才是创造社会、体现自我价值的真正实现者,而只有从心理开始进行人的自我塑造,才能够找到人之生存的最后归宿和寄托。由于心理是分散的,以心理为本体不会出现以往的那种本体凌驾于人之上且统治人的现象。心理本体的提法,

① 海德格尔. 存在与时间[M]. 北京:生活·读书·新知三联书店,1987.

虽然保留了“本体”名称，但是在本质上只是借用这个传统的形而上学形式，用以表达人的存在的真实的终极意义。心理本体的提法，归根到底论述的是人的生存和发展问题，人在这当中处于核心和决定地位，所以，就这个层面论，心理本体实质上是“无本体”。在李泽厚看来，审美不是在人的生命之上或者之外，而是实实在在构建着人的生命本质，通过审美实践，可以帮助人们认识人生、把握人生实质、弄清人生需要、树立人生理想、实现人生价值。李泽厚在《华夏美学》日文版的序中引用了一位青年朋友对《华夏美学》的香港版和北京版所作的内容提要，抄录如下：“中国哲学、美学和文艺以至伦理政治等等，都是建基于一种心理主义上，这种心理主义不是某种经验科学的对象，而是以情感为本体的哲学命题。这个本体，不是上帝，不是道德，不是理智，而是情理交融的人性心理。它既超越，又内在；既是感性的，又超感性，是为审美的形而上学。”①

第三，情感本体。情感本体的提出大致有以下两个方面的原因：一是“建立新感性”。虽仍然是动物生理的感性，但是已经区别于动物的心理，它是人类将自己的血肉自然即生理的感性存在加以“人化”的结果。“建立新感性”强调的是，通过审美活动来塑造新的人性，在个体、感性的形中实现理性的、社会的飞跃。李泽厚提出，“以前一切本体，不管是‘道’、心性’也好，或者西方的‘理性存在’也好，都是构造一个东西来统治你，即所谓权力知识结构，但假如以‘情感’为本体的话，由于情感是分散的，不可能以一种情感来统治一切，所以恰恰是这种广泛性的‘情感’对‘天、地、

① 李泽厚，刘纲纪．中国美学史［M］．北京：中国社会科学出版社，1987．

国、亲、师’即对自然和人际的和谐认同的种种情感,可以构成某种人生的归宿和最后的实在”①,二是西方存在主义思潮的影响以及“积淀”说被批判。李泽厚在《华夏美学》中谈到:“这个似乎是普遍性的情感积淀和本体结构,却又恰恰只存在个体对‘此在’的主动把握中,去把握、去感受、去珍惜它们吧!在这感受、把握和珍惜中,你便既参与了人类心本体的建构和积淀,同时又是对它的突破和创新。因为每个个体的感性存在和‘此在’,是独一无二的。”由对“此在”的独一无二的强调,李泽厚走向了从“工具本体”到“情感本体”的转变:“从程朱到阳明到现代新儒家,讲的都是‘理本体’、‘性本体’。这种‘本体仍然是使人屈从于以权力控制为实质的知识—道德体系或结构之下’。我以为,不是‘性’(‘理’),而是‘情’;不是‘性(理)本体’,而是‘情本体’,不是道德的形而上学而是美的形而上学,才是今日改弦更张的方向。”②

第四,人本体。李泽厚在《华夏美学》中说:“什么是本体?本体是最后的实在、一切的根源。依据以儒家为主的华夏传统,这本体不是自然,没有人的宇宙生成是没有意义的,这本体也不是神,让人匍匐在上帝面前,不符合‘赞化育心’、‘为天地立心’。所以,这本体只能是人。”③

第五,历史本体。李泽厚认为,历史只是人生存的大背景,是人生存的“自然环境”。历史本体不是某种抽象的物体,不是理式、观念、绝对精神等,而是每个活生生的人的日常生活本身。历史本体不在于讨论人与人的关系,也不是人对神的依从关系,而是

---

① 李泽厚. 世纪新梦[M]. 合肥:安徽出版社,1998:288.
② 李泽厚. 华夏美学[M]. 天津:天津社会学院出版社,2001:86.
③ 李泽厚. 华夏美学[M]. 天津:天津社会学院出版社,2001:45.

讨论人与自然的关系，尤其不能脱离“我活着”这个个体的现实存在。“历史本体是用来强调人与自然（内在与外在）的历史总体行程来作为‘我活着’一切现象包括个体存在现象的最后实在。”①

李泽厚对情感本体的分析，依据角度及使用层面的不同，主要有四种提法：其一，新感性。从哲学的角度转到美学的角度，情感本体就转变成了新感性的提法。新感性的建立就是社会化的人性的塑造。情感本体的建构过程，就是新感性的建立过程，是内在自然的人化过程和人的内在审美心理的运行的动态机制。内在自然的人化是李泽厚关于美感的总的观点，具体又包括人的感官的人化和人的情欲的人化。其二，从人的文化心理结构中看情感本体，它是人的审美心理结构。审美心理结构当中包含着审美过程的多种因素的综合，例如感知、想象、理解、情感等，美感就是各种心理功能积极活动的结果。无论是康德的审美判断还是我们现在谈论的审美感受，在李泽厚看来就是美感。把情感本体和审美心理结构等同，说明李泽厚在审美判断中对于审美心理的重视。但我们应当注意的是，李泽厚不是就心理论心理，他的审美心理是社会、历史长期积淀的产物。其三，借用康德的说法，情感本体就是先验共通感。就康德而言，审美判断何以可能？依靠的就是先验的共通感。康德认为，“共通感”其实是一种妥协，是个人放弃主观理性向社会文化理性的妥协。例如，一个人没学过什么是美，但是一个美好的事物却可以使之产生美（感），这里面的原因就是在于这个人是在应用群体的标准检验其心中美的标准。美的必然性在康德看来，既不是由美的对象产生，也不能够从知识中获得，于是这

① 李泽厚. 历史本体论[M]. 北京：生活·读书·新知三联书店，2003：125.

种先验的"共通感"实质是康德的一个假定,以此作为审美判断必然性的先决条件。李泽厚说:"艺术是感性的自我意识,这意识由于不离感性,从而是个体的领会,而非公共的言语,它就在感受(接受)自身中,而并不指示外物,所以它不需要语言,只要普遍(一定时代社会的)接受性亦即康德所说的'先验共同感'。这个先验共同感不是别的,正是本书所反复讲到的人类自己建立的历史的心理—情感本体。"①其四,情感本体与生命力量。"动物性的本能情欲、冲动、力量转化为,塑造为人的强大的生命力量。这生命力量并非理性的抽象、逻辑的语言,而正是出现在、展开在个体血肉之躯及其活动之中的心理情感本体。"②在李泽厚看来,生命力量与情感本体在以下两个方面是有共同性的:一是生命力量的形成是内在自然人化的结果;二是生命力量的感性和理性的统一。这两点正是情感本体所强调的。

康德的先验心理学对李泽厚有着很深的影响。康德的先验心理学,并不是心理经验本身,而是从哲学角度提出的经验的心理何以可能的条件。康德哲学无论是认识论、道德论还是审美论,均以人类主体的内在生命即精神心理为主题,属于人类精神现象学。李泽厚认为:"康德的'人'是社会性的,他有社会性的先验本质,又是感性个体的自然存在。"③理性的社会性比较容易被人理解,因为作为逻辑思想、抽象思维、伦理道德的理性总是和社会性的东

---

① 李泽厚. 华夏美学·美学四讲[M]. 北京:生活·读书·新知三联书店,2008:404.

② 李泽厚. 华夏美学·美学四讲[M]. 北京:生活·读书·新知三联书店,2008:387.

③ 李泽厚. 批判哲学的批判[M]. 天津:天津社会科学院出版社,2003:354.

西相联系。比较而言,感性的社会性就很难被理解,因为与感性相联系的更多的是个体性的内容,包括具体个体的直接生存、欲望等,很少能看到社会性的痕迹。康德哲学涉及的感性与理性、个体与总体、自然与人的统一,是康德哲学的核心内容,但是社会性和个体感性如何统一的问题,在康德的传统美学范围之内是没有办法解决的。康德注重主体的内在构造,其主体内在构造的依据是“先验理性”。在康德“先验理性”的影响之下,李泽厚提出了人的“文化心理结构”,即心理本体。人的文化心理结构在李泽厚那里就是人性的总结构,他把这个结构划分为认识、伦理、情感等领域,无疑也受到康德的影响。康德在他的“三大批判”哲学中考察了人的知、情、意三大心理结构和功能,在《判断力批判》的第一部分又主要考察了人对美的心理结构和功能,强调了人的先验心理结构形式。但是,我们也非常明显地看到,李泽厚对于康德的纯粹的心理结构模式的美是不完全认同的。

李泽厚的主体性实践哲学虽然深受康德的先验心理学的影响,但是,在如何统一感性和社会性的问题上,他通过马克思的实践的思想完成了对康德思想的超越,并且在结合马克思、康德的基础上,形成了自己的工具本体和心理本体的统一。

首先,马克思在《手稿》中的实践的观点,被李泽厚吸收并且作为其心理本体理论的出发点,因为心理从根本上还是物质的产物。人对于自然改造的实践活动,构成了李泽厚主体性实践哲学的理论前提。“康德为什么要一再提出与他的认识论基本命题相对立的这种所谓知性直观或直观知性?如果去掉其走向信仰主义的东西后,便可以看到,这里实际上提出的是一个思维与存在的同一性问题。由于康德以‘物自体’为中心环节的二元论体系把这个同一性割裂掉了：物自体不可知，认识不能转化为存在，于是便只好在神秘的'灵知世界'去寻求这个同一。"[①]我们知道，马克思对美的探讨是置于劳动实践这一新的哲学根基之上的。马克思在异化劳动中，找到了私有财产的产生根源，也在劳动中发现了美以及人的感觉能力包括美感形成的根源。在《手稿》中，马克思不但提出了"劳动创造了美"这一直接把美与劳动创造联系起来的美学命题，还提出了在人的生产过程中遵循的"美的规律"这一范畴，甚至在论述人的感觉的形成时，还论述了劳动与美感形成的关系。在内涵上，这三个方面是相通的，都是从劳动实践这一基础上论述美的创造、美的创造规律以及美感的产生。动物的生产是本能的，直接受肉体支配的，而人的生产则是自由的，可以再生产整个自然界，动物只是按照它所属的物种的尺度和需要进行生产，而人则可以按照任何物种的尺度进行生产，并且随时都能把内在尺度运用到对象中去创造出美的物体。人不但创造了美的世界，还创造了人本身。在马克思看来，五官感觉的形成是以往全部历史的产物。因此，人的感觉包括美感的形成也是由于劳动实践的结果。当然，马克思在这里并不是在专门论述美学问题，因此并没有对此再作出更深入的论述，但是，我们也不能因此否认其美学价值。以往的美学研究，不是把美归因为纯粹的客观自然界，就是还原为人的主观内心世界，即使如狄德罗提出的美在关系说，也仅仅是指自然的联系。而马克思则是从劳动对象化和创造的角度论述美、美感的诞生以及美的规律问题，这不但为美学研究开辟了一种新的研究思路，而且为美之为美奠定了一个实践的哲学基础。

---

① 李泽厚.批判哲学的批判[M].天津：天津社会科学院出版社，2003：431.

其次，对于源自康德先验心理的"心理本体"，李泽厚采用了文化心理结构这一说法，但是，李泽厚不是像康德那样，提出该本体来源于"先验理性"，而是认为不存在不能追寻其来源的"先验"，所谓的"先验"仍然来源于人类长久的历史实践，特别是物质劳动。人的心理本体只是人的各种心理能力的一种，而人的心理能力是由人类的外在物质生产实践得到的各种操作能力逐渐转化而来。李泽厚举例说，"原始人的物质生产活动和巫术礼仪活动，是人性形成的最为重要的基础。人性心理在这个基础上，通过时代的文化承袭而不断丰富、变化，并随着人际关系的扩展而获有越来越突出的人类普遍性和共同性"[①]。所以，李泽厚认为人性心理并非先验的产物：一方面人之所以能够从动物界走出来，依靠的是社会群体；另一方面群体又是由个体所组成，在这个由个体组成的群体中，个体与所组成的群体之间的关系在于辩证的存在，个体并不是完全决定于、屈从于群体，反而是随着群体社会的发展，个体的作用和地位将更加重要。"感性之中渗透了理性，个体之中具有了历史，自然之中充满了社会；在感性而不只是感性、在形式（自然）而不只是形式，这就是自然的人化作为美的基础的深刻含义，即群体、社会、理性最终落实在个体、自然、感性之上。"[②]

美感不是来自先验的形式感而是来自人的实践。由人类自己历史地建构起来的心理本体，就是李泽厚的新感性。李泽厚说："从主体性实践哲学或人类学本体论来看美感，这是一个'建立新感性'的问题，所谓'建立新感性'也就是建立起人类心理本体，又

① 李泽厚. 华夏美学·美学四讲[M]. 北京：生活·读书·新知三联书店，2008：312.

② 李泽厚. 批判哲学的批判[M]. 天津：天津社会科学院出版社，2003：413.

特别是其中的情感本体。”[①]可见，“情感本体”就是人类心理本体，它在美学维度就是“新感性”。新感性的建构，主要有两大方面：一是积淀的建立途径；二是内在自然人化的主要理论。

先来看积淀。李泽厚说：“要研究理性的东西是怎样表现在感性中；历史的东西怎样表现在心理中。后来我造了‘积淀’这个词。积淀的意思就是把社会的、理性的、历史的东西累积沉淀为一种个体的、感性的、直观的东西。”[②]实际上，“积淀”的提出，也有一个从“凝练”到“沉淀”，再到“积淀”的过程。李泽厚在二十世纪五十年代的《论美感、美和艺术（研究提纲）——兼论朱光潜的唯心主义美学思想》一文中谈到，“我们所以能够从直觉中对个别事物有知识，是因为我们在日常生活和文化教养的影响下，不自觉地形成了对这个个别事物的了解……艺术（美感）与科学（理智）在这里（形式）的不同乃在于：后者是通过抽象概念的推演来展开和反映这种关系；而前者是把这种关系凝练在一个具体有限的形象里，通过这个凝练的形象来反映关系。后者是一种间接知识，而前者却采取了一种直观知识（或直接知识）的形式。但直观知识归根结底仍是间接知识的结果”[③]。在《审美意识与创作方法》（1963年）中，李泽厚开始使用沉淀的概念：“审美意识中的情与理的辩证法在这里展开为：在审美感受、理解（知性）沉淀为知觉，成为感性的方面；在审美理想、情感沉淀为理想，成为理性的方面。一方面，只有理解沉淀在感性中，才可能构成不同于一般感觉的审美感

---

① 李泽厚. 华夏美学·美学四讲[M]. 北京：生活·读书·新知三联书店，2008：311.

② 王生平. 李泽厚美学思想研究[M]. 沈阳：辽宁人民出版社，1987：65.

③ 李泽厚. 美学论集[C]. 上海：上海文艺出版社，1980：8.

受;另一方面,只有情感沉淀在理性的思维中,才可能构成不同于一般概念的审美理想。”[①]1979 年的《批判哲学的批判》一书中李泽厚明确推出他的“积淀”理论。他说:“人在自然存在的基础上,产生了一系列的超生物性素质……在审美领域积淀为内在结构”[②],“认识领域和伦理领域的超生物性质经常表现为感性中的理性,成为认识、意志的内在心理结构了。这种理性的内化和凝聚也是一种积淀(广义)”[③]。

就积淀的涵义而言,又有狭义和广义的区别。狭义的积淀也是积淀根本的涵义,即人的心理本体的形成。李泽厚认为,美只有对于社会中的人才有意义,人作为社会的存在物,其民族性、社会性是伴随其终生的。任何一个人所属民族、社会的风俗习惯、文化传统、群体的思维模式、情感模式都会在个体社会化的过程之中对人产生深远的影响,在这个意义上,民族、社会的共同性会在长期的社会化当中积淀到个体的心理之中。由此,我们可以发现,积淀的推演有一个客观前提,即人的心理结构必须存在共同性。而这一共同性构成了人的共同美感以及共同人性的基础。人类共同性是社会实践的成果,并使得这一共同性不同于动物性。这种共同性与人类自身在长期的历史实践中建立起来的深层心理结构相通。“人的审美感受之所以不同于动物性的感官愉快,正在于其中包含有观念、想象的成分在内,美之所以不是一般的形式,而是所谓‘有意味的形式’,正在于它是积淀了社会内容的自然形式。所以,美在形式而不即是形式。离开形式(自然形体)固然没有

① 李泽厚.美学旧作集[M].天津:天津社会科学院出版社,2002:208.
② 李泽厚.批判哲学的批判[M].天津:天津社会科学院出版社,2003:89.
③ 李泽厚.批判哲学的批判[M].天津:天津社会科学院出版社,2003:215.

美，只有形式（自然形体）也不成其为美。”[①]而美作为“有意味的形式”的原始形成过程，本质上是一个从内容到形式的过程。这个由内容到形式的过程，就外在的审美对象而言，就表现为积淀，这是积淀的广义涵义。李泽厚举例说：“原始人群之所以染红穿戴，撒抹红粉，已不是对鲜艳夺目的红颜色的动物性的生理反应，而开始有其社会性的巫术礼仪的符号意义在。也就是说，红色本身在想象中被赋予了人类（社会）所独有的符号象征的观念含义；从而，它（红色）诉诸当时原始人群的便已不只是感官愉快，而是其中参与了、储存了特定的观念意义了。在对象一方，自然形式（红的色彩）里已经积淀了社会内容，在主体一方，官能感受（对红色的感觉愉快）中已经积淀了观念性的想象、理解。”[②]

前面谈到，积淀主要是用来研究理性的东西怎样表现在感性中、社会的东西怎样表现在个体中、历史的东西怎样表现在心理中等一系列问题。在这个意义上，积淀就是理性与感性、社会与个体、历史与心理的桥梁。从实践美学的体系论，工具本体是实践美学建立的根本，心理本体是实践美学的发展。但是，单独就心理本体来看，是很难与工具本体连接起来的，因此必须找到工具本体和心理本体的统一的结合点，这个结合点就是积淀。积淀的结果，在于把理性、感性、功利、非功利性的直观等交融在一起，从而产生出人类文化的心理结构——心理本体，也就是情感本体。李泽厚在《美学四讲》中把积淀分为原始积淀、艺术积淀、生活积淀：“原始积淀，是一种最基本的积淀，主要从生产活动过程中获得……即由

---

① 李泽厚. 美的历程[M]. 天津：天津社会科学院出版社，2006：37.

② 李泽厚. 美的历程[M]. 天津：天津社会科学院出版社，2006：10.

于原始人在漫长的劳动过程生产过程中，对自然的秩序、规律，如节奏、次序、韵律等等掌握、熟悉、运用，使外界的合规律性和主观的合目的性达到统一，从而才产生了最早的美的形式和审美感受”①；艺术积淀是艺术作品的形象层与人们心理的情欲化相大体联系的审美结果；生活积淀是对于前面两种积淀的突破，也是实际生活中最有代表性的积淀，它表现为个体的审美心理结构，该结构既可以是由于某种情绪记忆以无意识的方式作用于主体而形成的，也可以是主体在具体的审美实践中，自觉地积累和运用审美经验、加强审美能力的培养，在自身的审美趣味与艺术修养不断提高的过程中建构起来的，此种方式建构起来的审美心理结构具有自觉性、主动性、创造性的特点。

再看内在自然人化。马克思在《手稿》中曾明确指出：“一方面，随着对象性的现实在社会中对人来说到处成为人的本质力量的现实，成为人的现实，因而成为人自己的本质力量的现实，一切对象对他来说也就成为他自身的对象化，成为确证和实现他的个性的对象，成为他的对象，这就是说，对象成为他自身。”②“只有音乐才能激起人的音乐感；对于没有音乐感的耳朵来说，最美的音乐也是毫无意义，不是对象。因为我的对象只能是我的一种本质力量的确证，也就是说，它只能像我的本质力量作为一种主体能力自为地存在着那样对我存在。因为任何一个对象对我的意义都以我的感觉所及的程度为限。”③这两段引文，第一段是关于外部世界

① 李泽厚.华夏美学·美学四讲[M].北京：生活·读书·新知三联书店，2008：367.

② 马克思恩格斯全集[M].第三卷.北京：人民出版社，2002：304.

③ 马克思恩格斯全集[M].第三卷.北京：人民出版社，2002：305.

的自然人化，而第二段则是涉及人的内在自然人化。马克思在《手稿》中把人的本质与美的本质联系起来思考，他把人的本质牢固地放在了劳动实践的基础上加以理解，提出人在本质上是自由自觉的类的存在物。马克思说："当现实的、肉体的、站在坚实的呈圆形的地球上呼出和吸入一切自然力的人通过自己的外化把自己现实的、对象性的本质力量设定为异己的对象时，设定并不是主体；它是对象性的本质力量的主体性，因此这些本质力量的活动也必须是对象性的活动。"①实践美学的观点提出，既然人的劳动创造了美，并且还按照美的规律来建造，那么，美的本质则是人的本质力量的对象化过程，即"自然的人化"的过程。在人的自然属性方面，人的生理器官只有通过劳动实践，完成由生理器官到社会器官的生成，美感才能形成，人的感觉能力包括美感的产生也是通过劳动实践形成的。"对于没有音乐感的耳朵来说，最美的音乐也是毫无意义。"②就这个方面来论，马克思在《手稿》中给美的创造和美感的发生赋予了深厚的历史内涵，他不是单纯考察美的抽象的、形而上的本质，而是从劳动生产实践的角度追问美的发生根源，从劳动和人的自由自觉的本质中追求美与美感的发生根源，使美成为不再是静止的、平面的，而是富有深厚历史内涵的、动态的存在。劳动实践和人的感觉的形成都是历史的，"只是由于人的本质的客观地展开的丰富性，主体的、人的感性的丰富性，如有音乐感的耳朵、能感受形式美的眼睛，总之，那些能成为人的享受的感觉，即确证自己是人的本质力量的感觉，才一部分发展起来，一

① 马克思恩格斯全集[M].第三卷.北京：人民出版社；2002；324.
② 马克思恩格斯全集[M].第三卷.北京：人民出版社，2002；305.

部分产生出来”①。李泽厚就是从马克思的内在自然人化的思想出发,研究实践美学的美感,同时作为自己构建新感性的理论依据。

“新感性”理论中的自然人化,指的就是主体内在自然的人化问题,即人本身的人化,包括人本身的情感、需要、感知、愿欲以至器官等的人化,本质上是生理性的内在自然变成具有社会属性的主体人。内在自然的人化又包括感官的人化和情欲的人化两个方面,即李泽厚所谓的“硬件”和“软件”。

先来看感官的人化。感官本身也是一种物质自然的存在,本来是在人躯体范围之内的一种外在的自然的人化,但是由于感官和心理过程的联系性,所以仍将它看成是内在自然的人化。感官的人化本质上是在人的社会化的过程中,一方面使得感官的自然属性,即感性功利性的消失逐渐减弱,甚至消失;同时在另一个方面,使人的感官从生理本能的枷锁中解脱出来,区别动物性而具有社会性。也就是说,人本来的自然的感官不再只是与个体的直接的功利、生存有关,它对人更为积极的意义在于同时还具有了社会性。李泽厚举例说:“人的生产活动的广度和深度都比动物的‘生产’复杂得多,人的活动很少或者不可能是单一的。单就某一方面来说,人在很多的方面不及动物(没有动物的敏眼、锐牙、利爪、长腿、双翼、巨体、强力等等),人的本能的力量、能力要比许多动物差得多,但是由于人是使用、制造工具的动物,在劳动生产中用工具改造自然界,涉及和揭示自然界的各种联系和矛盾,就要比动物宽阔得多,丰富得多。现实物质世界的各种各样结构、规律和形

① 马克思恩格斯全集[M].第三卷.北京:人民出版社,2002:305.

式日益深入和广泛地被揭示了出来,并首先保留、巩固、积累在这种劳动实践中,这当然便直接作用于感觉、知觉、感受和情感等人的感性存在和五官感觉,而与动物区别开来。”[①]对于感官人化的理解,需要结合感官的自然属性与精神属性两个方面。在这个意义上讲,感官的人化是“新感性”得以生成的一个重要的主体条件。马克思在《手稿》中的一个很重要的思想,就是提出了人的感官不仅是维持生存的自然器官,而且是在长期的人类实践过程中的人化的社会性的感官。马克思的感性的社会性的思想,被李泽厚吸收进了自己新感性的理论之中,成为了新感性理论的一个基础的理论支撑,即“硬件”。李泽厚说:“从唯物主义实践观点来看来,沟通认识与伦理、自然与人、总体(社会)与个体,并不需要上帝,不需要目的论,只需要美学。真、善、美,美是前二者的统一,是前二者的交互作用的历史成果。美不只是一个艺术欣赏或艺术创造的问题,而是‘自然的人化’的这样一个根本哲学—历史学问题。美学所以不只是艺术原理或艺术心理学,道理就在这里。”[②]

再看情欲的人化。如果说感官的人化是新感性生成的主体方面的条件,情欲的人化就是李泽厚新感性生成的重要的心理方面的条件。

那么,什么是情欲?站在不同的角度,情欲有狭义和广义的区分:狭义的情欲即两性之间的性爱;而广义的情欲,则可以是人从内心深处迸发出来的各种欲求、欲望、情绪、情感的总和。我们既

---

① 李泽厚.华夏美学·美学四讲[M].北京:生活·读书·新知三联书店,2008:316.

② 李泽厚.批判哲学的批判:康德述评[M].天津:天津社会科学出版社,2003:427.

要肯定人的情欲存在的客观性，又要看到情欲并非是完全个体的东西，从社会整体的角度看，任何情欲都是带有社会性的情欲。人的情欲不可能离开社会，不可能离开社会的价值体系。马克思说："人直接地是自然存在物。人作为自然存在物，而且作为有生命的自然存在物，一方面具有自然力、生命力，是能动的自然存在物，这些力量作为天赋和才能、作为欲望存在于人身上；另一方面，人作为自然的、肉体的、感性的、对象性的存在物，同动植物一样，是受动的、受制约的和受限制的存在物，就是说，他的欲望的对象是作为不依赖于他的对象而存在于他之外的；但是，这些对象是他的需要的对象；是表现和确证他的本质力量所不可缺少的、重要的对象。说人是肉体的、有自然力的、有生命的、现实的、感性的、对象性的存在物，这就等于说，人有现实的、感性的对象作为自己本质的即自己生命表现的对象；或者说，人只有凭借现实的、感性的对象才能表现自己的生命。说一个东西是对象性的、自然的、感性的，又说，在这个东西自身之外有对象、自然界、感觉，或者说，它自身对于第三者来说是对象、自然界、感觉，这都是同一个意思。"① 就像人会饥饿，植物需要太阳一样，人的各种情欲不但不能够灭绝，反而是使得人的本质得以表现所必不可少的内容。应该说，人的情欲的需要，"不是纯粹的自然需要，而是在一定的文明状况下历史地发生了变化的自然需要"②。

怎么理解情欲的人化？"情欲的人化"是主体根据社会既有的各种价值系统，结合自己的价值观念把自然的情欲或限制、或塑

① 马克思恩格斯全集[M].第三卷.北京：人民出版社，2002：324.
② 马克思恩格斯全集[M].第三十二卷.北京：人民出版社，1998：57.

造、或发展、或改造的过程，正是在社会性的价值体系之中，情欲才可能是真实的现实的存在。在不同的时代条件以及具体的场景下，人们对于情欲的价值判断是不同的：或者是看成丑恶的而主张压抑和遏制；或者是看作人自由的追求而予以追求、高扬。对于情欲的价值判断总是伴随着人的心灵和肉体的一种博弈：个体私欲和社会规范的博弈。但是在这种形而上与形而下、个体与社会的博弈之中，对立的双方还是在根本的层面具有统一性。马克思说："在这种自然的类关系中，人对自然的关系直接就是人对人的关系，正像人对人的关系直接就是人对自然的关系，就是他自己的自然的规定。因此，这种关系通过感性的形式，作为一种显而易见的事实，表现出人的本质在何种程度上对人来说成为自然，或者自然在何种程度上成为人具有的人的本质。因此，从这种关系就可以判断人的整个文化教养程度。从这种关系的性质就可以看出，人在何种程度上对自己来说成为并把自身理解为类存在物、人。男人对妇女的关系是人对人最自然的关系。"[①]所以，李泽厚在《批判哲学的批判》中就人的情欲人化问题，提出了这是积淀的主体性的最终方面，他认为性欲成为爱情，自然的关系成为人的关系，自然感官成为审美性的感官，人的情欲成为美的情感，是人的真正的自由的感受。并且，他引用马克思《关于费尔巴哈的提纲》中的关于新唯物主义的立脚点在于社会化的人类的观点来证明，人的吃饭可以成为美食、两性可以成为爱情等，都是人的超生物性的表现。而人的超生物性虽然在人的认识领域和智力结构中表现为感性活动的社会制约内化为理性，在伦理和意志领域表现为理性的

① 马克思恩格斯全集[M]. 第三卷. 北京：人民出版社，2002：296.

凝聚和对感性的强制，但是在审美领域，审美作为超生物性的需要和享受，这种超生物性已经完全溶解在感性之中，并且范围很大，网罗在社会生活的各个方面。李泽厚认为，马克思关于人的解放的思想，不仅仅是经济和政治的要求，更为深刻的内容是要把人从异化的状态中解放出来，美和审美就是一切异化的对立物。他还借鉴了席勒的“游戏冲动”的思想，提出人只有在游戏中，才是真正的自由。李泽厚的最终结论在于：美感即内在自然的人化。

从新感性到情感本体，审美形态的三个层级见证了后者的生成过程。前面谈到，李泽厚的新感性的特征在于理性感性化、文化心灵化、人类个体化，也就意味着工具本体到情感本体的发展过程。工具本体是以使用——制造工具的实践活动为核心的社会存在，主要针对的是群体的、历史的人，而心理本体则更倾向于个体的性质。从人类起源的角度来说，工具的出现突破了生物种族的局限，成为各种自然物原有肢体的“延长”，相对于动物的本能来说，人的这种肢体延长成为一种质的变化；从人类生存的角度来说，历史本体论首先肯定人要活着，而活着就要吃饭，但是人并非仅仅为了吃饭而活着，更重要的问题是如何活。情感本体正是在人如何活、活得怎样等问题上引发出一条新的道路。李泽厚认为，理性将人活的归宿归结于上帝，而后现代则过于强调人活着的无目的性，实际上，只要人活着，就不能不需要寻找一个归宿，对于李泽厚而言，情感就是这个归宿。“中国传统的心理本体随着禅的加入而更加深沉了。禅使儒、道、屈的人际——生命——情感更加哲理化了……如果说，西方因基督教的背景使虽无目的却仍有目的性，即它指向和归依于人格神的上帝；那么，在这里，无目的性自身便似乎即是目的，即它只是在丰富着人类心理的情感本体，也就是说,心理情感本体即是目的。它就是那最后的实在。”①

李泽厚把审美形态划分为“悦耳悦目”、“悦心悦意”、“悦志悦神”三方面,也可以说是三个层次。这三个层次见证了人类的心理—情感本体的不断成长,标志着陶冶性情,塑造人性,建立新感性的不断深入。从人的感官的人化到情欲的人化,再至超越的自由境界。具体而言,第一个层次“悦耳悦目”一般是在生理基础上但又超出生理的感官愉悦,主要培育着人的感知。“我们可以欣赏古典的芭蕾、书法、戏曲,也可以喜欢现代的家具、服装、音乐和抽象艺术,我们的耳目感知不仅一方面从纯自然生理要求中解放出来,而且也从纯社会意识支配下解放出来,而成为自由的感官。即耳目不只是认知而是享受,这享受不只是生理快感,而是身心愉悦。”②第二个层次“悦心悦意”一般是在理解、想象诸功能配置下培育人的情感心意。“在悦心悦意中,人的本能情欲由于处在多种心理功能(例如理解、想象等)的组织结构中,而‘人化’了。这样也就塑造了人的情欲和心灵。”③第三个层次“悦志悦神”却是在道德的基础上达到某种超道德的人生的感性境界,这里指的是人最高的审美境界。他说:“所谓‘悦志’是对某种合目的性的道德理念的追求和满足,是对人的意志、毅力、志气的陶冶和培育;所谓‘悦神’则是投向本体存在的某种融合,是超道德而与无限相同一

---

① 李泽厚.华夏美学·美学三书[M].天津:天津社会科学院出版社,2003:349.

② 李泽厚.华夏美学·美学四讲[M].北京:生活·读书·新知三联书店,2008:346.

③ 李泽厚.华夏美学·美学四讲[M].北京:生活·读书·新知三联书店,2008:348.

的精神感受。”①“悦志悦神”是“情感本体”的最高层次。

“回顾哲学史不是发思古之幽情。应该注意活的康德（在哲学史上，特别在现代的影响），而不是沉溺在死的康德（康德学的大量文献）中。”②李泽厚认为，康德作为德国古典哲学和美学的奠基人，马克思于康德有客观的影响和继承关系，李泽厚对康德的哲学美学的批判或者述评的同时，重在用马克思主义美学和其他哲学美学流派的引入，增强其自身美学思想的丰富性。李泽厚的《批判哲学的批判：康德述评》是全面引进、阐述和吸收康德思想的重要著作，是李泽厚构建主体性实践哲学体系的一个标志性成果。康德的《判断力批判》主要是从心理层面分析审美判断问题，包括先验性和纯粹性的鉴赏判断、知识和道德的区分等。李泽厚对于康德的美学，不仅吸收了审美经验的形式特征，而且自觉地把审美与艺术理论、艺术实践相联系。所谓“有意味的形式”，这个“意味”就是通过社会内涵的丰富，由内容向形式的积淀，在“实践”的基础上，使得古典美学具有了人类的社会性意义。康德认为，审美是与伦理、认识无关的特殊的活动，是建立在主观的普遍性，即“共同感”的基础上，但在总体上而言，是唯心主义的。与康德从审美心理结构考察美的规律和本质不同，李泽厚从马克思那里吸收了唯物史观的哲学根基，从社会存在的本体论角度考察由人类物质生产决定的美与艺术的规律和本质。实践观是贯穿于李泽厚实践美学思想始终的线索，二十世纪六十年代的《美学三题议——与朱光潜同志继续论辩》中的实践得以充分的展开。“《批

① 李泽厚.华夏美学·美学四讲[M].北京：生活·读书·新知三联书店，2008：350.

② 李泽厚.批判哲学的批判[M].天津：天津社会科学出版社，2003：43.

判》、《己卯五说》、《历史本体论》之所以提倡 Kant 哲学,将 Kant 哲学称为'先验心理学',正是在经过 Marx 唯物史观的洗礼之后,通过积淀论的具体途径,回到 Kant 所提出的这个文化心理结构问题,也就是我所谓'经验变先验'、'历史建理性'、'心理成本体'问题。"①

## 第三节

## 对中国古典艺术的新阐释

李泽厚所著的《美的历程》对中国古代美学包括其历程作了别具特色的描述和阐释,既是一部美学史,又是一部新颖的简明中国古代艺术思潮史。该部著作的主要思想集中在对中华民族的美的历程的分析,在李泽厚看来,中国古代美的历程就是以实践理性为特征的民族审美意识的积淀过程。《美的历程》在二十世纪八十年代的出版,标志了第二次美学热的开始。从内在的逻辑结构来看,《美的历程》还是延续了实践美学的思想进路,但是已经表现出了李泽厚深厚的文化哲学的底蕴。在 1981 年《美的历程》出版之后,李泽厚又主编了中国第一部狭义的《中国美学史》,"所谓广义的研究,就是不限于研究已经多少取得理论形态的美学思想,

① 李泽厚. 人类学历史本体论[M]. 天津:天津社会科学院出版社,2008:186.

而是对表现在各个历史时代的文学、艺术以至社会风尚中的审美意识进行全面的考察，分析其中包含的美学思想的实质，并对它的演变发展作出科学的说明。所谓狭义的研究，就是以哲学家、文艺家或文学理论家著作中已经形成的系统的美学理论或观点作为主要研究对象……集中注意于我国历代对有关美与艺术的种种问题在理论上进行思考所取得的成果，亦即我们民族的审美意识的发展在理论上的表现。因之，这种狭义的美学史，实际就是我们民族在理论上对于美与艺术的认识的发展史”①。之后1988年《华夏美学》著述的完成，也是李泽厚对中国古代美学的更加成熟思想的表达。

李泽厚在为宗白华《美学散步》(1980年)所作的序言中，曾经概要性地对中国古代美学的基本结构和发展轮廓作了说明：“‘天行健，君子以自强不息’的儒家精神、以对待人生的审美态度为特色的庄子哲学，以及并不否弃生命的中国佛学——禅宗，加以屈骚传统，我以为，这就是中国美学的精英和灵魂。”②对于李泽厚总结的中国美学的四大主干，即儒家、庄子、禅宗和楚骚，他在《关于中国美学史的几个问题》一文中也专门提出这个看法。李泽厚认为，如果儒家学说的“美”是人道的东西，道家以庄子为代表的美是自然的话，那么屈原的“美”就是道德的象征，另外就是中国的禅宗。

“儒道互补”是两千年来中国美学思想的一条基本线索，《美的历程》和《华夏美学》以论带史，都展示了这条基本线索。《中国

① 李泽厚. 中国美学史[M]. 第一卷. 北京：中国社会科学出版社，1984：4－5.
② 宗白华. 美学散步[M]. 上海：上海人民出版社，1981：4.

美学史》第一卷就是按照这种基本认识，描述了中国美学史在禅宗诞生之前的三大美学思潮，即儒家美学、庄子美学和楚骚美学；第二卷则侧重描述魏晋南北朝的玄学、佛学、文论、画论、书论、乐论中所包含的审美意识。李泽厚认为，中国的审美最高境界就是"天人合一"，儒家和道家的美学都是在追求"天人合一"的境界。区别在于，儒家美学强调合于人，而道家则是合于天，所谓"人和"与"天和"。"所以，庄子哲学是既肯定自然存在（人的感情身心的自然和外在世界的自然），又要求精神超越的审美哲学。庄子追求的是一种超越的感性，他将超越的存在寄存在於自然感性中，所以说是本体的、积淀的感性。不假人为，不求规范，庄子就这样提出了在儒家阴阳刚柔、应对进退的同构感应之上的更高一级的'天人合一'，即'与道冥同'。这种'天人合一'之所以可能，正由于它以这种积淀了理性超越的感性为前提、为条件。"①

过去人们重视和强调儒道的差异和冲突，而李泽厚却充分注意到二者在对立中的互补和交融。他认为老庄道家乃是孔学儒家的对立的补充者，特别是在艺术领域，庄子美学显得更为重要，儒道互补的现象也更为明显。李泽厚认为，庄子道家美学的特点是对生命、个性、感性的注意，庄子的哲学即美学，是关于审美的人生态度和理想人格的美学，是反对人为物役、要求个体身心绝对自由的美学。在这个层面上，李泽厚认为庄子是我国反异化的最早的思想家与美学家。李泽厚在《华夏美学》的结语中说："什么是本体？本体是最后的实在、一切的根源。依据以儒学为主的华夏传

---

① 李泽厚. 华夏美学·美学四讲[M]. 北京：生活·读书·新知三联书店，2008：91－92.

统，这本体不是自然，没有人的宇宙生成是没有意义的。这本体也不是神，让人匍匐在上帝面前，不符合‘赞化育’、‘为天地立心’。所以，这本体只能是人。本书作者在哲学上提出人类学的本体论，即认为，最后的实在是人类总体的工艺社会结构和文化心理结构，亦即两个‘自然的人化’。外在自然成为人类的，内在自然成为人性的。这个人性也就是心理本体。”[①]李泽厚认为，华夏美学、哲学、文学艺术甚至包括政治伦理，都是建立在这种心理主义上，即以情感为本体的哲学命题。

《美的历程》一直贯穿着历史的具体的批评的立场，从先秦的理性精神到楚汉的浪漫主义，从魏晋风度到盛唐之音，从韵外之致到明清的市民文艺思潮，李泽厚始终是将文艺的变化与社会的变化紧密地联系起来，从文艺变化的社会根源的角度寻求社会对文艺的影响的规律。作为纲领性的美学文献，《美的历程》共包括十章内容。从远古图腾时代的艺术萌芽到明清文艺思潮的兴起，李泽厚虽然是按照历史发展的顺序，对于每个时代的艺术特征和美学思想作了深刻的分析，但是他并不像其他著史的作者那样明确地划分每个朝代的界限。这种处理方法使得每个时代不同的艺术特征之间的衔接更显得自然，更能够使读者理解到两个相邻或间隔的时代之间的历史联系。中国古代“美的历程”在李泽厚笔下并不是像西方艺术那样断续地发展，而是浑然一体的。具体而言，第一章为“龙飞凤舞”，论述了远古图腾、原始歌舞、陶器图案的“有意味的形式”三方面的内容，所谓有意味的形式，即是说，在我

① 李泽厚．华夏美学·美学四讲［M］．北京：生活·读书·新知三联书店，2008：226．

们现在看来只是美观、装饰而并无具体含义和内容的抽象几何纹样,其实在当时却是有着非常重要的、严重原始巫术礼仪的图腾含义的。第二章“青铜饕餮”,论述了青铜时代狞厉的美、线的艺术,以及艺术从巫术和宗教笼罩下的解放。第三章“先秦理性精神”,李泽厚论述了儒道互补、赋比兴原则,以及体现实践理性精神的建筑艺术三个问题,其中最重要的观点是儒道互补。第四章为“楚汉浪漫主义”,论述了屈骚传统、汉代神话与历史,现实的“琳琅满目的世界”,以及汉代艺术“气势与古拙”的基本美学风貌。第五章为“魏晋风度”,论述了人的主题、文的自觉,以及阮籍与陶潜三方面的问题。魏晋在中国历史上是一个重大变化时期,这种社会变迁使得繁琐迂腐的两汉经学垮台,代之新的世界观、人生观,也就是人文的觉醒。李泽厚认为《古诗十九首》里的“生年不满百,常怀千岁忧”或“人生寄一世,奄忽若飘尘”等音调都抒发了一种对生命短促、人生无常的悲伤和沉郁。人的觉醒即是人的主题的重要审美体现。第六章为“佛陀世容”,分为“悲惨世界”、“虚幻颂歌”和“走向世俗”三小节,论述了宗教艺术逐渐从悲的精神走向中国百姓的人情世态大团圆,宗教体现在壁画上的世俗化的审美方式等问题。第七章是“盛唐之音”,分为“青春李白”、“音乐性的美”、“杜诗颜字韩文”这三个小节。第八章为“韵外之致”,论述了规范化格律化的中唐文艺,审美内容和审美形式的内在矛盾,以及苏轼的意义。第九章“宋元山水意境”,论述了宋元山水画从无我之境、细节忠实和诗意追求再到有我之境的美学问题。李泽厚认为北宋山水画给予人们的审美感受宽泛,丰满而不确定,有一种“可游可居”的自然与生活的关系。第十章为“明清文艺思潮”,论述了市民文艺、浪漫洪流、从感伤文学到《红楼梦》、绘画与工艺这四个问题。李泽厚认为这个时期的戏曲小说所传达的社会意义是史无前例的，其大胆揭露社会矛盾、体现人世悲苦的关怀，以及艺术形式的多样性、哲学思想的涌现都是极为重要的。浪漫主义变易为一种像《桃花扇》《长生殿》和《聊斋志异》那样的感伤文学，而《儒林外史》则成为批判现实主义的代表作。因此，明清文学所体现出的世态人情、悲欢离合是中国古代文艺史上最为综合和深刻的时期。

以上十章内容的重点不在于具体艺术作品的赏析，而是以人类学本体论的美学观把审美、艺术与整个社会历史进程有机地联系起来，点面结合，揭示出各种社会因素对于审美和艺术的作用和影响，对中国古典文艺的发展作出了概括的分析与说明。

《美的历程》从审美心理学的角度考察了艺术和意识形态的关系以及互相的作用和反作用，探索了文艺变化的社会原因以及知识分子在社会变迁中的角色类型。例如在“先秦理性精神”当中，李泽厚论述了儒道互补、赋比兴原则，以及体现实践理性精神的建筑艺术三个问题，其中最重要的观点是儒道互补。李泽厚认为，从表面上看来，儒道是离异而对立的：一个入世，一个出世；一个乐观进取，一个消极退避。但实际上它们刚好相互补充而协调，因为“兼济天下”和“独善其身”经常是后世士大夫的互补人生道路，而“身在江湖”和“心存魏阙”也成为中国历代知识分子的常规心理及其艺术意念。而且，庄子尽管避弃现世，却并不否定生命，更是对自然生命抱有尊重和珍惜的态度，所以，李泽厚认为老庄道家是孔学儒家的对立的补充者。两者在艺术上的关系也是结合为一体的，儒家体现了艺术为政治服务的实用功利，道家则体现了人与外部对象的超功利的审美关系。通过对艺术史的研究从人文的角度思考“人性”问题，正如李泽厚先生所表达的，人性是“感性中有理性，个体中有社会，知觉情感中有想象和理解，也就是说，它是积淀了理性的感性，积淀了想象、感情和知觉”。李泽厚认为，艺术作品永恒性的秘密在于它蕴藏了也提供了人类心理共同结构的秘密，心理结构创造艺术的永恒，永恒的艺术也创造体现人类流传下来的社会性的共同心理结构，即美的形式。李泽厚重视艺术作品中“人”的问题，对于主体和人文现象的尊重，对于历史和社会心理积淀的研究，是目前研究中国文学艺术史以及思想哲学史的极其重要的研究方法，也是新时期中国美学研究以及文艺理论的重要突破之一。

1. 关于美的起源

在实践美学中，自然人化是核心命题，劳动创造了美，但是对于远古时期的先民而言，自然无法用劳动和美的创造相联系。那么我们怎么用审美的态度去审视原始的艺术呢？远古时期是人类审美意识的萌芽时期，虽然人类经历了四五百万年的进化过程，但是人类的精神生产活动能够留下痕迹的只有三万到七万年的历史。远古人类经历了巫术崇拜的时期，人们由于对自然界规律的无知，对所有自然界的生物都认为是不可理解的和不可知的对象，这些对象对于原始人来说都充满了神秘的色彩，因此这些对象，包括动物、植物等对原始人来说，就是一种神灵，这种不可知就变成了带有一种神秘的力量，有一个“神”在操纵着这些对象。

人类的文明从哪里开始？人的生存目的是什么？人类的未来又将往何处去？这些问题至今都在困扰着我们，如果不能对这些问题作出一些科学的判断，我们就觉得生活没有了意义、没有了方向、没有了信心。这就产生了另一个问题，即对待这些远古器物应该持什么样的审美角度。在三万年前，当人类最后进化到今天这样的人的阶段的时候，真正的精神生产也逐渐产生。例如，我们所看到的三万年前的原始洞穴壁画，在我们的艺术史界，我们认为它是令人惊讶的艺术作品，但是这种绘画样式、雕塑样式就是艺术品吗？我们的原始先民，即我们的祖先在那样一个艰难的生存状态下有没有可能去创造那些既不能吃也不能用的艺术作品，开展艺术活动或者说审美活动呢？原始洞穴壁画真的是为审美活动的需要而产生的吗？李泽厚在《美的历程》第一章“龙飞凤舞”中多次提出，远古图腾时期的器物，例如小砾石等制作的装饰品“并非为审美而制作”，在李泽厚看来，旧石器时代的劳动人民离“为审美而制作”器物还有数十万年的距离。李泽厚认为，用“巫术说”、“宗教说”、“劳动说”、“游戏说”等艺术起源的理论去解释远古器物的美的确是具有相当的合理性，但是人对美的意识和觉悟是可以从中独立出来的。李泽厚在《美的历程》中举原始人群撒抹红粉之例说明，原始人群之所以撒抹红粉，已不是对鲜明夺目的红色的动物性的纯生理反应，而开始有其社会性的巫术礼仪的符号意义包含在内了。“红色”之于人有其特定的、普适的官能刺激，这种刺激在感官的意义上也许是动物性的，但是人们能够选择红色而并非其他颜色作为一种特殊意义的象征，这就具有了一定的社会意义。当然这个时期的这种社会性意义还不能完全归结为审美的意义，毕竟当时的选择主要还是服务于宗教礼仪的需要，审美与动物本能的反应之间的界限，在这个时期仍然比较模糊。这样的观点同样适用于稍晚的原始歌舞之中。我们之所以可以用审美的角度去看待远古时期的器物和巫术礼仪，是因为我们和当时的劳动人民一样具有这种相似的审美意识。

2. 关于美的传递

从青铜三代开始，一直到鸦片战争前的清朝，从饕餮青铜到明清家具，中国工艺艺术一直在持续发展着。需要正视的现实是，能工巧匠的作品往往不能够被本人持有，越是精美、优秀的工艺作品越是要归于社会的上层所有，这是封建时期的劳动的异化。那么，怎么解释工匠与社会上层的审美情趣之间的关系就是一个比较重要的问题。李泽厚在《美的历程》中强调社会发展对该历史时期的艺术特征起决定性的作用。在他看来，阶级社会中的不同阶层所代表的艺术趣味是有区别的，而从工艺作品所表现出来的艺术精神却淡化了阶级之间的审美差别。从历史的角度来看，审美是一种社会文化现象，它产生于特定的社会历史条件，同时对社会又有它的特定的功能，就是说它不纯粹是一种个人的精神性的活动。

历史唯物主义是揭示历史发展规律的一种科学理论，列宁曾经指出，马克思的一件重要事情就是要找到他所研究的那些现象的规律，特别是这些现象的变化和发展的规律。换句话说，马克思最关心的一件事情就是用准确的科学研究来证明一定的社会发展的必然性。对于是由一种形式过渡到另一种形式，由一种社会形态过渡到另一种社会形态的美的变化的规律，如果用历史唯物主义去研究，有两个现象是客观的。第一个现象，就是在揭示人类文明进化中，特别是当社会没落时期，艺术的样式就会从写实主义走向非写实主义，从艺术的真善美走向艺术的假丑恶；第二个现象，就是艺术由积极的、健康的、充满旺盛的艺术形式走向荒诞、色情、血腥、残暴的恶俗艺术形式。这几乎构成了每一个社会没落时期的一种文化特质，同时我们在全面揭示美的形态在向对立面的转换过程中，在全面扬弃旧的美的形态过程中发现，一种新的社会产生必然会随着一种新的美的形态的形成，一种新的社会制度对一个旧的制度的扬弃，必然也伴随着美的形态对旧的美的形态的扬弃过程，这样一个过程的揭示就使我们看到，人类文明不断进化的历史的足迹。图腾崇拜退出以后，人类在生产工具上的重大的进化，不仅提高了生产力，而且也反映了人在摆脱自然崇拜物这个低级阶段，开始走向了由对动物的盲目地崇拜，转移到了对人自身生命崇拜和社会性的过程，这是在实践过程中逐渐形成和完善的。

3. 关于美的表现

人们往往用“美的再现”和“美的表现”等来区别古代东西方艺术，这种区别在同时期的西方古典油画和中国古典山水画中体现得十分明显。虽然李泽厚没有在《美的历程》中提及，但“再现”和“表现”的差别早在远古时期就已经初露端倪了。属于旧石器时代晚期、距今两万多年的马德林文化，为我们留下了阿尔塔米拉壁画（位于西班牙北部的阿尔塔米拉洞窟）。以壁画中的野牛为例，运用了赭红、黑、褐等颜色，不仅勾勒了牛的线条，还填充了它的质感。除了严格地按比例刻画出牛身、牛蹄、牛角、牛毛等细节之外，还用阴影表达了牛的厚重感。由此我们可以看出，在旧石器时代西方艺术已经有力求真实、准确地再现自然的倾向了。与其时代相近的中国远古壁画往往只有一种颜色，而且都是简练地刻画出动物或人物的线条，同时刻意地夸张动物某个特征部位（如牛的角往往比其他部位要大和明显），使人很容易辨别出各种动物的种类（这种夸张和有重点的表现与之后中国书法和绘画艺术的发展无疑有着重要的联系）。中国远古壁画发展下去，就更能体现东方“自然的表现”的特点——从圣牛身上的饕餮纹到狞厉的青铜面具，都已经离真实的自然事物很远了。

古代东西方艺术特征的区别还影响到了它们各自的发展方向。西方古典艺术的理性、写实以及其严格的透视理论一直是画家们必须遵循的法则（直到十九世纪五六十年代以马奈为代表的印象派才开始掀起摒弃欧几里得透视法的架上绘画革命）。这些法则成就了欧洲古典绘画的辉煌，同时也局限了欧洲艺术多样性的发展——从作画对象范围的狭隘性便可看出。直到十九世纪中期，以纯粹的风景作为架上绘画内容的作品才刚刚出现（代表性画家为英国风景画派的透纳）。但在中国，山水风景画于八世纪的中唐就已出现，在十二世纪的南宋达到鼎盛。更重要的是，“寓情于景”的表达方式在画家们的灵活运用下，使中国古典山水风景画拥有更深厚的寓意。这种情况当然是无法离开以“自然的表现”为中国古典艺术的基础对其发展的影响。这无疑使中国古典绘画能在被继承的前提下有更大的发展空间。从艺术哲学的角度来说，黑格尔曾经说过艺术也是美的，在黑格尔眼里，艺术就是美，这两个词可以等同地使用。黑格尔认为艺术和美都是理念的感性显现，艺术美是高于自然的，因为艺术美是由心灵产生和再生的美，心灵和它的产品比自然和它的现象高多少，艺术美就比自然美高多少。心灵和它的艺术美高于自然，这里的高于却不仅是一种相对的或量的分别，只有心灵才是真实的，只有心灵才涵盖一切。所以一切的美只有涉及这个较高的境界，并且由这较高境界产生出来时才真正是美的。就这个意义来说，自然美只是属于心灵的那种美的反映，它所反映的是一种不完全、不完善的形态。在黑格尔看来，艺术就是美的，自然里面的美不是真正的美，或者不是最高层次的美。所以艺术被视为是美的结晶，艺术这样一个文化形式就是用来表现美的。

4. 人性是社会变化和文艺变化的中介

《美的历程》从社会的变化探讨文学的变化，这两种变化的中间有一个中介，即人性。对于这里的人性，李泽厚说，“凝练在上述种种古典作品中的中国民族的审美趣味、艺术风格，为什么仍然与今天人们的感受爱好相吻合呢？为什么会使我们有那么多的亲切感呢？是不是积淀在体现在这些作品中的情理结构，与今天中国人的心理结构有相呼应的同构关系和影响？人类的心理结构是否正是一种历史积淀的产物呢？也许正是它蕴藏了艺术作品的永恒性的秘密？也许，应该倒过来，艺术作品的永恒性蕴藏了也提供着人类心理共同结构的秘密？生产创造消费，消费也创造生产。心理结构创造艺术的永恒，永恒的艺术也创造、体现人类传流下来的社会性的共同心理结构。然而，它们既不是永恒不变，也不是倏忽即逝、不可捉摸。它不会是神秘的集体原型，也不应是‘超我’（super）。心理结构是浓缩了的人类历史文明，艺术作品则是打开了的时代魂灵的心理学。而这，也就是所谓‘人性’吧？”①。“人性不应是先验主宰的神性，也不能是官能满足的兽性，它是感性中有理性，个体中有社会，知觉情感中有想象和理解，也可以说，它是积淀了理性的感性，积淀了想象、理解的感情和知觉，也就是积淀了内容的形式，它在审美心理上是某种待发现的数学结构方程，它的对象化的成果是本书第一章讲原始艺术时就提到的‘有意味的形式’（significant form）。这也就是积淀的自由形式，美的形式。文艺作为一种自由的、美的形式，作为一种‘有意味的形式’，就是

① 李泽厚．美的历程［M］．天津：天津社会科学院出版社，2006：349－350.

人性的对象化的成果。”①所以在《美的历程》中，包含着浓浓的人性关怀。例如，分析青铜饕餮时，更是突出了人类情感、信仰在艺术中的巨大魅力。李泽厚认为，中国的青铜饕餮虽然现在看起来很野蛮，形象充满了怪异狞厉，但是由于其中积淀了深沉的历史力量，并且这种深沉的历史力量和神秘恐怖的形式的结合，就成为了美——崇高。李泽厚说：“这个动辄杀戮千百俘虏、奴隶的历史年代早成过去，但代表、体现这个时代精神的青铜艺术之所以至今为我们所欣赏、赞叹不绝，不正在于它们体现了这种超人的历史力量吗？正是这种超人的历史力量才构成了青铜艺术的狞厉的美的本质。这如同给人以恐怖效果的希腊悲剧所渲染的命运感，由于体现着某种历史必然性和力量而成为美的艺术一样。超人的历史力量与原始宗教神秘观念的结合，也使青铜艺术散发着一种严重的命运气氛，加重了它的神秘狞厉风格。”②

5. 现实社会决定艺术

“艺术的各种突出的不平衡性，经常使人怀疑究竟能否或应否作这种美的巡礼。艺术与经济、政治发展的不平衡，艺术各部类之间的不平衡，使人猜疑艺术与社会条件究竟有无联系？能否或应否去寻找一种共同性或普遍性的文艺发展的总体描述？民生凋敝、社会苦难之际，可以出现文艺高峰；政治强盛、经济繁荣之日，文艺却反而萎缩。同一社会、时代、阶级也可以有截然不同、彼此对立的艺术风格和美学流派。……这都是常见的现象。客观规律在哪里呢？韦列克（renè wellek）就反对作这种探究（见其与沃伦

① 李泽厚. 美的历程[M]. 天津：天津社会科学院出版社，2006：350.

② 李泽厚. 美的历程[M]. 天津：天津社会科学院出版社，2006：57－58.

合著《文学概论》)。但我不能同意这种看法,因为所有这些,提示人们的只是不应作任何简单化的处理,需要的是历史具体的细致研究;然而,只要相信人类是发展的,物质文明是发展的,意识形态和精神文化最终(而不是直接)决定于经济生活的前进,那么这其中总有一种不以人们主观意志为转移的规律,在通过层层曲折渠道起作用,就应可肯定。"①在《美的历程》的十章当中,每章都大致遵循了类似的理论框架,即通过一个时代的社会经济状况和政治情况考察该时代的文艺趣味和审美理想的转变。李泽厚认为,文艺的变化并不是艺术本身所能决定的,决定它们的归根到底仍然是现实的社会生活。例如第七章的"盛唐之音":唐诗作为盛唐艺术的典型代表、诗歌艺术的顶峰,何以出现在这一时代而不是其他的时代呢?李泽厚通过社会历史的分析给出了答案。他认为,"盛唐之音"的社会氛围和思想基础就在于当时盛极一时的长安风尚和无所畏惧、无所顾忌地引进和吸取,无所束缚、无所留恋地创造和革新,打破框框,突破传统的思维模式。唐代是中国古代最为辉煌的时代,帝国初始,在政治、财政、军事上都非常强盛,对外开疆拓土,军威四震,国内则是相对的安定和统一。一方面,南北文化交流融合;另一方面,中外贸易交通发达,带来了异域的文化。政治上官阶爵禄日益代替阀阅身份,被唐代社会视为最高荣誉所在。先前的门阀士族被压制,世俗地主阶级的势力在上升与扩大,科举制度的确立,使得知识分子可由考试而做官,参与和掌握各级政权,突破了先前门阀世胄的垄断,一条充满希望的新道路在向他们开放,等待着他们去开拓。个人、民族、阶级、国家都处于欣欣向

① 李泽厚.美的历程[M].天津:天津社会科学院出版社,2006:348.

荣的上升阶段。就在这样的社会条件下，孕育出了盛唐艺术，孕育出了唐诗。唐代的艺术综合了西汉宫廷皇室和魏晋六朝门阀贵族的各自特征，既不是单纯地对外在事物作夸张的描述，也不只是对人的内在心灵做思辨和哲理的追求，而是对鲜活的社会现实的肯定和执著，渗透着具有青春活力的热情和想象，即使是享乐、颓丧、忧郁、悲伤，也仍然闪烁着青春、自由和欢乐。“李白与杜甫，张旭和颜真卿都称盛唐，但两种美完全不同。从时间说，杜甫、颜真卿的艺术成熟期和著名代表作品都在安史之乱后；从风貌说，他们也不同前人，另开新路。这两种‘盛唐’在美学上具有大不相同的意义和价值。如果说，以李白、张旭等人为代表的‘盛唐’，是对旧的社会规范和美学标准的冲决和突破，其艺术特征是内容溢出形式，不受形式的任何束缚拘限，是一种还没有确定形式、无可仿效的天才抒发。那么，以杜甫、颜真卿等人为代表的‘盛唐’，则恰恰是对新的艺术规范、美学标准的确定和建立，其特征是讲求形式，要求形式与内容的严格结合和统一，以树立可供学习和仿效的格式和范本。如果说，前者更突出反映新兴世俗地主知识分子的‘破旧’；那么，后者突出的则是他们的‘立新’。”①

综合以上观点，实践美学最大的历史贡献之一就在于创造了一些专属于中国的美学命题，增强了我们的美学话语权。

近代西学东渐的过程中，中国美学也完成了近代语言的转型。但在东西交融的过程中，所形成的思想多数是受到了西方的影响，甚至是直接对西方文化思想资源的移植，很少形成专门属于中国本土的命题。例如，在二十世纪影响中国最广泛的几个基本美学

---

① 李泽厚.美的历程[M].天津:天津社会科学院出版社,2006:229-231.

命题，包括王国维的“境界”命题、蔡元培的“以美育代宗教”命题、鲁迅的“美是苦闷的象征”命题、周扬的“美是生活”命题、蔡仪的“典型”命题、朱光潜的“美是直觉”命题等，我们都可以清晰地看到它们背后的影子：王国维深受叔本华的影响，持悲观主义的消极的审美态度，把美学视为超越现实的自由境地，希望通过对艺术的追求去实现人生的本体意义；蔡元培受康德的影响，与王国维的思路相反，对美学持积极的审美态度，但在试图创造一种可以代替宗教的精神家园的审美的超越境界上，他与王国维有相类似的地方；鲁迅在二十世纪三十年代主要介绍了普列汉诺夫、卢那察尔斯基等人的具有马克思主义性质的美学见解，并从普列汉诺夫的学说中获得文学乃是意识形态之一种的观念，从这一观念又引申出审美的阶级性质的观念，但是鲁迅等人并没有对包括普列汉诺夫和卢那察尔斯基等人在内的美学思想进行深刻的吸收和创造，仅仅是传播和利用，没有提出属于自己的具有美学意义的命题；周扬的“美是生活”的命题就非常明显地表现出了这个方面的缺憾，这个命题直接来自车尔尼雪夫斯基，周扬在一九四二年翻译车尔尼雪夫斯基的《艺术与现实的审美关系》时，为中文译本取名《生活与美学》，该书在二十世纪四十年代到六十年代期间对中国的意识形态美学产生了很大的影响，包括对毛泽东的《在延安文艺座谈会上的讲话》；蔡仪的“美是典型”的命题主要来自别林斯基，别林斯基在《一八四七年俄国文学一瞥》一文中对艺术的本质，作了“艺术是现实在其真实性上的再现”这样的界定，并指出其中的关键就是典型。

而实践美学中的自然人化——历史积淀，却是中国美学的独特命题。李泽厚从“争论”中脱出，即从“唯物”、“唯心”的纠缠中脱出，构建了自身的实践美学体系，并提出许多新的美学命题，诸如“美是合规律性与合目的性的统一”、“主体性实践美学命题”、“美是自由形式”、“历史积淀说”等。以“历史积淀说”为例，在中国当代许多美学和文学理论文章中，已把历史积淀作为解释复杂艺术现象的一把钥匙。在李泽厚之前，西方也出现过关于“积淀”的思想，例如贝尔的“有意味的形式”、荣格的“原始的集体无意识”、皮亚杰的“认识发生论”等，但是，他们更多的是从生物学、生理学的角度去探讨人类学哲学，而李泽厚则把人类的心理和感情看成是历史的结果，把美的创造看作是原始积淀、艺术积淀、生活积淀的综合结果，强调从文化、历史的角度去把握。李泽厚是在二十世纪八十年代才提出历史积淀学说的，一个最主要的原因就是为了解决自然美的形式怎样人化的问题，特别是那些没有经过人类直接改造的自然物的关系。积淀说解释了理性化作情感的过程，既区别于纯粹理性统治的机器哲学，又区别于纯粹感觉欲望的动物哲学。

主体性实践美学是李泽厚在马克思主义实践哲学和康德主体性哲学基础上的重新建构，在理论和实践等方面均具有深刻的意义。李泽厚宣称自己所建构的主体性实践哲学在本质上是人类学本体论，他比较了法国唯物主义、德国古典主义和马克思唯物主义的不同，认为法国的唯物论是把人从属于自然，德国古典主义唯心论则把自然从属于人的精神，而马克思的唯物主义则把自然从属于人对世界的能动的物质改造，它们之间的线索在于从法国的自然本体论（公元前六世纪—十六世纪）到德国的意识本体论（十七—十九世纪），再至马克思主义的人类学本体论。

这里简要梳理一下美学发展的线索：自然本体论美学包括古希腊美学、古罗马美学、中世纪美学、文艺复兴美学，这是西方美学的传统(古典)时期,它主要以自然本体论哲学为基础研究美学问题,因此着重在研究美和艺术的客体方面,以形而上的探讨为主要方面,奠定了诸如美的本质、美感的本质、艺术的本质等形而上的问题,在艺术上主张"模仿说"和镜子说。伴随"认识论转向",启蒙主义美学中大陆理性派和英国经验派的分裂和对立被德国古典美学统一起来,使得美学达到了独立发展以后的一个高峰。正是在德国古典美学的基础上,在十九世纪末进一步发展出了以社会本体论或人类本体论为哲学基础的马克思主义美学、俄国革命民主主义美学、西方现代主义美学以及后现代美学等。马克思主义美学以实践本体论为基础,而西方现代主义美学则在精神本体论和形式本体论的对立中形成了人本主义美学和科学主义美学两大对立思潮。人本主义美学的代表主要包括尼采、叔本华的唯意志主义美学;狄尔泰、奥伊肯的生命美学;柏格森、格罗奇的直觉主义美学;弗洛伊德、荣格的精神分析美学;萨特以及早期海德格尔的存在主义美学;英伽登、杜夫海纳、盖格的现象学美学;马尔库塞、阿多尔诺、本雅明等的早期法兰克福学派等。科学主义美学的代表主要包括赫尔巴特、齐美尔、汉斯立克的德国形式主义美学;费希纳、蔡沁的实验美学;什克洛夫斯基、雅克布逊的俄国形式主义美学;瑞恰兹、贝尔的英美新批评和形式批评;列维·施特劳斯、早期罗兰·巴特的法国结构主义美学;早期维特根斯坦的分析美学等。人本主义美学和科学主义美学虽然坚持的本体不同,但是它们都把矛头指向了创制传统、理性。到了二十世纪六十年代,美学的发展由"语言学转向"进入了后现代主义美学时期。后现代主义美学主要以语言本体论为哲学基础研究美学问题,主要代表包括德里达的解构主义美学、利奥塔的崇高美学、福柯的生存美学、后期海德格尔和加达默尔的解释学美学等。在现代主义美学的基础上,后现代主义美学进一步反传统,彻底打破形而上学,把语言作为了人类和社会的本体。

李泽厚既抓住了马克思的实践的哲学基础,又吸收了康德的人类主体性的文化心理结构,同时抓住了康德所忽略的人类主体性的实践性的客观基础,在这个基础上成功地界定了专属于自己的特定的主体性内涵。李泽厚的“主体性”概念包括有两个双重内容和含义:第一个“双重”即外在的工艺——社会结构面与内在的文化——心理结构面;第二个“双重”即具有人类群体的性质和个体身心的性质,其中人类群体的性质又可以区分为不同社会、时代、民族、阶级、阶层、集团等。以上四者之间相互交错渗透、不可分割。具体而言,在第一个双重内容中,从相同的方面看,不论是内在还是外在都是一个完整的系统,都强调人类的超生物种族的存在、力量和结构;从不同的方面看,李泽厚对于外在的工艺——社会结构面是着眼于包括物质实体在内的主体表面力量和结构,而对于内在的文化心理结构面则更侧重在主体的知、情、意的心理结构方面。在第二个双重内容中,李泽厚的主体性既是类的又是个体的,既正视每个个体的独特性,又强调历史文化背景对个体主体性形成的根本作用,有厚重的历史具体性。他说:“目前资本主义世界中的分析哲学、结构主义等等,可说是无视主体性本体的冷哲学(方法哲学、知性哲学),而萨特的存在主义,法兰克福学派等,则可说是盲目夸张个体主体性的热哲学(造反哲学、情绪哲学),它们都应为主体性实践哲学所扬弃掉。现代思潮中的悲观主义、反历史主义和反心理主义也将被抛弃。人与自然、社会与个体、情感与理智、历史与心理、理想与现实的悲剧性的冲突和分裂应该被克服,为弗洛伊德所发现的个体生物性的存在和为存在主义所发现的个体精神性的存在的巨大对峙应该消除。回到感性的人,回到美,回到历史,将与个体的全面成长相并行。哲学并不许诺什么,但它表达希望。它是科学加诗。上帝死了,人还活着。主体性将为开阔自己的道路不断前行。"①

李泽厚的主体性实践哲学,在某种意义上并不是经典的马克思主义哲学,他的主体性实践哲学颠覆了辩证唯物论在中国哲学界的统治地位,改变了辩证唯物论所规定的物质第一性、意识第二性的哲学基本问题,向我们展示了一幅以人的制造、使用工具为主的实践活动为本体的历史图景。李泽厚对于主体性哲学的构建源于他的一种崇高的学术使命感,他认为德国古典哲学对于马克思的影响主要在于黑格尔的宏伟历史感与康德的主体性主观结构,马克思已经作了对黑格尔的扬弃改造,对于康德的工作似乎没有进行,这个对于康德的工作就要由他来承担。

李泽厚在其《美学四讲》中,将自己的美学理论概括为哲学美学、马克思主义美学和人类学本体论美学。就哲学美学而言,意味着对美学基本问题和人类审美现象作观念、思辨的考察。实践美学前期从"实践"的哲学基础出发,推导出"美的客观性与社会性"。后期从"自然的人化"这个核心命题出发,从外在的和内在的两个层面论美和美感,从美感的三种基本形态,到艺术品的三个层次,形成了缜密的理论体系,走出了典型的哲学美学之路。就马克思主义美学而言,这是整个二十世纪中国的主流美学形态。李泽厚早期以历史唯物主义实践观为基础,敏感地抓住了马克思

① 李泽厚.李泽厚集——思想·哲学·美学·人[M].哈尔滨:黑龙江教育出版社,1988:514－515.

《手稿》这一独特的理论资源,把当时以认识论理解唯物主义的学界甩在身后。后期,李泽厚致力于康德哲学与马克思主义的结合,当同代人视康德为唯心主义,避之唯恐不及的时候,李泽厚抓住"自然的人化"这一人类文化学主题,提出外在自然的人化与内在自然的人化,提出主体性的两重结构和人性结构为基础的审美本体论,建构起主体性实践哲学理论。就人类学本体论美学而言,"内在自然的人化"、"积淀"、"新感性"等为当代中国美学提供了一种独特的学术视野,从人类文明的历史进程考察审美活动的发生与发展,在人类文化整体系统下解释审美行为与价值内涵,突出了一般哲学美学所没有的深厚的历史感。"李泽厚实践美学是哲学美学的最高成就,它不只精熟地运用了哲学美学观念研究与宏观把握的方法,在理论基点之独特性与理论内部的体系性上符合了哲学美学的学术标准,更主要的是其美学理论体系背后又有一独特的哲学体系之支撑,符合了西方古典美学是哲学之一部分,美学家首先要是一个哲学家的传统,是哲学美学中的最高层次,因此而能后来居上,一枝独秀,超迈时人。李泽厚实践美学也是当代中国马克思主义美学之最高成就。他不只忠实地运用马克思主义基本理论,向学术界充分展示了历史唯物主义的理论深度与学术魅力,而且能创造性地拓展与深化马克思主义理论,于马克思主义美学达到了超越了共享国家意识形态,而有个性化的学术创新的新境界,这在当代中国学术界是极其难得的景观。因此,在创造性方面,李泽厚实践美学体现了20世纪后期中国美学最高成就。"①

---

① 薛富兴.李泽厚实践美学的特征与地位[M].湖南社会科学,2003(6):47-50.

# 第四章

# 当代实践美学面临的困境

实践美学、后实践美学和新实践美学的论争,在当下被学界认为是正在进行的第三次美学大讨论。在经历了二十世纪八十年代的美学热之后,实践美学在关于美的本质、主客体二元化、功利化等方面渐渐暴露了一些弱点,自 1988 年刘晓波的《选择的批判——与李泽厚对话》出版以后,对实践美学的批评就再也没有停止过。刘晓波说:“在哲学上、美学上,李泽厚皆以社会、理性、本质为本位,我皆以个人、感性、现象为本位;他强调和突出整体主体性,我强调和突出个人主体性;他的目光由积淀转向过去,我的目光由突破转向未来。”[①]南开大学薛富兴教授亦指出:“李泽厚以自由,以真善统一论美的本质,又以人类的物质生产劳动即实践来论人类审美活动价值的人类学根源,既不是探本之论,亦未彰明审美个性,在根本性与独特性两方面均不到位。”[②]如果从各学术流派对实践美学的批判论,实践美学面临的困境大致有以下三大方面。

## 第一节 哲学基础被批判

实践美学的哲学基础是实践,对实践范畴批判最严厉的是后

① 刘晓波.选择的批判——与李泽厚对话[M].上海:上海人民出版社,1988:19.

② 薛富兴.李泽厚后期实践美学的基本理路[J].广西师范大学学报:哲学社会科学版,2004,40(1):43.

实践美学。后实践美学试图通过对实践美学哲学根基的批判，而达到超越实践美学的目的。后实践美学对实践美学的批判，笔者认为，主要是围绕实践这个核心概念，然后在实践的五个方面，分别针对与之相关的五个关系来展开的。具体包括在实践的地位上，实践与实践美学的关系；在实践的功能上，实践与审美的关系；在实践的性质上，实践与生存的关系；在实践的过程中，实践与超理性的关系；在实践的结果方面，实践与超越的关系。后实践美学和当年的实践美学有一点很是相似，即都是在论争中发展起来的，所以在论述这个问题之前，有必要把论战的一些情况作简要的梳理。

厦门大学杨春时教授是目前公认的后实践美学的代表人物之一，学界通常把杨春时教授在《学术月刊》1994 年第五期上发表的《走向后实践美学》作为其对实践美学开战的标志。该文题目中明确了个“后”字，文中也作了一定的界定；文中还提出了实践美学的十大不足，这个总结相当地有分量。但是，杨春时教授宁愿把自己的美学体系称为超越美学①，因为早在 1993 年，《学术交流》第二期就发表了杨春时教授的《超越实践美学》，当时他还在黑龙江省社科院哲学研究所做研究员，后来他提出的实践美学的十大缺陷在这篇文章中已有了雏形。之后，杨春时教授不断地研究和发展自己的超越论美学，这同时也陷入了口诛笔伐的论战。

针对他的《走向后实践美学》，复旦大学朱立元教授在次年的《学术月刊》第五期上撰写了《“实践美学”的历史地位与现实命运——与杨春时同志商榷》；杨春时教授在第二年即 1996 年的

---

① 杨春时. 走向后实践美学[J]. 学术月刊,1994(5):3-9.

《学术月刊》第二期上发表了《再论超越实践美学——答朱立元同志》。实践美学老一代的代表人物刘纲纪先生在 1998 年 10 月 23 日的《光明日报·理论版》上发表了《马克思主义实践观与当代美学问题》,该文针对后实践美学对实践美学三大方面的批评进行了驳斥。杨春时教授为此在《学海》2001 年第二期上发表了《审美的超实践性与超理性——与刘纲纪先生商榷》。李泽厚先生的弟子,武汉大学彭富春教授自然要维护实践美学,他在《哲学动态》2000 年第七期上发表了《"后实践美学"质疑》,认为杨春时"并没有达到对自身的意识。为什么?因为它(原文直接针对的是后实践美学这个说法,没有点名。笔者注)不知道自己所讨论的问题:其一,什么是美学自身;其二,什么是后实践"[①]。杨春时教授随即在次年,即 2001 年的《哲学动态》第一期上发表了《对〈"后实践美学"质疑〉的质疑》作为回应。华中师范大学张玉能教授,感觉到"不得已要为实践范畴再说几句话",于是他写了《实践的自由是审美的根本——与杨春时同志商榷》,这篇文章还同时对杨春时的"主体间性"进行了批判,认为主体间性是"后实践美学"的陷阱。其实,张玉能教授是比较早向杨春时教授发出挑战的,杨春时教授在 1994 年第一期的《社会科学战线》发表了《超越实践美学,建立超越美学》之后,同年第四期的《社会科学战线》就发表了张玉能教授的《坚持实践观点,发展中国美学》与之相对。2004 年,高等教育出版社出版了杨春时教授的《美学》,对此,批评之声也是很多。例如,上海大学曾军副教授写了《不彻底的后实践美学体系建构——评杨春时的〈美学〉》。在众多批判之中,杨春时认

---

① 彭富春."后实践美学"质疑[J].哲学动态,2000(7).

为“张法先生对他(原文是第一人称“我”。笔者注)的《美学》进行了认真地阅读,他(指张法。笔者注)的评论文章体现了一种讨论的态度,因此是建设性的、有学术价值的”[①]。基于该原因,杨春时教授在《贵州社会科学》2007 年第九期上发表了《关于〈美学〉的答辩——与张法对话》,以回应在同一期上中国人民大学张法教授的质疑文章《后实践美学的美学体系——评杨春时的〈美学〉》。

1. 在实践的地位上,实践与实践美学的关系

实践是否是实践美学的基本范畴和逻辑起点,这关系到实践美学的第一个致命的困难,即其存在的根基。[②] 首先,杨春时教授在《实践美学是抬高实践而贬低自由的美学——与徐碧辉研究员商榷》(《学术月刊》,2008 年第二期)一文中坚持认为,哲学不但要建立逻辑体系,而且需要有逻辑的起点。美学作为哲学的分支,要求有和哲学相同的逻辑起点,并且要进行逻辑的论证。实践美学的逻辑推演以实践创造美作为前提,但这是错误的。实践只是审美的发生基础,审美发生的根本原因是人的审美理想。另外,发生学也推导不出,实践和美有共同的本质这一本质论。针对实践美学这个方面进行批评的还远不止杨春时一个人,比如,阎国忠教授就在《给实践美学提十个问题》中指出了实践美学在这个方面的局限,阎国忠认为,“实践美学认为马克思提出但经过他们解释的‘自然人化’,既回答了美的本源问题,也回答了美的本质的问题,实际上,它并没有回答美的本质问题,而作为对美的本源问题

---

① 杨春时. 关于《美学》的答辩——与张法对话[J]. 贵州社会科学,2007(9).

② 杨春时,林朝霞. 实践美学和后实践美学论争的意义[J]. 学习与探索,2006(5):45－48.

的回答也是值得商榷的”[①]。其次，在杨春时看来，马克思的唯物史观之所以要强调实践对精神生产的基础作用，正是因为实践即作为物质生产的实践，和精神生产有本质上的不同。所以，实践美学把实践当作了其理论的基本范畴和逻辑起点，根本推导不出一个美学体系，这是实践美学首先的一个致命困难。杨春时认为，实践美学为了解决这个致命困难，采用了两个办法：决定论和偷换概念。这样做，不但说明不了实践决定审美的问题，反而会阻碍理论研究，实践美学也会因此失去存在的根基。还有学者指出：“李泽厚把马克思的自然人化说与艺术史结合起来，把自然美的根源奠定在实践对自然的历史改造上，这就使李泽厚的美感发生学、自然美问题乃至后来的‘积淀说’有着巨大的历史感和坚实的唯物主义哲学基础，而这正是对实践美学持否定态度的后实践美学各派所缺乏的。但‘自然人化说’只是一个哲学的概括，无法实证，无法直接在具体自然美的事物上推演。李泽厚只是给自然美找到了哲学根源，在自然美的具体生成中，他忽视了个人审美活动、特定的社会文化传统等中介，从而无法解说自然美欣赏中的复杂性，这也是他无法驳倒朱光潜的原因。”[②]把实践作为美学体系推导的逻辑起点，在生命美学的代表人物潘知常教授看来，正是中国美学在二十世纪八十年代以来陷入迷茫和困境的一个原因。他指出：“就以‘实践’原则为例。暂且不说它的‘实践’、‘本质力量’、‘对象化’与西方理性主义美学的‘认识’、‘理念’、‘感性显现’之类

① 阎国忠. 给实践美学提十个问题[J]. 吉首大学学报：社会科学版，2005(4)：44－48.

② 章辉. 李泽厚前期美学思想的贡献及其局限[J]. 河北师范大学学报：哲学社科版，2003(5)：66－71.

理论话语的相似,就是它的从‘实践’原则出发去建构美学体系,便已经令人疑窦丛生了。我们知道,实践活动与审美活动是一对相互交叉的范畴,既相互联系,更是相互区别。例如,实践作为人类的以制造和使用工具为前提的一种改造世界的活动,是物质性的活动,它与审美活动密切相关——准确地说是审美活动基础,但却毕竟不是审美活动本身。”[①]在潘知常看来,美学的失误或许就集中地表现在“美是人的本质力量的对象化”或者说是“自然的人化”这一美学命题之中。他认为马克思的这个理论命题在性质上不是美学命题,而是哲学命题,马克思使用该命题的目的是为了从实践的角度恢复人的真正地位,指出人类的感性活动是人类社会历史中的最为重要的事实,但马克思从来就没有把这一事实唯一化,更没有把这一事实美学化。在论述了该命题在事实的层面和理论的层面的错误之后,潘知常接着指出:“再从思辨的层面看,‘从思维抽象上升到思维具体’固然是理论演绎的必须,但其中的逻辑起点却应是美学范畴而不是哲学范畴。否则就会像黑格尔那样,把美学变成一部美学的哲学思辨史。再说,即便是从哲学范畴开始,‘人的本质力量的对象化’作为一种哲学范畴(实践活动的本质规定),在向美学范畴(审美活动的本质规定)的转化过程中,也应该是从抽象到具体的演绎,现在却是从抽象到抽象,它的内涵始终没有增加,外延也始终没有减少,实践活动是‘人的本质力量的对象化’,审美活动也是‘人的本质力量的对象化’,这岂不是什么也没有说吗?”[②]

---

① 潘知常.实践美学的本体论之误[J].学术月刊,1994(12):73-80.

② 潘知常.实践美学的本体论之误[J].学术月刊,1994(12):73-80.

再次，既然实践不能作为实践美学的基本范畴，那么什么可以呢？后实践美学一派给出了自己的答案：生存、生命。杨春时把黑格尔的体系作为一个范例，认为现代美学体系的逻辑起点一定要可以推导出审美这个范畴，他在对马克思的哲学逻辑起点——社会存在考察了之后，对马克思的实践作了个体的、超理性的改造。“人的社会存在即生存，万事万物都包含于生存之中，它是第一性存在，是哲学反思唯一能够肯定的东西，因而也是美学的逻辑起点。”①杨春时赋予了生存诸多的不同于实践的本质，包括超理性、超现实、精神性、个体性、自由性等，由生存的前述性质，他认为生存当然可以推导出审美的多种质的规定性。杨春时指出：“哲学的逻辑起点与历史科学的起点并不一致，前者只表现为‘历史的终点’，这就是‘由逻辑上升到历史’的方法；而历史科学的起点则是在历史发展的初级阶段具有基础作用的因素。因此，作为哲学的历史唯物主义的逻辑起点是社会存在；作为历史科学的历史唯物主义的起点是实践。社会存在的涵义比实践宽泛得多，按照恩格斯的说法，‘人们的存在就是他们的实际生活过程’，而实践不过是社会存在的基础和低级形式。”②在杨春时看来，哲学反思唯一能肯定的东西既不是物质实体也不是精神实体，因为一旦肯定了实体的同时，也就在先地承认了自我主体，所以只有自我的存在，即生存是不可否认的第一性存在。主体与客体、物质与精神都是从生存中分析出来的第二性存在。而生存的本质就在于超越性。

① 杨春时. 走向后实践美学[J]. 学术月刊，1994(5)：3－9.
② 杨春时. 生存与超越[J]. 黑龙江社会科学，1995(4)：3－8.

对此,实践美学进行了有力的反驳。实践美学学者一般都把这个所谓的致命困难看成是杨春时的一大误解。刘纲纪先生认为,后实践美学的批评有些是触及了实践美学的弱点,但是不能放弃实践这个哲学前提。把实践理解为实践美学的哲学前提,这与杨春时所宣讲的基本范畴和逻辑起点是不同的。朱立元教授更是明确了此间意义:"其实,实践美学只是以马克思的实践论作为其哲学基础,实践范畴只是实践美学的哲学出发点,而非实践美学的'逻辑起点',更不是'基本范畴了'。"①由此观之,实践和审美,在实践美学的理论中,真正的关系不是决定和被决定,而是源和流。刘纲纪先生有一段话说道:"历来许多美学家长期陷入的一大迷误,就是只看到和只强调审美活动和实践活动的差别,因而只从审美活动本身去说明审美活动,竭力要'从审美的活动中排出实践的活动'(克罗齐)。他们不知道也不承认,正如每一个人不是自己生出自己,而是由他人(父母)生出来的一样,审美活动也不是自己生出自己,而是由非审美的实践活动生出来的。"②对于诸多对实践的误解和偏见,《文史哲》副总编、山东大学陈炎教授认为:"只能在'实践美学'的内部加以纠正,而不应该、也不可能在诸如'生存'和'生命'等'前实践'范畴中得到解决。本来,'实践'作为逻辑起点,之于'美学'已经显得过于抽象了……在这一意义上,以'生存'或'生命'为基本范畴的所谓'后实践美学',不是对'实践美学'的真正超越,而恰恰是一种后退。"③

---

① 朱立元.实践美学的历史地位与现实命运——与杨春时同志商榷[J].学术月刊,1995(5).

② 刘纲纪.马克思主义实践观与当代美学问题[N].光明日报:理论版,1998-10-23.

③ 陈炎."实践美学"与"实践本体"[J].学术月刊,1997(6):61-64.

2. 在实践的功能上,实践与审美的关系

实践能否说明审美的超越性质,这关系到实践美学的第二个致命的困难,即实践乌托邦。首先,后实践美学认为,李泽厚包括马克思都把实践看作是严格区别于精神生产活动的物质生产活动,虽然有些学者企图把精神性融入实践的内涵中,比如张玉能、徐碧辉等,但是,把实践既说成是物质生产,又说成是精神生产,就等于是抹杀了马克思的历史唯物主义和存在主义的界限。

其次,实践作为人类用于征服自然的活动,现实的实践在本质上,就是不自由的异化劳动,它具有现实的功能。在这个意义上,实践和审美是不同质的。有学者指出:"20 世纪中期以后,逐步形成的典型论美学与实践论美学总体上仍然属于西方传统的认识论美学。特别是 20 世纪 60 年代之后逐步发展的实践论美学,对我国独具特色的美学理论的发展无疑起到了极大的推动作用。但它并没有完全接受马克思主义实践观的现代哲学内涵而总体上仍然沿袭传统认识论体系,坚持主客二分的理论结构和客观性诉求等,已经愈来愈显示出理论的陈旧以及同现实的严重脱离。实践论美学力主美的本质的客观论。这是一种传统的以主客二分为基础的本质主义的命题,属于科学认识的范围,而不属于美学的范围。因为,只有科学才能通过实验的手段,探寻对象客观存在的本质属性。而美却属于情感的范围,没有主体就没有客体,没有审美也就没有美。"[①]尽管实践美学为了沟通两者,采取了决定论的模式,但是,实践根本无法说明审美的超越性质。杨春时引用了马克思批判黑格尔的话,"他把劳动看作人的自我确证的本质;只看到劳动

---

① 曾繁仁. 试论当代存在论美学观[J]. 文学评论,2003(7):57-68.

的积极方面,而没看到它的消极方面"[①]来说明实践在现代社会的两面性,并且认为,实践,或者换个说法,异化劳动的负面性在现代社会更为突出。而这一点,恰恰实践美学没有看得出来,或者是不愿意去看得出来。

再次,实践美学的错误在于,只是抓住了青年马克思的社会理想主义,而没有深刻领会成年马克思的这个思想,即真正自由的领域,"只存在于物质生产领域的彼岸"。杨春时认为,实践美学把异化作为实践的非本质的历史形式加以剥离,从而放弃了哲学所应有的超越性的批判立场,导致了实践乌托邦。杨春时所谓的实践乌托邦,即"实践由一个历史科学的概念变成一个哲学的范畴;把它的外延由物质生产扩大到了精神活动;把它的内涵由现实的、异化的劳动抬高为超越的、自由的活动"[②]。杨春时的这个观点,不但用来批判实践美学,而且,还原封不动地拿来批判新实践美学。[③]

3. 在实践的性质上,实践与生存的关系

实践美学是否无视审美个性化,这也决定了它与后实践美学各自的哲学基础以及建立什么样的本体论,这是两者的根本区别,被杨春时认为是实践美学的要害。首先,对于实践本体论和生存本体论,实践美学认为,个体的存在是短暂的、有限的,个体当然同时也是"类存在物",个体自由的实现是脱离不了人类社会整体的

---

① 杨春时.林朝霞.实践美学和后实践美学论争的意义[J].学习与探索,2006(5):45-48.

② 杨春时.实践乌托邦再批判——答张玉能先生[J].汕头大学学报:人文社会科学版,2007(4).

③ 杨春时发表于2004年第三期上的《实践乌托邦批判——兼与邓晓芒先生商榷》,和其2006年发表于《学习与探索》第五期上的《实践美学和后实践美学论争的意义》,在实践乌托邦的论述上有大量的雷同。

发展的。与之相对立，后实践美学认为只有生存本体论才能克服实践本体论的现实性缺陷，使之指向了形而上的超验的自由领域，从而更具有本体的性质。杨春时认为，只有个性才能成为美的本质，生存的本质就是个体性的。人的个体性只有在审美活动中，才可以突破社会关系的制约而得到充分的实现。同时，人的最高的本质是具有自由的要求和超越现实的能力。①

其次，在杨春时那里，实践美学的错误不在于坚持审美的社会性，而在于从普遍的人的本质对象化论美，这就和审美的更本质的个性化属性，以及人的最高的本质相背了，审美首先就是自我主体的活动。然而，实践美学以实践作为本体，这个实践因为忽视了个体化的自我活动，排除了自我主体，所以，该本体既被客观化、又被实体化了。这个问题上的分歧，还是缘于对实践的理解差异。因为，在实践美学的观点里面，实践不可能是孤立的个人的活动，而是相互结成了一定的社会关系的人们的共同的活动，个人只有在与他人的社会关系中才能实现自己的自由，所以，作为人的自由的感性的表现的美，就是人的社会本质的实现，或者可以认为，美是个体和社会的统一。

再次，实践美学把审美作为生产方式来考察。因为"美是人的本质力量对象化"这个命题，是套用的"实践是人的本质力量对象化"，既然世上万物无不打上实践的烙印，那么就不单单只有美是这样的，所以，杨春时认为，实践美学无法对美的特殊本质作出回答。

---

① 杨春时. 实践美学是抬高实践而贬低自由的美学——与徐碧辉研究员商榷[J]. 学术月刊，2008(2).

4. 在实践的过程中,实践与超理性的关系

实践美学在主客二分的二元结构中,是否以启蒙理性为基础而忽略了审美的超理性,这代表着主体性美学和主体间性美学的不同,杨春时认为这是评价实践美学的关键所在。首先,杨春时认为:“审美发源于非理性(无意识)领域,并突破理性控制,进入到超理性领域。”①从李泽厚的“积淀说”,即认为审美是理性内容向感性形式的积淀,以及“人的本质力量”等命题,杨春时指出,实践的非理性和超理性因素被实践美学排除了,实践美学残留的理性主义印记表明了,实践美学是主体性美学,其基础是作为现代性核心的启蒙理性,而现代哲学已经开始对由启蒙理性所带来的、由主客对立引起的灾难进行无情的批判。

其次,实践美学作为主体性哲学具有重大的理论缺陷。把世界作为客体去体现人的本质力量,但是人类是无法真正地完全把握世界的,在人类征服这个外在的客体的同时,主体的胜利同样要遭到客体的抗拒和报复,人类由此换来的只是不自由。而审美是自由的存在方式,所以,实践美学理论的缺陷就出来了,它无法解决“认识何以可能?自由何以可能?以及,审美何以可能?”②的问题。

再次,实践美学产生该方面困境的原因,在后实践美学看来,就是实践美学没能彻底克服主客二分的二元结构。杨春时说:“事实上不是实践解决了主客对立,毋宁说正因为实践才出现了

① 杨春时.走向后实践美学[J].学术月刊,1994(5):3-9.

② 杨春时,林朝霞.实践美学和后实践美学论争的意义[J].学习与探索,2006(5):45-48.

主体和客体的对立。"[1]主体对客体的征服不但不能带来自由,更不能达到审美的境界。实践美学所坚持的审美的客观社会性和审美自身的主客观完全统一性是矛盾的。"审美作为自由的实现,不是客体支配主体,也不是主体征服客体,而是自我主体与世界主体的互相尊重、和谐共在。"[2]

最后,用什么方法解决上述的缺陷呢?杨春时提出了主体间性。他认为主体间性包括社会学的、认识论的和本体论(存在论、解释学)的三种,其中只有本体论的主体间性可以作为建构美学的基础。"本体论的主体间性意指存在或解释活动中的人与世界的统一性,它不是主客对立的关系,而是主体与主体之间的交往、理解关系。"[3]审美自由之为可能,就在于主体间性,其动力来自于审美理想,体现为审美同情,从而使主客合一、物我两忘,最后由对自然和他人的审美欣赏达到审美理解,真正把握了世界的意义和存在的意义。

5. 在实践的结果方面,实践与超越的关系

在散文化时代,实践美学是否没能顺应现代美学转型的潮流,对超越性的忽视被杨春时认为是实践美学的根本的弱点,这关系到在未来谁更有生命力的问题,但是,超越了现实就是超越了实践吗?首先,杨春时是从超越现实的角度来论述生存、审美的超越性,从而批判实践美学的世俗性的,当然,超越性在他那里也被称

---

① 杨春时,从实践美学的主体性到后实践美学的主体间性[J].厦门大学学报,2002(5).

② 杨春时,林朝霞.实践美学和后实践美学论争的意义[J].学习与探索,2006(5):45-48.

③ 杨春时.本体论的主体间性与美学建构[J].厦门大学学报,2006(2).

为超现实性。“所谓超现实性,即人的生存不附着于现实,总是趋向于突破既有水平,指向彼岸的超越性特征。”①实践美学认为实践创造了美,等于是把审美现实化,然而审美的境界只有在超现实的领域才可以发生。“生存的意义问题不是现实努力所能解决的,它需要超越性的审美创造。”②

其次,杨春时认为,人的灵魂和精神在现代社会日益凸显不可调和的矛盾,美学的使命在现代已经需要转型,要关注人的内部世界。在对比了宗教背景之下的西方美学之后,杨春时认为,中华民族在宗教意识缺乏而本土文化又相当的世俗性的情况下,一定要依靠社会生活、艺术、哲学的现代化来获取中国美学的超越性。唯有此,美学才能以超越的姿态出场,给人类提供精神的食粮、超越的方法、寻求生存的意义。

再次,实践美学“最大的缺陷是超越性的丧失”③,它只是曾经适应了当时所谓的英雄时代,但是在这个主体性已经走向它的反面的散文化时代,人的生存已发生了根本性的转变,所以实践美学如果不能进行超越性的改造,就要丧失在今后发展的生命力,从而被后实践美学所取代。关于审美超越的问题,一般人理解的超越都是对于自然性、物质性,或者是功利性等方面的超越,但是,有学者在《论审美超越》一文中提出,审美超越应该从超越的形而上学内涵的角度加以理解,从人类精神所特有的对人类社会或个体自身存在的终极目标或终极价值的追问中把握。从本质上论,该观点符合了后实践美学的超越性的观点。“对审美的‘超越’也要在

① 杨春时.走向后实践美学[J].学术月刊,1994(5):3-9.

② 杨春时.走向后实践美学[J].学术月刊,1994(5):3-9.

③ 杨春时.世俗的美学与超越的美学[J].学术月刊,2004(8).

这种意义上来理解。许多人认为,超越就是对动物的自然性或现有的物质和精神成果的超越,是对人的有限意志、有限理性和情感的超越,邓晓芒就是在这个意义上理解超越的。这种理解没有把握审美超越的独特性,它没有把审美活动与其他活动区别开来,因为科学活动、伦理活动等都以实践活动为基础并超越实践活动去探询人类实践所未触及的知识或意志领域,都是超越性的活动。审美的'超越'应理解为'超验',与'形而下'相对应的'形而上',与'理性'相对应的'超理性',它与'超理性'、'最高的生存方式'、'自由的生存方式'、'形而上追求'等说的是一个东西,即是指审美活动对于人的生存意义的终极性建构。审美活动不仅超越现实的真善,而且超越个体生命的有限性,它建构着个体生命独特的精神性的超验意义。"①

综合实践美学的分析,后实践美学认为,实践美学虽然找到了审美的现实基础,但是由于错误地把实践作为基本范畴和逻辑起点,同时又抹煞了审美的超越性,所以实践美学的局限在于以下几点②:

第一,实践美学带有理性主义的痕迹,把审美划入理性范畴,从而忽略了审美的超理性特征。事实上,审美不是理性活动,尽管它要受到理性影响、制约,但本质上是超理性的,它是发源于无意识领域的人的自由要求,突破理性防线,升华至超理性领域的活动。审美的直觉性、非自觉性、虚幻性、忘情性都是对理性突破的表现。

---

① 章辉.论审美超越——兼向邓晓芒先生请教[J].人文杂志,2003(6):92-96.

② 杨春时.生存与超越[J].黑龙江社会科学,1995(4):3-8.

第二,实践美学具有现实化倾向。把审美划入现实领域,从而忽略了审美的超现实性。实践是一种现实活动,具有实际目标和功利性,即为了人的现实生存和发展。实践美学认为实践创造了美,美起源于劳动,等于承认审美是一种现实行为。而实际上,审美不属于现实领域,美不是现实活动(实践)创造的,而是审美活动的产物。现实中没有美,美是超现实的幻象。美不是自然属性,也不是社会属性,而是超现实的对象和意义世界。审美不具有直接的现实功利性,不直接服务于现实生存,审美价值是超越性价值。而事实上,无论社会如何进步,都不会抹煞现实与审美的界限;现实总是有缺陷的,永远存在超现实的审美世界。

第三,实践美学强调实践的物质性,从而忽略了审美的精神性质。实践美学以物质实践说明美的本质,并且提出了"劳动创造了美"的命题。这等于承认物质生产可以创造美,而美是纯粹的精神产品。审美是"自由的精神生产",具有超物质性。

第四,实践美学强调实践的社会性,从而忽略审美的个性化特征。审美是个性的解放和充分发展,是充分的个性化创造,美只是个性化对象。

第五,实践美学为了避免把美与实践等同,往往以采用决定论模式,认为实践决定审美,甚至把审美还原为实践,以实践规律解释审美规律。而事实上,审美虽然以社会存在(包括实践)为基础,但又非决定论的。实践可以作为审美的基础、前提,影响和制约审美,但不能决定审美,审美必须超越现实活动,才能保持自由品格。因此,审美活动既基于一定历史实践水平,同时又超越历史水平,具有至上性、永恒性。

第六,实践是本体论范畴,实践美学建立在本体论哲学基础上，但缺乏解释学基础。因此，实践美学仅仅把审美作为一种生产来考察，而不能从解释学角度，把审美作为意义的阐释和创造来考察。这种理论体系上的缺陷也削弱了对反映论美学的批判力。

第七，实践是生产、创造活动，因此，实践美学仅从生产、创造角度考察审美，而忽略了从消费、接受角度来考察。审美不仅是生产、创造，而且又是消费、接受，是二者的直接同一。

第八，实践美学把实践客观化，因而不能彻底克服片面的客观性。实践是他人的实践，自我主体被排除在外，成为外在观察者，从而把实践客观化、实体化。实践美学由这个基点出发，得出"美是客观的社会属性"命题。而事实上，审美首先是自我的生存和意义创造活动，美是自我对象，因此只能从自我生存和意义创造出发，而不能从客观化的他人实践出发，从而克服本体论的实体化倾向。从自我审美出发，美就是自我主体对象，它不具有客观化性质。

## 第二节

## 理论体系被批判

### 一、批旧立新

邓晓芒和易中天两位教授是较早公开主张新实践美学的代表人物。邓晓芒说，新实践美学在 1986 年就提出了自己的基本纲领,1989年《走出美学的迷惘》(后更名为《黄与蓝的交响——中西美学比较论》),该书第五章的标题为“新实践论美学基本纲领”,包括三个哲学原理,即艺术发生学、审美心理学和美[①]是代表之作。新实践美学认为,劳动是美学理论的逻辑起点,而劳动是最一般的实践,所以可以认为,实践就应该是其理论的逻辑起点。在这个意义上,他们仍然称自己是实践美学,但是为了区别与传统实践美学的诸多分歧,故称为新实践美学。易中天在《学术月刊》2002年第一期上发表《走向“后实践美学”,还是“新实践美学”——与杨春时先生商榷》,虽然该文是从问题所在、逻辑起点、内在规定和第一原理四个方面批判杨春时《走向“后实践美学”》的,但是,该文也明显提出了对实践美学的批判。杨春时教授在同一期《学术月刊》上(他们此时是同事,估计之前有商量)发表了《“新实践美学”不能走出实践美学的困境——答易中天先生》,针锋相对。易中天之前的同事、邓晓芒教授在看了该文之后,作为新实践美学的一员,同在《学术月刊》当年的第十期上发表了《什么是新实践美学——兼与杨春时先生商榷》,从实践、超越性、生存和审美四个概念着手界定了新实践美学与以往美学各派的不同。而杨春时对此好像不以为然,他在回应文章《实践乌托邦批判——兼与邓晓芒先生商榷》(《学术月刊》,2004年第三期)的最后写道:“邓先生表述的美的定义竟然如此粗疏、如此肤浅,实在是新老实践美学体系的缺陷所致。这个体系无法容纳深刻的思想,无法揭示审美的本质。所以,要超越实践美学,走向后实践美学,以实现中国美学的现代化。”

① 邓晓芒,易中天.黄与蓝的交响[M].武汉:武汉大学出版社,2007:316-390.

1. 关于“先天不足”

新实践美学对(旧)实践美学的批判,在其与后实践美学的论争之中表现得非常明显。易中天和邓晓芒,把以李泽厚为代表的实践美学称为旧实践美学,所以,该段中出现的旧实践美学,指的就是本文所讨论的实践美学。易中天对实践美学的整体性评价是这样的:“杨春时先生对实践美学(准确地说应该称之为‘旧实践美学’)的批评,应该说是相当有力的。……即使没有后实践美学的批判,旧实践美学也终将作为一个被扬弃的环节而退出历史舞台。这并不仅仅因为旧实践美学在成为主流学派以后‘无所建树,停止发展’,更因为它在理论上‘先天不足’,具有无法克服的自身矛盾。”[①]那么,易中天所指的实践美学的“先天不足”是什么呢?我们知道,李泽厚先生是客观社会派美学的创始人,恰恰是这个“客观性与社会性的统一”,在易中天那里成了“先天不足”。易中天说:“社会性和客观性并非一个逻辑层面的东西,怎么能统一,又如何能统一?究其所以,无非即不愿意放弃客观论和决定论的立场,又不愿意象彻底的客观派美学那样……造成了旧实践美学在逻辑上的混乱和在论争中的尴尬。只要不转变这个立场,引进再多的新范畴(无论是实践范畴还是其他什么范畴)都无济于事。”[②]

① 易中天.走向后实践美学还是新实践美学——与杨春时先生商榷[J].学术月刊,2002(1).

② 易中天.走向后实践美学还是新实践美学——与杨春时先生商榷[J].学术月刊,2002(1).

2. 关于"丑恶"的实践

虽然新实践美学也是以实践作为其理论的逻辑起点,但是在关于实践的理解上,与实践美学有本质的区别。新实践美学认为李泽厚的实践是丑恶的实践,没有主观能动性,而是把劳动中人的主观意识消融了,人变成了客观的人。"李泽厚为了使客观美学摆脱其庸俗性、机械性,他引入了马克思的实践的能动性;而为了从实践观点坚持美的客观性,他又从实践中排除了人的主观因素,使之成为一种毫无能动性的、非人的、实际上是如费尔巴哈所认为的那种'丑恶'的实践,这种实践只有在资本主义的异化劳动,即那种动物式的谋生活动中才得到体现。这正是李泽厚美学中所贯穿的最大矛盾。"①邓晓芒认为,最基本的实践,即作为人类的现实本质和整个社会存在基础的实践,是人的社会物质生产劳动。而人的社会物质生产劳动作为人的类本质、人与动物的最根本的区别,就在于它是有意识的生命活动,这才是对实践概念的本质规定,对实践的最精炼的表述。他提出:"实践在马克思那里,只要我们带有故意的偏见去看待,本质上主客观的统一,即既不是一种纯主观的东西,也不是一种纯客观的东西。人的社会物质生产劳动是'主观统一于客观'的活动,在这种劳动中,主观自觉性、目的性和伴随而来的自由感,是产生于肉体的客观物质需要,又体现为能动地改造客观世界的物质活动。不首先承认实践是一种客观现实的物质性的活动就会陷入康德、黑格尔式的唯心史观。但是,不承认实践又是一种有意识、有目的、有情感的物质性活动,就会陷

---

① 邓晓芒.什么是新实践美学——兼与杨春时先生商讨[J].学术月刊,2002(10).

入费尔巴哈(从否定的态度上)和现代行为主义、操作主义(从肯定的态度上)的机械论观点,同样落入唯心史观。”以李泽厚为代表的旧实践美学就是因为企图把这些主观因素从物质生产劳动中清除出去,才导致了机械主义和行为主义,导致和蔡仪一派的机械唯物主义美学没有了区别。在这一点上,新实践美学与旧实践美学是有着本质的区别的,新实践美学把人当人看,把人的活动当作人的活动(而不仅仅是动物的活动)来看,并试图从人的最根本的物质生产活动中发现人的全面丰富的本质要素,以从中引出人的一切人化活动,包括审美活动的根据,从而建立了自己的美学的合理根据。

针对后实践美学以及其他各派理论的批评和质疑,即认为新实践美学和旧实践美学不具有审美的超越性的问题,新实践美学在作出自己的回答的同时,也宣告了自己对于审美超越性的理解。在新实践美学看来,从根本上论,实践是超越性的最本源的发生条件,超越性只能是来自于人的现实生活本身的自我超越的本性,而不是天上掉下来的或上帝赐予的。首先,后实践美学和实践美学共同的错误,即对于实践的理解陷于狭隘,仅仅看作是纯物质的生产活动。所以,在这个错误的基础上,李泽厚为了弥合自己的缺陷引入了“情感本体”,而把实践本体仅仅看作是实践美学的发生基础,“煮了一锅夹生饭”;而杨春时干脆就抛开了马克思的实践观点,直接从一种所谓精神性的、自由的、终极性的、形上追求的“超越性”出发,武断地认为这种超越性,作为生存的基本规定,只能经由生存体验和哲学反思而不证自明,而不能被历史经验证实或证伪。这是陷入了神秘主义。在邓晓芒看来,这都是没有摆脱把实践仅仅理解为纯物质的生产活动的窠臼的结果。其次,在新实践美学中，实践作为一种“有意识的生命活动”和“自由自觉的生命活动”，本身就固有精神性的要素。实践的“意识性”在新实践美学的代表人物——邓晓芒和易中天合著的《黄与蓝的交响——中西美学比较论》中包括三个方面的内容：一是意识使动物也有的对客观外界的直观的“表象”，上升到了人的“概念”；二是意识使动物也有的对自己生存必需的物质对象的“欲望”，上升到了人的有目的的自觉“意志”；三是意识还使动物也有的由外界环境引起的盲目的“情绪”，上升到了人的有对象的“情感”。这就是新实践美学总结的实践活动的“知、意、情”三维特点。正是在这些特点的基础上，人类才能够发展出对真、善、美的超越性追求。再次，超越性是实践自身就带有的精神属性，不能把现实性和超越性相对立。当然，在最基本的实践活动即物质生产劳动中，实践本身的这种自我超越性还只表现为对以往的现实和以往的实践的超越，所以，马克思说，“动物只是在直接的肉体需要的支配下生产，而人甚至不受肉体需要的影响也进行生产，并且只有不受这种需要的影响才进行真正的生产”①。后实践美学提出，审美是超越现实的生存方式和超越理性的解释方式，审美具有超越现实、超越实践、超越感性和理性的超越品格，人之所以能够获得精神的解放和自由正是缘于这种超越的性质。对此观点，新实践美学针锋相对地指出，实践本身就带有超越的因子，人类精神生活的超越性正是从现实的实践活动中升华出来的。后实践美学把“超越性”和“现实性”完全对立起来的观点是错误的，因为实践作为一种“有意识的生命活动”和“自由自觉的生命活动”，它本身就固有精神性的

① 马克思恩格斯全集[M].第三卷.北京：人民出版社，2002：273.

要素。在邓晓芒看来,以杨春时为代表的后实践美学对于超越性的理解比较狭隘和偏颇,超越性并不只是审美所特有的属性,而是包括人类真、善、美在内的一切精神生活的属性,而审美的超越感性和理性的品格则并不一定是审美所绝对必要的品格,审美完全可以与感性和理性和谐共存。

3. 关于美的起源与本质问题

李泽厚先生认为,美的根源就是他所主张的自然的人化,美的本质根源于实践,美的本质和人的本质不可分割。[①] 邓晓芒则认为这个说法可笑得就像说“猴子就是人的本质”一样。另外,对于李泽厚主张的艺术和审美(或美感)无关,艺术本是技术,属有用之用,而审美则是无概念、非功利的无用之用,易中天认为实践美学仅仅关注劳动如何产生美,而没有上升到去关注“劳动为什么必然产生艺术和审美”,从发生学的角度和哲学的高度去揭示这个问题正是新实践美学的工作。实践美学只看到了劳动建立起了人与自然、人与人的关系,但是忽略了人与劳动的关系。马克思在《手稿》中针对异化问题,把目光投向人类生存发展,结合人类社会生产活动以及审美创造活动来思考对象性问题。总之,马克思深刻意识到人类的劳动方式对于人类自身具有根本性的影响。他认为:“是因为整个的人类奴役制就包含在工人对生产的关系中,而一切奴役关系只不过是这种关系的变形和后果罢了。”[②]马克思认为自由自觉的活动是人类的特性,是人的本质的表现。这种自由自觉的类活动是人的对象性的、社会实践活动。在异化状态下,

① 李泽厚. 华夏美学·美学四讲[M]. 北京:生活·读书·新知三联书店,2008:276-279.

② 马克思恩格斯全集[M]. 第三卷. 北京:人民出版社,2002:278.

人与自然的关系、人与人的关系、人与自身的关系都是对立的：就人与人的关系而言，人类在自然面前表现出的是征服者的姿态，而自然物在人的面前只是以物性存在，人类的实践更多的是表现为向自然的肆意攫取；就人与人的关系而言，人虽然在本质上是社会性的，但是人为了延续其自然生命，就需要吃喝拉撒，就需要满足自己的感性欲望和自然需求。马克思认为，正是异化劳动使人变成了劳动的机器，使人屈从于分工而成为分工的奴隶。人的脑力劳动与体力劳动分离，人的劳动与享受分离。一部分人成了不劳而获的食利者，另一部分人却成了只会劳动的活机器。在这里，人性变成了物性，人变成了动物。人的本来丰富的感觉系统慢慢被异化成一种本能性的动物式的感觉。“因此，工人的任何奢侈在他看来都是不可饶恕的，而一切超出最抽象的需要的东西——无论是被动的享受或能动的表现——在他看来都是奢侈。因此，国民经济学这门关于财富的科学，同时又是关于克制、穷困和节约的科学，而实际上它甚至要人们节约对新鲜空气或身体运动的需要。这门关于惊人的勤劳的科学，同时也是关于禁欲的科学，而它的真正理想是禁欲的却又进行重利盘剥的吝啬鬼和禁欲的却又进行生产的奴隶。它的道德理想就是把自己的一部分工资存入储蓄所的工人，而且它甚至为了它喜爱的这个想法发明了一种奴才的艺术。人们怀着感伤的情绪把这些搬上了舞台。因此，国民经济学，尽管它具有世俗的和纵欲的外表，却是真正道德的科学，最最道德的科学。它的基本教条是：自我克制，克制生活和克制人的一切需要。你越少吃，少喝，少买书，少去剧院，少赴舞会，少上餐馆，越少想，少爱，少谈理论，少唱，少画，少击剑，等等，你积攒的就越[多]，你的既不会被虫蛀也不会被贼偷的财宝，即你的资本，也就会越大。

你的存在越微不足道,你表现自己的生命越少,你拥有的就越多,你的外化的生命就越大,你的异化本质也积累得越多。国民经济学家把从你的生命和人性中夺去的一切,全用货币和财富补偿给你。你自己不能办到的一切,你的货币都能办到:它能吃,能喝,能赴舞会,能去剧院,它能获得艺术、学识、历史珍品、政治权力,它能旅行,它能为你占有这一切;它能购买这一切;它是真正的能力。但是,货币尽管是这一切,它除了自身以外不愿创造任何东西,除了自身以外不愿购买任何东西,因为其余一切都是它的奴仆,而当我占有了主人,我就占有了奴仆,我也就不需要去追求他的奴仆了。因此,一切情欲和一切活动都必然湮没在贪财欲之中。"①怎样改变这种情况呢?马克思认为只有通过对象化的劳动才能从根本上改变这种情况,舍此别无他途。这种对象化的劳动是生产资料与生产的统一,是脑力与体力的统一,是劳动与享受的统一。在这样的对象化的劳动中,劳动不仅仅是一种谋生的手段,还是人的价值自我实现的最佳途径。在其中,人的主体性在不断地成长,人的感觉系统在逐步地丰富健全。人的五官感觉以其各自的独特性,成为肯定和确证人的本质力量的独特方式。这样,人才成其为真正意义上的人。易中天的"审美本质确证说"提出了劳动与人的关系是一种"确证关系",人的第一需要就是要确证自己是人,这才是审美发生的"第一推动力"。邓晓芒认为:"旧实践美学的错误不在于历史主义(历史唯物主义),在于它恰好没有弄通和贯彻历史主义,而是概念先行地预先确定了对'美'的'唯物主义'定

① 马克思恩格斯全集[M].第三卷.北京:人民出版社,2002:342.

义,然后再去找些历史的例子。”①

## 二、与实践美学的告别

张玉能教授作为蒋孔阳先生的弟子,本是坚持和捍卫实践美学的。但是在对实践美学进行调整、改造的过程中,由于一些外在的原因,他由被动的承认自己是新实践美学,直至鲜明地打出了新实践美学的旗帜,并且提出:“新实践美学既要告别旧实践美学,与时俱进,又要告别后实践美学,坚持和发展马克思主义美学。”②告别实践美学,张玉能教授主要抓住了两点:新解实践的内涵和吸收蒋孔阳先生的审美关系说。

首先,对实践的新解。张玉能认为实践是实践美学最核心的范畴,是其逻辑起点,是马克思实践唯物主义的元范畴。但是长期以来其最基本的规定都还是模糊的,“几乎没有人想到要去追问实践的范畴究竟应该如何解释,大家陈陈相因,习以为常,以为是不言而喻的,可是当有人质疑和诘问的时候,又不知所以,只好顾左右而言它,没有办法自圆其说”③。那么,什么原因导致传统实践美学这种陈陈相因的错误呢?张玉能认为有三个方面,即长期以来对实践唯物主义的拒斥、片面地理解唯物主义和唯心主义的涵义和差异、仅仅从生产劳动的一维上分析实践范畴。这就造成了实践美学在实践理解方面出现了这样的缺陷,即忽略了实践的多层累性和开放性,以及实践被片面地封闭在了物质的层面上,绝

① 邓晓芒.什么是新实践美学——兼与杨春时先生商讨[J].学术月刊.2002(10).

② 张玉能.新实践美学的告别[J].吉首大学学报,社会科学版,2006(1):105-109.

③ 张玉能.新实践美学的创新探索[J].重庆三峡学院学报,2007(1):29-32.

对地排除了实践的意识作用层和价值评估层。[1] 基于上述理解，张玉能赋予了实践多层累积和恒新恒异的开放式结构。实践的涵义在张玉能那里被界定成了如下的三层：“首先实践，是以物质生产为中心的，人类的、现实的、社会的、感性的、对象化的活动。其次，实践还包括精神生产和话语实践。……再次，实践是一个关系本体的概念，并不是一个实体本体，更不是一个先验的本体论概念。”[2]“正是在马克思主义实践本体论的基础上，吸取了西方现代和后现代人类本体论转向的学术成果……这样新实践美学就告别了传统实践美学。”[3]

其次，将审美关系作为理论研究的出发点。在这个方面，张玉能教授基本上沿袭了蒋孔阳先生的观点（关于这个方面的内容，下文在介绍蒋孔阳先生的时候再作展开）。同时，他也在经典作家那里找到了一些依据，如“一个存在物如果在自身之外没有对象，就不是对象性的存在物……非对象性的存在物是非存在物”[4]，“被抽象理解的，自为的，被确定为与人分割开来的自然界，对人来说也是无”[5]，以此说明美的存在也只能是相对于人而言。张玉能给美学下的定义：以艺术为中心研究人对现实的审美关系

---

① 张玉能. 实践的结构和美的特征[J]. 华中师范大学学报：人文社会科学版，2001(1):29－37.

② 张玉能. 新实践美学的告别[J]. 吉首大学学报. 社会科学版，2006(1):105－109.

③ 张玉能. 新实践美学的告别[J]. 吉首大学学报：社会科学版，2006(1):105－109.

④ 马克思恩格斯全集[M]. 第三卷. 北京：人民出版社，2002:325.

⑤ 马克思恩格斯全集[M]. 第三卷. 北京：人民出版社，2002:335.

的人文科学[①],是直接来自于蒋孔阳先生的《美学新论》。“正是从审美关系之中去寻找美和审美以及艺术的本质规定,新实践美学才克服了传统美学的唯心主义、旧唯物主义等流派的弊病,走在了通往解开美学之谜的路途上。”[②]

“告别实践美学”后,张玉能教授建构起新实践美学“完整而令人信服的理论体系”[③]。该体系主要体现在其“组发”的三篇文章即《实践美学与审美个体性》《实践美学与精神性》《实践美学与审美形式性》中,可以从三个方面加以解读。

第一个方面,审美和美是社会实践之中的个体性与社会性的统一所实现的实践的自由。张玉能教授认为,实践美学(即他要建构的实践美学,本节中以下内容相同。笔者注)不但不忽视美和审美的个体性,而且强调审美和美是社会实践之中的个体性与社会性的统一所实现的实践的自由。这里有一个前提,就是张玉能教授理解的实践是包括了物质生产、精神生产和话语实践。为了解释这个命题,张玉能从以下三点展开论述:

首先,审美和美是个体性和社会性的统一。对于这个命题,张玉能使用了一个三段论的逻辑格式予以推导,即进行实践活动的每一个个体的一切活动都表现个体性与社会性的统一,审美活动是实践活动之一,所以审美活动也表现为个体性与社会性的统一。他特别强调人的审美活动是在家庭、群体、社会及其文化等各种条

① 张玉能.新实践美学的告别[J].吉首大学学报:社会科学版,2006(1):105-109.

② 张弓.新实践美学对马克思实践美学思想的承续[J].河南社会科学,2008(3).

③ 张玉能.实践美学与审美个体性[J].湖北大学学报:哲学社会科学版,2006(2):140-144.

件比较完善的情况下才形成和展开的，所以，审美活动就更加应该是一种个体性与社会性相统一的人类的比较高级的活动。

其次，审美和美表现为个体性。对于这一点，张玉能是从实证的基础上，引证了古希腊的古典美学形态、浪漫主义思潮和德国古典美学都强调审美和美的个体性，但是又认为它们都没有真正抓住审美和美的本真的根源，然后提出，"只有从审美和美的真正根源——人的社会实践活动及其创造性自由，才可能合理地解释审美和美的个体性表现以及审美和美的个体性与社会性的对立统一。由此，我们可以把实践从具体表现形式上分为：物质生产，精神生产，话语实践；从发展程度上分为：获取性实践，创造性实践，自由(创造)性实践"①。他认为，获取性实践是早期人类与灵长目动物所共有的、很难显现人的本质的活动方式；创造性实践是一种制造出自然界原本没有的事物的实践活动；而"自由创造的实践，也可以叫做自由的实践，这是一种运用一切物种的尺度(规律)来进行的，超越了人的物种尺度和实用的、认知的、伦理的、巫术宗教的功利目的的，为某个社会群体所认同的社会实践。正是这种自由的实践使得自然及其万事万物与人的关系发生了根本性的改变，由与人关系不密切的、甚至威胁到人的生存的'自在的自然'逐步转化为与人关系密切的、确证人的本质力量的'为人的自然'，与此同时，人本身也由仅仅具有一己的物种尺度的'属人的人'逐步转化为不断把握着一切物种的尺度、并且随时随地都能够把这些内化为自己的意识结构的一切物种的尺度运用到对象之

① 张玉能.实践美学与审美个体性[J].湖北大学学报：哲学社会科学版，2006(2)：140-144.

上去的‘人化的人’,这个过程也就是所谓的人与自然的双向对象化——自然的人化和人的自然化,这时候在‘人化的自然’与‘自然化的人’之间就形成了一种超越了实用的、认知的、伦理的、巫术宗教的功利目的的关系——审美关系,这种人对现实的审美关系,是把‘形式与功能’两者之间的关系作为实践的重点的关系”①。

最后,从价值论的角度,提出审美和美是创造自由的显现。他认为,创造和自由都是动态的概念,创造是随着美学史的发展而发展,而自由与审美的关系也是不断变化的。自由的三大特征就是合规律性与合目的性的统一、超越功利性、个体与社会的统一性。自由的这三种特性规定了艺术、美、审美的价值性。而所谓价值就是对象事物与人的需要发生相互作用而形成的一种新的性质,“美的价值就是以对象的外观形象的自然属性为基础,在利、真、善、圣的基础之上,由实践创造的自由超越和升华的结晶。美是一种形象价值的价值。审美就是对这种价值的自由观照所体验到的自由感受”②。

第二个方面,美和审美是在社会实践之中精神性与物质性的统一所实现的实践的自由。张玉能认为,所有对实践美学忽视美和审美的精神性的指责都是一种极大的误解和曲解,马克思主义的实践美学不但不忽视美和审美的精神性,而且强调在社会实践之中物质性与精神性的统一所实现的实践的自由。

---

① 张玉能.实践美学与审美个体性[J].武汉:湖北大学学报:哲学社会科学版,2006(2):140-144.

② 张玉能.实践美学与审美个体性[J].武汉:湖北大学学报:哲学社会科学版,2006(2):140-144.

首先,审美和美是物质性与精神性的统一。张玉能在断定了艺术、美、审美等既离不开精神又离不开物质,而必定是物质性与精神性的统一的前提下,从马克思实践唯物主义和实践观点出发,得出了他的实践是多层累、开放的概念的理解。这个理解对于张玉能要建构的实践美学体系是很重要的,因为正是实践的多层累的含义和结构决定了美学的诸多问题的特征,尤其是决定了美的特征,这些特征包括美的外观形象性,例如外观形式性、感性可感性和理性象征性;美的情感超越性,例如精神内涵性、超越功利性和情感中介性;美的自由显现性,例如合规律性、合目的性和自由性等。在这个基础上,张玉能给美下了这样一个定义,即美是显现人类自由的形象的肯定价值。所以,对张玉能的多层累、开放的概念理解有必要作一个简要的介绍,他说,“据我初步研讨,实践是一个多层累、开放的概念,它至少包含这么三个层累,物质交换层、意识作用层、价值评估层。而这三层累又分别包涵着自己的内在系统,物质交换层包含着三个系统:工具操作系统、语言符号系统、社会关系系统;意识作用层包含三个系统:无意识系统(需要冲动系统)、潜意识系统(目的建构系统)、意识系统(情感中介系统);价值评估层也包含三个系统:合规律评估系统、合目的评估系统、合规律和合目的相统一的评估系统。这三个层累和各自的子系统组成了实践的结构,并且相互作用,交错运动构成了人的社会实践,其基本形式是物质生产,还包括精神生产和社会斗争。它是主体与客体的双向对象化活动,既是物质资料和体力结合的活动,是感性、物质的活动,又是有目的的、渗透着观念形态和意识活动的脑力与体力相结合的改造自然的活动,还是一个不断评估活动本身及其结果,以调节整个过程,运用规律性来达到人的目的的自由自觉的有意识活动”。[①] 在张玉能看来,实践的工具操作系统决定了美的外观形式性;实践的语言符号系统决定了美的感性可感性;实践的社会关系系统决定了美的理性象征性;实践的需要冲动系统决定了美的精神内涵性;实践的目的建构系统决定了美的超越功利性;实践的情感中介系统决定了美的情感中介性;而实践的合规律和合目的相统一的评估系统,使得人的实践活动真正能够运用规律来实现人的一定目的,从而达到一定的自由,这种自由以外观形象显现出来就成了美的属性和价值,这就又规定了美的自由显现性。

其次,审美和美表现为精神性。马克思说:“这种活动、这种连续不断的感性劳动和创造、这种生产,正是整个现存的感性世界的基础,它哪怕只中断一年,费尔巴哈就会看到,不仅在自然界将发生巨大的变化,而且整个人类世界以及他自己的直观能力,甚至他本身的存在也会很快就没有了。”[②]另外,“思想、观念、意识的生产最初是直接与人们的物质活动,与人们的物质交往,与现实生活的语言交织在一起的。人们的想象、思维、精神交往在这里还是人们物质行动的直接产物。表现在某一民族的政治、法律、道德、宗教、形而上学等的语言中的精神生产也是这样”[③]。但是,张玉能认为,人的实践不仅仅是停留在物质的、感性的活动的层面上,而是注定要在实践活动本身之中发展,包括人的审美活动也是在实践跃进到精神的、理性的活动的过程之中生成出来,并形成了物质和精神、感性和理性相统一的品格。审美活动就是人类可以自由的建构现实、对象的实践活动,要达到自由的构建的程度就需要超

① 张玉能.实践美学与审美精神性[J].福建论坛:社会科学教育版,2008(8):86-90.
② 马克思恩格斯选集[M].第一卷.北京:人民出版社,1995:77.
③ 马克思恩格斯选集[M].第一卷.北京:人民出版社,1995:72.

越直接的功利目的而达到自由地对待自己的产品，并且超越感性的、现实的种的尺度，而把自己对任何一个种的尺度的理性把握的内在尺度运用于对象，就是超越了物质生产而生成了精神生产和话语实践的产物，是一种超越了物质的、感性的、直接功利性目的的精神生产实践。“因此，美和审美，虽然表现为精神性，艺术也主要是一种精神生产，但是，这种精神性是在社会实践之中辩证统一的结晶，是社会实践的超越性的具体表现，它实际上就是积淀着理性的感性，隐含着功利的非功利性（超功利性），凝集在物质性之中的精神性。”①

最后，审美和美是自由的显现。在以上两层论证的基础上，即从多层累的开放的实践到审美和美的精神性特征，张玉能站在实践唯物主义基本原理的立场，提出了审美关系的发生。并且指出，审美关系体现在对象之上就是广义的美，而体现在人的身上就是广义的美感，在社会实践中的美和美感的互动就使得艺术发生。艺术既是一种更加自由的人类创造，同时反过来也使得人类的创造更加自由，整个社会实践包括物质生产、精神生产、话语实践等都因为艺术而更加自由，都实现了艺术化。人类艺术化的生存就是共产主义的理想。张玉能通过自由的多层累结构提出了美的各种形态和各种美的范畴，在这个基础上，他构建了属于自己的马克思主义实践美学范畴体系，即一个以实践——创造的自由为轴心，通过审美关系体现在对象世界中的美的范畴体系。

第三个方面，美和审美是在社会实践之中形式性与内容性的

---

① 张玉能.实践美学与审美精神性[J].福建论坛：社会科学教育版，2008（8）：86－90.

统一所实现的实践的自由。与前两个方面的论证相似,张玉能也是首先指出了学界对于实践美学忽视美和审美的形式性的指责其实是一种极大的误解和曲解。他认为作为马克思主义的实践美学不仅不忽视审美和美的形式性,反而是极强调美和审美是在社会实践之中形式性与内容性的统一所实现的实践的自由。在《实践美学与审美形式性》一文中,张玉能继承了《实践美学与审美个体性》《实践美学与审美精神性》中的一些成果,例如对实践的范畴、自由的范畴等的理解,似乎有了一种水到渠成的感觉,但在该篇文章中的论证好像没有了之前那样的条理性。即使如此,我们还是看到,他对于这个命题的论证仍然是延续了之前的结构,即先论证统一性,然后是形式的本体意义,最后是达到实践的自由。

首先,审美和美以及艺术是形式与内容的统一。对于这个方面的论证,他好像是感觉这个命题是可以免证的,开篇就指出这个"统一性"是古今中外美学家的一个共识。他以康德《判断力批判》中的"美只关形式而不关内容"的观点入手,指出康德纯形式的美只是一个美的"理念",但是在现实之中大量存在的就是内容与现实统一的美,审美活动和艺术也都是内容和形式统一的。继而以英国美学家克莱夫·贝尔的"艺术是有意味的形式"为例,提出所谓的审美的意味,不管是从创作还是欣赏的角度来看,都是与形式的关系和组合不可分离的。张玉能在这些实证的基础上得出了自己的结论:"由此可见,俄国形式主义虽然被命名为'形式主义',然而,它主要是反对文学研究的外在化,要把文学艺术研究从外在的社会生活、宗教、科学、政治等等非文艺因素的束缚之中解脱出来,回归到文学艺术本身的结构、创造、审美形式之中去。因此,在俄国形式主义那里,形式也是包含着内容的形式,是内容和形式的统一体。”①

其次，审美和美的形式的本体意义。张玉能认为，审美主体首先接触到的就是审美对象的形式存在，对于审美对象，如果没有直接作用于审美主体的存在的形式，则人们的审美感受是无从产生的，同时审美对象的存在本身也是无法存在的。所以，无视审美和美以及艺术的形式本体，就会把美和审美以及艺术视为纯意识的精神性的玄虚之物。他以格罗奇与席勒为例，尤其从席勒特殊的人类本体论的意义中总结出两点结论：“一、在一部真正美的艺术作品中，内容不应该起任何作用，而形式应该起全部作用。因为只有通过形式才会对人的整体发生作用，相反通过内容只会对个别能力发生作用。内容不论多么高尚和广泛，它对精神随时都起限制作用，而只有从形式中才有希望得到真正的审美自由。二、艺术大师的真正艺术秘密就在于，他通过形式来消灭质料”②。

最后，张玉能指出，“所以，从艺术作品的人类学功能来考虑，艺术家在进行美的艺术创造全过程中，都必须以自己的美的本质力量的形式来消灭进入作品的质料，使得它们完全被人的本质力量的形式建构为一个美的艺术作品。这实际上也就是文艺理论中常说的文艺创作的关键不在于‘写什么’，而在于‘如何写’，也包含着中西文论中常说的‘文如其人’‘风格即人’等道理”③。

---

① 张玉能.实践美学与审美的形式性[J].广西师范大学学报：哲学社会科学版，2006(1)：1－4.

② 张玉能.实践美学与审美的形式性[J].广西师范大学学报：哲学社会科学版，2006(1)：1－4.

③ 张玉能.实践美学与审美的形式性[J].广西师范大学学报：哲学社会科学版，2006(1)：1－4.

# 第三节

## 实践美学内部的分化

1. 蒋孔阳先生的《美学新论》

在坚持实践美学的阵营里，如刘纲纪、蒋孔阳等人，也看到了实践美学的一些困境，他们也在对实践美学进行一些有益的调整，特别是蒋孔阳先生的《美学新论》。朱立元教授就认为，蒋孔阳先生和李泽厚先生的美学理论都具有共同的哲学基础，即实践论，故同属实践美学一派，但是因为他们之间又颇为不同，所以蒋先生可以称之为中国当代美学的第五派①。但是，蒋孔阳先生本人并无意去批判实践美学，这是笔者首先要说明的。蒋孔阳在谈到这个问题的时候说："我这本《新论》，所追求的既不是新的体系，也不是新的名词和术语，而是力图通过我自己的眼睛和耳朵，通过我自己的感受和理解，来把马克思主义的思想和理论，应用到千变万化的客观现实中去，使之具有我自己的特点，具有我自己的'新意'。"②

2. "关系在先"的审美关系理论

和李泽厚为代表的传统实践美学把美的本质、美感作为美学

---

① 朱立元. 实践美学哲学基础新论[J]. 人文杂志，1996(2)：10－18.

② 蒋孔阳. 美学新论[M]. 北京：人民文学出版社，2006：539.

的出发点和主要对象不同，蒋孔阳先生看到了实践美学主客二分模式的弊端。他认为，审美关系总是具体的、个体的，任何审美主体和任何审美客体都不会是先在的，在没有进入审美这样的关系之前，没有哪个人或者哪个对象是为了去审美或为了被审美而在永恒地等待，主体和客体只有进入了审美关系才可以称之为审美的主体和审美的客体。应该说，审美主体和审美客体是伴随着审美关系的生成而生成。蒋孔阳先生指出："人间之所以有美以及人们之所以能够欣赏美，就因为人与现实之间存在着审美关系。正因为这样，所以我们认为人对现实的审美关系，是美学研究的出发点。"[①]相比较传统的思维，总是先有客体和主体，然后才有主客体之间的逻辑关系，这是"关系在先"的逻辑原则，即审美关系对美和美感的在先地位。朱立元教授评价审美关系理论时说，该理论以实践论为基础，以创造论为核心，是一个"以人为中心，以艺术为主要对象，以人生实践为本源，以审美关系为出发点，以创造——生成观为指导思想和基本思路的理论整体"[②]。当然，这里的审美关系是建立在实践的基础之上，并且在不断变化和发展的。

3. 美的本质

蒋孔阳先生说："我们探讨美的本质问题，应当打破传统美学的一些观念，即把美看成是某种固定不变的实体，无论是物质的实体或精神的实体；把美看成是由某种单纯的因素所构成的某种单一的现象。与此相反，我们应该把美看成是一个开放的系统，美的

① 蒋孔阳. 美学新论[M]. 北京：人民文学出版社，2006：3.

② 朱立元. 对中国美学发展之途的一种思考[J]. 陕西师范大学学报：哲学社会科学版，2004(4)：9.

特点，就是恒新恒异的创造。”[①]蒋孔阳先生在《美学新论》第二编“美论”中，用了四章标题（美在创造中、人是世界的美、美是人的本质力量的对象化、美是自由的形象）来论美。有学者指出这并非在给美下定义，而是在消解给美下真正意义上的定义的可能性[②]。

4. 其他学者对实践美学提出的批判

四川外语学院章辉博士在其《实践美学：历史谱系与理论终结》中列举了实践美学的九大缺陷，并认为：实践美学和现实生活越来越远。当然，他也遭到了很多学者的批评，比如张玉能教授就撰文《实践美学是不该这样理解的》（《河北学刊》2004 年第六期）、《实践美学终结了吗》（《汕头大学学报〔人文社科版〕》2005 年第四期）、《新实践美学的告别——答章辉博士》（《吉首大学学报〔社会科学版〕》2006 年第一期）等。此外，朱立元教授也站在实践美学的立场对章辉作了一些批评的回应。

2004 年 9 月 18—20 日，在北京第二外国语学院跨文化研究所召开了“实践美学的反思与展望”研讨会。李泽厚、聂振斌等国内外一批知名学者出席了会议。该会议一致认为，实践美学是中国原创性的美学理论，它的生命力远没有真正地发挥出来。但是，该会的主要议题还是对实践美学提出了问题。很多学者，包括李泽厚先生本人也都正面坦陈了实践美学的诸多困境。

---

① 蒋孔阳. 美学新论[M]. 北京：人民文学出版社，2006：149.

② 朱立元. 美论：寻求对本质主义思路的突破——蒋孔阳思想新探之三[J]. 复旦大学学报：社会科学版，2004(5).

# 第五章

# 当代实践美学面临困境的原因

# 第一节

## 社会转型的深刻历史背景

马克思说:“人们在自己生活的社会生产中(即在人们生活所必需的物质资料的生产中)发生一定的、必然的、不以他们的意志为转移的关系,即同他们的物质生产力的一定发展阶段相适合的生产关系。这些生产关系的总和构成社会的经济结构,即有法律的和政治的上层建筑竖立其上并有一定的社会意识形式与之相适应的现实基础。”①这就是我们通常所说的社会中的“经济、政治、文化”三元结构模式。任何一个社会的转型都是在经济转型的基础之上的经济、政治、文化的社会综合变革,从而也必然影响到人的存在方式及人们思维方式的变革。

中国社会从二十世纪末期以来社会在持续转型,虽然已经落后于世界范围内的现代工业化浪潮,但总体上是属于这个大的历史背景,转型的根本目标还是要走向现代化,即从传统农业文明向现代工业文明的转型。阿尔文·托夫勒的三次浪潮理论认为:农业革命是人类历史上具有革新性变化的第一次浪潮,以锄头为象征;300 多年前在英国开始的工业革命是社会发展的第二次浪潮,以装配线(生产流水线)为代表;而从二十世纪五十年代开始的由重大技术和知识变化引起的社会变化则是人类社会变化的第三次浪潮,以电脑为标志。当上述三个浪潮一个接着一个向前冲击时,

① 斯大林文集[M].北京:人民出版社,1985:647.

便形成人类社会的过去、现在和未来。美国社会预测学家奈斯比特也将人类社会的发展划分为农业社会、工业社会和信息社会三个阶段,并认为信息化已成为社会发展的大趋势。由此可见,我们社会目前正在经历的工业化转型,实际上是在西方社会已经开始步入后工业化时代才开始的,这就使得我们的社会转型必然有其特殊的内容。

**一、国家与社会关系的变化**

市场力量的启动使得社会转型成为一种不可逆转的趋势,就国家与社会的关系的变化上来说,主要集中在以下几个方面:

第一,国家占有和控制绝大部分社会资源的情况发生了改变。独立拥有社会资源的主体呈现多元化,个体、私营、集体、“三资”企业等拥有的自由流动资源产生并发展起来,这些资源在社会中的分配,并不由国家控制,这使得社会对国家的依赖减少,成为一个相对独立提供资源和机会的源泉。在城镇,个人不必非得通过国家在社会的代理机构“单位”才可以获得所需的一切资源,包括物质资源、就业机会和发展机会,社会可以给个人独立地提供这些资源;在农村,农民有了多种经营的自由,可以离开土地,从事其他活动,通过劳动生产率的提高所获得的收益为农民自身所有,并且可以自由支配,乡镇企业与小城镇得到迅速发展,城市与乡村间的壁垒逐渐被打破。

第二,社会多种独立力量出现。由于社会自由资源的增多,除了国有经济以外,体制外的经济力量在社会转型的进程中日益强大,形成比较强大的社会力量,一定程度上可以影响国家制定和实施政策,从而削弱了之前强大的国家自主性。

第三,社会可以通过中间组织向国家表达利益要求。当下,中间组织有了比较宽泛的自由空间，政府以外的民间组织、团体发展起来，主要包括行业协会、商会和各种基金会等，他们可以离开国家的控制独立运作。公共舆论空间也得到较大的自由增长，在一定程度上都可以成为社会向国家表达利益要求的渠道。

第四，国家的控制在减弱，控制范围在缩小。在社会转型的过程中，伴随着改革，国家的控制已逐步从人们的日常生活、文学艺术、科学研究等方面淡出，国家不再以道德或政治为由干涉社会成员的私人生活，即使仍有国家控制的地方，更多的也是采用法制的方式，公民权利开始得到国家的尊重，并得到了宪法和法律的保障。

第五，社会分化程度比以往要高，出现了不同的社会分化群体，最典型的就是身份系列的变化。改革以前，我国公民的身份划分有阶级身份系列、城市中干部与工人身份系列、所有制身份系列、城乡居民身份系列等。改革后，这几种身份系列不同程度地发生变化。一是表现为以家庭出生为标志的阶级身份系列在社会中消亡，这种阶级身份在改革前具有先赋性及难于改变性，它曾经被规定为几代承袭，并在国家完全控制社会资源的计划经济时代和强调阶级斗争的时期对个人的生活产生极大的影响。随着社会的重心转移到经济建设，社会生活中的政治色彩开始变淡，阶级出身也失去了其所存在的社会基础。二是由于大量社会自由资源的出现，在体制外就业的机会大大增加，它们已超出以往的干部工人所涵盖的范围；而体制内，由于单位的分化，传统标准的干部与工人也很难在社会上有一个统一界限，比如一位一般行政单位的干部有可能在收入、福利及社会地位上还不如一个在收益良好的具有垄断特权的大型国有企业的工人。另外，改革后，由于体制外经济的迅速成长，企业的评价标准主要以经济效益为主而不是所有制的性质，所以个人的收入、社会地位也仅只是和所在企业的经济效益有关，这样所有制身份也失去了存在的意义①。在这几种变化当中，变化最小的是城乡居民身份系列。虽然农民可以离开土地到城市从事不同的职业，但他们仍旧难以获得和城里人同样的身份地位，城市也没有提供给他们同样的生活发展机会。户籍制度还是严重地影响、限制着这些自由流动到城里的农民的生活。

**二、传统审美走向大众审美**

1. 实践美学从其产生到发展都离不开社会背景因素

首先，就实践美学的产生来看，马克思主义哲学奠定了新中国意识形态的基础。新中国成立至1976年，在经过了对"旧哲学"反省、批判和对知识分子的思想改造，在经过了1958年开始的"大跃进"哲学和"文革"中的动乱哲学之后，在哲学的领域，非马克思主义的内容已经没有容身之地了。如何以马克思主义为指导进行哲学的研究，并且反映社会的现实需要，在当时就变得非常重要。新中国之初，国内的美学派别主要是以朱光潜《谈美》开先的西方美学以及以蔡仪《新美学》为代表的苏俄美学，但是，西方美学很快就被彻底地否定。不过，苏联的美学在中国传播过程之中也被逐渐地中国化，其标志就是二十世纪五六十年代的关于美的本质的大讨论。（美的本质问题是西方古典美学的基本问题，虽然二十世纪的西方美学是以否定美的本质开始的，但是，苏联却把古典美学中，以美的本质为研究起点的治学方式继承了下来，然后影响了中国。笔者注）李泽厚为代表的客观社会派美学就是在该背景

① 孙立平. 改革以来中国社会结构的变迁[J]. 中国社会科学，1994(2)：57－58.

下产生的。其次,从实践美学的发展来看,实践美学之所以能够在改革开放之初很快地成为美学的主流,改革就是其社会背景。众所周知,改革的理论先导,就是关于“实践是检验真理的唯一标准”的大讨论。李泽厚的实践美学在当时虽然号称社会派,但是其理论中包含的实践的思想却是毋庸置疑的,再加上李泽厚当时新创的一些新概念,诸如主体性、情感本体、积淀等,其产生的新气象,很容易得到当时人们的认同和肯定。

2. 当下美学转型的主要社会原因

实践美学在二十世纪八十年代末,尤其是九十年代以来不断受到批判而陷于目前的困境,与社会转型的背景有很大的关系。中国步入改革开放虽然超过了三十年,但是,中国真正融入全球化浪潮的时间还是在九十年代之后。首先,1992 年,邓小平“南方谈话”翻开了中国改革的新篇章:社会主义的本质被重新认识,市场经济作为经济体制改革的目标被正式确立,“三个有利于”的标准在某种程度上成为了评判改革得失的指导思想,姓“资”还是姓“社”的争论从此平息,中国“入世”的步伐加快,同时中国被世界接纳的程度也在不断地提高和加深,诸此等等,足以表明,中国已经步入了一个新的时代。其次,在这些经济、社会改革现象的背后实际上是思想的解放,表现在学术上就是更加的自由和多元化。实践美学从其发生至其主流地位的确立,都是建立在马克思主义哲学的基础之上,除去实践美学自身的合理性和魅力,实践美学从国家的主流意识形态和绝对的指导思想中挖掘自己的哲学基础,也是实践美学能够在八十年内取得话语霸权的一个不容回避的因素。但是,随着苏联的解体,其在中国多年树立起的学术权威也随之倾倒,众多学者在九十年代发出了“回到马克思”的声音。不论是回到还是走近，也不论是文本研究还是思想阐发，不过是个信号，其意义才是宝贵的：学术研究在去政治化，走向多元化。再次，经过了八十年代的文化热、美学热之后，在九十年代日益表现为经济热，经济热一方面改变了人与自然的关系，另一方面也深深地改变了人与人、人与社会的关系。“科技是第一生产力”的论断，使得传统产业工人的物质生产劳动的地位发生了微妙的变化；同时，科技这把双刃剑愈来愈引起了学者们对生态、人的生存等的担忧，继而表现为对实践、主客二分等范畴的质疑。经济热还催热了金钱的温度，先富起来的和正在富裕起来的人，开始向社会索要与其“身份”相称的话语权力，传统工、农两分的社会阶级结构在二十世纪九十年代被更加无情地撕破，家长、集体、中心，以及与之类似的可以表征权威的概念逐渐消解，代之以个性、自由和多元。文化、审美的主角从精英群体走向了人民大众，老百姓对文化的态度，不再有学究式的严肃，而是更多地表现为茶余饭后的“把玩”。即使是在学界，还有众多愿意“独上高楼”、“衣带渐宽终不悔”的学者，但是随着国内学术氛围的变化，美学者们不可能对身边的各种变化置若罔闻。新实践美学、后实践美学、生态美学等，很多思想就是回应了这个新的时代，比如对美的本质的消解、对实践范畴的新解、对主客二分的超越，包括对世俗的批判以达到对自由的追求等。

3. 大众审美产生的条件及其积极意义

传统的审美范式逐渐走向大众审美，个体化的体验逐渐取代了传统的整体性的标准。从二十世纪九十年代中期开始，一直到当下，大众审美已然形成了主导的地位。就大众审美未来发展的趋势而言，相当长的一段时期内，它会一直发展下去，这个判断是基于大众审美的产生条件和它对当下社会的积极性两个方面做出的。

首先,看大众审美产生的条件。大众审美需要两个重要的条件,一个是消费文化的出现,另外一个就是现代传媒的普及。就第一个条件而言,所谓消费文化,反过来讲就是文化成为消费品。文化成为消费品就是说文化在这个时代已经不再是传统知识分子的专属了,而是像其他的物质性商品一样,具有了自身的生产、消费、再生产和再消费的商业运作过程。文化产品成为消费品,被商业化进入市场,就使得审美的主体发生了和以往社会的根本的转变,即由传统的社会精英、知识分子的审美走向了社会大众的审美。大众审美和传统审美的一个重要区别,或者是最根本性的一个区别,就是这种审美的主体,不再仅仅是这个社会的知识阶层的少数人。从古至今,审美的行为往往只是发生在受过教育的少数贵族、文人士大夫、知识分子当中,只有大众审美,它的主体是社会大众,是社会的每一个人,从小孩到老年人,从受过高等教育的到刚刚开始读书认字的甚至是文盲。例如,现在的文化和艺术现象已经不局限于过去所谓的经典、高雅,大量的影视作品、流行音乐,甚至是盛世所致的收藏热、网络文化等都是面向任何一个愿意去接受的个体。伴随着大众文化的普及,大众审美的时代切切实实地到来了。在这个大众审美的时代,无所谓雅俗之别,好像对于大众文化,例如网络文化,一个人不需要什么高素质的修养就可以去欣赏、体验,而对于古典的诗词歌赋则需要较高的文化品位,从这个角度看,认为他们是有高下和雅俗之分的,但是在大众审美的时代,没有了传统的标准。在大众审美的时代,对于什么是美,不再需要某个权威来制定一个优、良、中、差的标准,即使制定了标准,也没有人理睬。因为大众文化的本质是消费文化,它直接面向的是社会大众,是消费者,在商业利润的驱使之下,只要点击率高、收视率高、票房高等就足够了。大众审美的时代注重个体性，在某种意义上就瓦解了实践美学的整体性和社会性。比如，影视剧、流行音乐、网络文学等，人人都可以看，都可以用自己的标准去欣赏，在这个欣赏和品评的过程中，不再需要老师和权威来引导和评点，都是每个受众，即个体自己的体验说了算。对于一部历史题材的影视作品，即使一位历史系教授发现了其中许多的瑕疵，甚至是在他专业的眼光看来是根本不能原谅的错误，但是其中的情节、矛盾，哪怕只是其中出演的一个明星演员能够抓住普通观众的心，这些观众即消费者愿意花钱去消费这个“商品”，对于制作者等群体而言，就是成功。在大众审美的时代，就个体性的体验来说，精英是无法说服大众的。对于大众文化的评价，依靠的不是权威，而是个体的体验，这也是为什么现在实践美学的主体性被批判为整体的主体性，并且认为实践美学的“实践”基础说明不了审美的个体性、超越性的一个现实的原因。

第二个条件，即以现代信息技术和通讯技术为依托的现代传媒的大众化和普及化。传统精英文化的一个特点，就是只有少数人才可以达到一个所谓比较高的境界。比如在中国古代贵族社会，主导社会文化的阶级当然就是贵族。诗歌、音乐、舞蹈这些在我们今天看来已经是纯粹的审美活动、审美现象的东西，在当时的贵族社会中则是属于一种政治行为。吟诗作赋、欣赏乐舞等活动都是和贵族们的身份相匹配的，什么级别的身份能享用怎样的乐舞，都是有严格区分的，不能越雷池半步，否则就是僭越。这种贵族社会的状况就造成了审美活动的非常明显的政治性和意识形态性，它和政治制度相辅相成，共同完成着对这个贵族等级制的一种维护和肯定。孔子教导他的弟子，“不学诗无以言”。这是为什么呢？当时的贵族为了彰显他们的身份，在正式的外交场合中说话需要有一种特殊的形式，这个特殊的形式就是以温文尔雅、委婉含蓄为特征的“诗”。孔子所追求的理想人格是一种纯粹贵族化温文尔雅的风度和有礼义廉耻的修养，他要“克己复礼”。他教育他的弟子们要学“诗”，因为只有学“诗”才能够在当时那种重要的场合，包括在贵族的圈子里，很好地表达自己的意思，很好地理解别人的意思，同时被别人理解。而随着贵族社会向君主官僚社会的转型，从战国一直到清代的两千多年里，由中国儒生为主体构建的文人阶层成为了这个历史时代文化的主导者，一方面，文化是由他们来传承；另一个方面，文化也是由他们来创造的。所以，他们作为精神的贵族，也要在一定的层面上区别于农民、商人等。这个历史时期的文人的审美影响了这个时期的美的创造和美的欣赏，他们的审美特点用简单的话来概括叫做“雅”化。“雅”化就是追求雅，追求高雅，以别于俗或者粗俗。“俗”这个字，谷声，从人，本义是风俗，即社会大众的行为；而所谓雅，强调的是格调、品味。陶渊明“采菊东篱下，悠然见南山”，苏东坡“宁可食无肉，不可居无竹”，这其中的雅就是对功利、世俗的精神的超越。

实践美学在当下被指以实践为基础，超越性不足，和这个方面的原因不无关系。但是笔者以为，这种超越不能完全是精神上的乌托邦，只有在现实的层面没有了生存问题的担忧，精神的超越才可能有坚实的基础。“雅”在某种意义上，就是这个阶段的文人阶层打造出来的要与其他阶层相区分的一种身份性标志。然而在大众文化时代，由于现代信息和通讯技术的普及，普通人已经不再需要非得用十年、几十年甚至一生的精力去打造、提升到一个比较高的境界。我们发现，现在的审美几乎不用什么修养就可以直接去欣赏,换句话讲,就是审美的成本越来越低。例如《论语》《庄子》等典籍,现在很少有人去读,即使是专业内的学生,甚至是学者。但是通过电视、网络这样的媒体,包括像中央电视台的“百家讲坛”这么一讲,大家在茶余饭后就很是轻松地接受了。

其次看大众审美的社会积极性意义。在二十世纪九十年代大众文化刚刚成为社会的一个重要的文化现象的时候,许多专业知识分子还是以一种批判的眼光来看待,认为它是一种俗,鱼龙混杂,降低了人们的品位。但是现在,肯定的声音越来越多,就大众审美的积极性而言是毋庸置疑的,这主要表现为以下三点:第一,在现实的层面上,大众审美丰富了人们的精神生活。这个方面的一个最为主要的原因在于,大众文化是完全迎合了大众的精神需要。以任何一个消费文化的产品的生产者和制作者为例,比如电视制作中心、影视制作中心,他们会形成一个分工协作的庞大的团体,这个团体的最高原则就是根据某种社会的大众的需要去选材、去制作、去发行,然后影响社会。过去我们的业余时间过得都比较单调和贫乏,但是有了网络、电视这些现代媒体之后,可以从电视、网络上得到很多很多的信息,可以欣赏到很多很多的娱乐节目,这样确实会丰富大众的精神生活,使我们可以培养出很多兴趣。第二,大众审美这种方式带来了知识的普及和传播。在没有大众传媒,没有这种大众审美范式的时候,社会大众可能对某些知识永远不感兴趣,或者是没有渠道可以去了解,而大众审美可以使大众很轻松地在娱乐之中获得这些东西。例如历史剧题材的影视作品,大众就能通过这些东西对中国的文化、历史产生越来越多的了解和认识。还有一些纪录片,可以让受众足不出户地在轻松的环境中熟悉社会领域中的许多方面知识。这就是知识的一种普及功能。社会大众通过这种大众审美的方式,了解很多知识和信息,这应该说是大众文化的一种积极作用。第三,大众审美的出现提升了社会大众的精神的品位。在欣赏各种各样的娱乐节目的过程中,大众审美会不断地提升自己审美的评价标准,它会对好的和坏的东西有不断的鉴别的能力。它的这个能力会提升,不会老停留在一个层次上。这主要取决于大众文化之间的非常激烈的竞争,这一点和传统审美时代的知识是少数人的垄断有着明显的区别。现在很多大众文化从业人员,都会绞尽脑汁使自己的产品更能得到大众的喜欢,在这种竞争当中,大众文化不断地精纯化,不断地提升,同时在这个过程中,社会大众的品位、精神需求也会不断地提升。比如“春晚”的争议,如果从晚会制作的专业、精良,演员们的素质等方面说,现在的春晚是以往所无法比拟的,但是现在老百姓的要求变得高了,自然争议就多了起来。所以,虽然大众审美的出现带来了这样或那样的问题,但是作为当下社会的主导范式,我们还是要给以充分的肯定。

## 第二节

## 西方“后”学资源的影响

### 一、后实践美学与西方“后”学的渊源

实践美学开始陷入困境之时,正处于后学传入中国和不断产

生深远影响的阶段。后文化研究潮流在二十世纪六十年代兴起于欧洲——特别是法国——和美国，主要包括后结构主义、后现代主义和后殖民主义等。本书主要论及后现代主义。

“在二十世纪六十年代，一批激进的知识分子和活动家经历了他们相信是现代社会与文化的一种决定性断裂，他们成为了第一批主要的后现代理论家……大多数主要的后现代理论家如福柯(Michel Foucault)、利奥塔(Jean-Francois Lyotard)、鲍德里亚(Jean Baudrillard)、德勒兹(Gilles Louis Rene Deleuze)、加塔利(Ville-neuve-les-Sablons)、杰姆逊、拉克劳、哈维及其他一些人都参与乃至被二十世纪六十年代的骚动（例如法国1968年5月的巴黎暴动、美国1968年哥伦比亚大学学生骚乱及反越战抗议等。笔者注）深深影响，这些断裂的经验有助于对历史断裂和失序的话语采取开放和接受的态度。”[①]在上段引文中被列举的诸家之中，杰姆逊和中国的渊源最为直接。1985年9月，杰姆逊应邀在北京大学开设了一个学期的“后现代主义与文化理论”课程，其讲稿随后被整理出版。但是，“八十年代詹姆森(即杰姆逊，笔者注)在中国宣讲后现代主义时，中国学界还只是对其文化研究方法感兴趣，后现代主义此词尚未时兴。晚至1992年，这个题目还受到嘲笑，到1993、1994年，讨论后现代主义不仅不再是东施效颦，我们甚至听到这样的议论：‘后现代主义几乎是畅通无阻地进入我国文艺领域的。中国人接受后现代主义没有像现代主义那么不情愿’”[②]。从这段历史和赵毅衡教授的这番话不难看出两点：第一，后现代主

① 斯蒂芬·贝斯特，道格拉斯·科尔纳.后现代转向[M].陈刚，译.南京：南京大学出版社，2004：3.

② 赵毅衡.“后学”，新保守主义和文化批判[J].花城，1995(5)：201－208.

义首先是从中国的文化，特别是文艺的领域登陆；第二，后现代主义真正对中国产生深远的影响是在二十世纪九十年代的初期。这就与实践美学开始被质疑、批判，以及后实践美学等理论的兴起在时间上吻合了，并且就内容论，除去美学的哲学基础，美学和文化、文艺的联系也是实实在在的，众所周知，艺术就是美的最高表现。关于这个问题还可以从当时文献的出版来得到证明。"在九十年代初，有三本译著对后现代主义在中国的传播起了推波助澜的作用，它们分别是王宁主译的《走向后现代主义》(1991 年)，王岳川、尚水编译的《后现代主义文化与美学》(1992 年)以及刘象愚翻译的《后现代的转向》(1993 年)。"[①]杨春时教授对实践美学的批判开山之作就发表在 1993 年，即《超越实践美学》，1994 年又发表了《走向后实践美学》。

那么，后实践美学是否吸收了后现代主义的资源呢？在此以杨春时为例，并将其思想做一个简单的分期。

首先，二十世纪八十年代的意义论美学，吸收西方学术资源，开始了对实践美学的质疑。杨春时教授在《现代意义论哲学提纲》(《学习与探索》，1986 年第六期)一文中认为，哲学发展的必然归宿就是建立意义论美学。他提出了哲学发展的三大阶段，即古代本体论哲学、近代认识论哲学和现代(诸派)哲学，它们分别研究的主题为：存在是什么、人的认识能力和限度以及存在的意义。他在该文所要建构的意义论美学，实质就是自尼采以来的后现代主义哲学，即以现象学为方法论的哲学阐释学。当然，此时的

① 范方俊. 从解构到建构——20 年后现代主义在中国的接受述评[J]. 文艺理论与批评，2006(1)：123 - 127.

杨春时还没有完全与实践美学脱离，基于当时的学术氛围及其受后学的影响，他还是对后学持一种形式上的批评态度。例如，他认为非实践性是西方意义论哲学的要害，强调要从实践论的基础上去建构合理的意义论哲学。然而，西方后学思想对他的影响，最终还是深深地体现在他的学术思想中，杨春时教授说："美和艺术的本质这个根本问题不解决，就不可能解决更为具体的问题……但我意识到实践美学的先天缺陷……于是我从生存而不是实践范畴出发……尤其重要的是，我吸收并发展了弗洛伊德、荣格、皮亚杰等人的理论……"①杨春时所吸收的西方资源显然不只是他所列举的三位大师，除了心理学、意识结构之外，他还大量吸取了解释学、现象学和符号学的内容作为其超越实践美学的支撑，直至其后来提出的主体间性思想。例如，杨春时教授使用解释学来消解所谓"纯客观的、终极的认识"，他认为："从解释学的观点来看待艺术，就会产生一个新的艺术观……存在的意义是解释的对象和产物，解释的不同水平就产生了现实与艺术的区分……这与现象学的方法是相通的……现象学的本质就是以意义为实体，以直觉来把握意义……存在的意义是超越性的，它不能做出明确的界说，不能被现实语言所表达，而只能被艺术体验所直接把握……符号学完全可以建立在意义论哲学基础上，从而与解释学相通……艺术作品要使用自然符号（如自然语言、色彩、线条、音响等）构成文本，这种现实符号具有现实的内容（所指）和形式（能指），他们构成一个大能指，这种特殊能指又产生新的所指和意指关系，形成新的艺术符号体系，产生新的审美意义……艺术解释是主体精神的

---

① 杨春时. 生存与超越[M]. 桂林：广西师范大学出版社，1998：2－4.

解放，它证明人的自由本性是超越于任何有限的规范的。"[1]而李泽厚先生当时对后现代的态度又是怎样的呢？"目前（写于1985年。笔者注）资本主义世界中的分析哲学、结构主义等等，可以说是无视主体性本体的冷哲学（方法哲学、知性哲学），而萨特的存在主义，法兰克福学派等，则可以说是盲目夸张个体主体性的热哲学（造反哲学、情绪哲学），它们都应为主体性实践哲学所扬弃掉……上帝死了，人还活着。"[2]这段话可以说明一些问题，李泽厚的思想据他自己主张，来自三个方面，即马克思主义哲学、中国传统哲学和康德哲学，显然，他不是排外的，但是在当时来讲，他是古典的。

其次，二十世纪九十年代，杨春时教授思想的逻辑起点由"剔除掉了古典主义和形而下的因素的社会存在"转向"生存"，"超越"具有了"生存"之本质的定位。他提出"生存的意义问题，不是现实努力所能解决的，它需要超越性的审美创造"[3]。为了把生存与审美联系起来，他首先分析了人的三种生存方式：自然的、现实的和自由的，继而提出不同的生存方式对应了不同的解释世界的方式。例如，处于自然生存方式的原始人只能依靠巫术文化解释世界，文明人类的现实生存方式就演变成了理性的方式，如果要达到真正自由的领域，取得人类所向往的自由的生存方式就需要超理性的解释世界的方式，这一点依靠的只能是审美直觉和哲学反思。由此可见，人类的最高生存、真正的自由以及审美都不在现实

① 杨春时．艺术符号与解释［J］．求是月刊，1989(5)．

② 李泽厚．李泽厚集——思想·哲学·美学·人［M］．哈尔滨：黑龙江教育出版社，1988：514－515．

③ 杨春时．走向后实践美学［J］．学术月刊，1994(5)：3－9．

世界，只要我们活着，就只能遥望和冥想不知是否带有星空的彼岸。他甚至提出了中国美学已经结束了实践美学阶段，而开始走向了后实践美学。这个“后”的提法，显然是受到了西方后学思想的影响。笔者认为，杨春时教授在超越实践美学，走向后实践美学的过程中能够自觉地吸收西方学术资源，和他本人对中西方文化的看法有直接的关系，这一点也可以从其理论所表现出的一系列特征中得到证明，比如个体、感性、自由、超越等。然而，对于中西方文化的不同看法的形成，在其背后还是与西方文化在中国的传播、影响有必然的关系。杨春时教授认为西方之所以能够后来居上，率先建设了现代文明是有其社会结构和文化传统两个方面的原因。除了经济关系和政治结构的多元化之外，这个原因还包括了文化的二元结构提升了人的精神超越、个体本位的价值定位激发了个体人的创造力、文化权威的多元化造就了文化的开放和革新等。杨春时甚至提出“中国传统文化不具有现代文明的品格，如果没有外来文化的改造，它不会自行转化为现代文化”①。从这里不难看出一种倾向，即在两千多年中央集权和家长制度统治下的中国人因为丧失了经济、政治、文化的多元性，并且在新中国“罢黜百家、独尊马列”的国情下，太过执著于权威（这里主要指文化权威），以致中国文化，包括中国人，古往今来多重世俗而少精神，太迷信权威而少个性，以致缺乏创造力，失去了对自由的追求。

最后，在新的世纪，杨春时于 2004 年出版了《美学》。该著作与李泽厚《美学四讲》等学术资源的对比情况，有学者作了量化的

① 杨春时. 中国文化转型[M]. 哈尔滨：黑龙江教育出版社，1994：16－24.

分析。[1] 李泽厚、杨春时两位在学术资源的运用上都离不开中、苏、西三方,但是,在具体运用的数量和重心上却有着很大的区别。一方面是对西方学术思想资源的运用,这其中又包括马克思的思想和西方的文化资源的不同。李泽厚在《美学四讲》中表现出的是对马克思主义的继承和创新,所以,李泽厚在这方面引证最多的人物都是和马克思思想相关联的人物,包括马克思之前的康德、席勒、黑格尔,之后的毛泽东、葛兰西(Gramsci Antonio)等。杨春时的《美学》虽然也谈康德、马克思,但是他更多的是把马克思当作了一位西方思想谱系中的人物,而诸如弗洛伊德、海德格尔、伽达默尔、荣格、皮亚杰等人在存在主义、解释学、精神分析学等流派中体现出的超越与自由的思想,才是杨春时所真正关注的。另一方面是对于苏俄的资源运用。《美学四讲》中引证的人物相比较之前的美学思想没有什么大的变化,还是集中在了列宁、普列汉诺夫、高尔基等,这些都是马克思主义的经典作家或者是被定义为有进步意义的人物;苏俄的资源在杨春时这里也发生了很大的变化,《美学四讲》中的人物基本消失了,巴赫金等西方现代思想的典型代表人物,在其中扮演了重要的角色,从性质上论,《美学》中所吸收的苏俄学术资源已经是纯西式的了。

### 二、在西方“后”学影响下发展的新实践美学

另外,在二十世纪九十年代与实践美学展开争鸣,且较有代表性的还有“生命美学”等。生命美学主要以潘知常教授的思想为代表,他在 1995 年《学术月刊》第八期上发表了《美学的重建》,又

---

① 张法. 20 世纪中西美学原理体系比较研究[M]. 合肥:安徽教育出版社,2007:363 – 372.

于1997年出版了《诗与思的对话》(上海三联书店)。潘知常认为,美学研究的中心应该是审美活动,而不是实践活动。在他看来,在过去相当长的时间之内,我们的美学研究都走在一条错误的道路上,即主要是从主客关系的角度出发去思考美学问题,这导致了对美的一种符合论的知识追求。潘知常教授认为,这种"错误"的研究方式使得我们虽然总在不懈地追问"美的本质"是什么,却总是没有收获。以他为代表的生命美学由此提出了"从超主客关系出发去研究美学"的生命美学理论,主张"应该以人类的以实践为基础同时又超越于实践活动的超越性生命活动作为自己的逻辑起点"①。这里所指的超越性的生命活动,就其看来,本质上就是审美活动。由此,潘知常并没有像杨春时那样要彻底地超越实践美学,而只是在当时实践美学一统天下的情形下进行美学的重建。在潘知常教授看来,实践美学有三个严重的缺陷:一是直接把实践原则应用于美学研究,混淆了审美活动的性质和根源;二是忽视了审美的非理性,"应该超出理性活动在生命活动层面上去为审美活动重新定位"②;三是实践美学的普遍性对个体的审美自由构成了威胁,造成了理性压倒感性,群体压倒个体,现实性挤压超越性的"不正常"的状况。潘知常美学思想的超越性也是很明显的,在一定程度上对实践美学构成了消解。生命美学从生命活动的角度研究审美,明显带有西方人本主义哲学的色彩,从尼采"拒斥形而上学"以来的后现代思潮,就是把人的意志、生命作为哲学研究的本体,而一反传统哲学体系中没有价值论地位的状况。

① 潘知常.诗与思的对话[M].上海:上海三联书店,1997:33.

② 潘知常.诗与思的对话[M].上海:上海三联书店,1997:39.

对于生命美学，由于其在当下的显著性，笔者在此稍作简单评说。潘知常教授在《诗与思的对话》（上海三联书店，1997 年版）中谈到，实践美学所坚持的一些命题，包括人的本质力量的对象化、美的规律、劳动创造了美、自然的人化等，前提都是马克思的异化劳动理论，本质上只是一种国民经济学的讨论，所以对于美学研究虽然具有重大的意义，但只能是具有方法论意义，而绝对不能代替美学研究本身。他认为，美学需要在人类生命活动的地基上重新构筑自身，所以，必须从实践活动原则转向人类生命活动的原则，即生命美学。潘知常教授在《生命美学：世纪之交的美学新方向》（《学术月刊》2000 年第十一期）中说："生命美学为什么要在实践美学之外去探索新的理论取向？其中的原因，显然不是由于实践美学对于马克思主义实践原则的抉择，而是由于：首先，它对于马克思主义实践原则的理解有误；其次，它对于审美活动的特殊性的理解有误。而生命美学这一新的理论取向则可以较好地解决这两个问题，从而把美学研究进一步推向深入。"对于传统实践美学是否偏离了马克思主义的实践原则先暂且不论，那么生命美学又是如何来"正确阐释"马克思主义的实践原则的呢？潘知常教授在《诗与思的对话》中谈到，"不在主观上摆脱功利，就无法进入审美活动，这使得审美活动最终也区别于实践"。潘知常把马克思的实践原则仅仅阐释为一种"功利活动"，这与李泽厚早期的实践观是没有什么区别的。另外，潘知常教授把《手稿》中的一些重要的命题，包括"人的本质力量的对象化"、"美的规律"、"劳动创造了美"、"音乐的耳朵（美感）"等，完全脱离美学领域，不把美的本质和人的本质相联系考察，认为这些命题仅仅是一种"经济学的讨论"，"其前提都是异化劳动理论"，这与马克思的实践观、劳动观的真实内涵恐怕还是有一定的距离的。

笔者认为，实践活动既是生命活动的基础，也是生命活动的重要内容，同时还是人类与动物相互区别的关键之所在，离开实践活动，又如何奢谈人类的生命活动呢？包括生命美学在内的后实践美学的其他各派，对实践作理性的理解，认为实践美学也只是理性主义美学，这也是有待商榷的。从对实践的理解来说，把实践当作理性的而不是感性的，并不符合马克思主义实践观的本意，而是对实践精神的误解。在马克思那里，实践首先是感性然后才是理性的。按照马克思的说法，人的“全面本质”包括了“视觉、听觉、嗅觉、味觉、触觉、思维、直观、情感、愿望、活动、爱”[①]，“激情、热情是人强烈地追求自己的对象的本质力量”[②]。实践是人的本质感性地对象化的活动。对于人的感性的需要，马克思和恩格斯都明确地肯定了吃、喝、性行为等基本需要的地位。马克思还强调人的感觉和感性的丰富性，“人不仅通过思维，而且以全部感觉在对象世界中肯定自己”[③]。另外，“人的感觉、激情等等不仅是本来意义上的人本学规定，而且是对本质（自然）的真正本体论的肯定”[④]。在马克思看来，人是从自然生成的，它首先是一个自然的感性的存在物，必然有其感性的生命冲动和活力，这正是实践之所以可能的本体性条件。人的实践之所以能够不断创新发展，就因为感性生命活力的驱动，并不断丰富和修正生命的理性秩序。显然，把实践仅仅看作是理性的，从根本上违背了马克思实践观的唯物主义精神。

① 马克思恩格斯全集[M]. 第三卷. 北京：人民出版社，2002：303.
② 马克思恩格斯全集[M]. 第三卷. 北京：人民出版社，2002：326.
③ 马克思恩格斯全集[M]. 第三卷. 北京：人民出版社，2002：305.
④ 马克思恩格斯全集[M]. 第三卷. 北京：人民出版社，2002：359.

阎国忠教授对潘知常教授的生命美学观点有一个甚为中肯的评价，他在《中国当代美学论争述评》中(安徽教育出版社，1996年版)中说："潘知常的生命美学坚实地奠立在生命本体论的基础上，全部立论都是围绕审美是一种最高的生命活动这一命题展开的，因此保持理论自身的一贯性与严整性。"在赞扬一番之后，阎国忠教授又深刻地指出了生命美学的不足，他继续说："但是生命是个最高抽象的概念，以这样的概念界定审美活动不免显得过于空泛，即便是在生命活动之前加上'最高'也是如此：是什么意义上的'最高'？为什么它是'最高'？与它相对的最低、较低的生命活动又是什么？为什么正是这个'最高'的生命活动，而不是从最低的一直到最高的生命的'生命键'成为人达到理想个性的中介？所有这些问题都尚未得到解答。"

基于以后实践美学、新实践美学对实践美学造成的困境的原因分析为主，所以，对生命美学的论述在此从简。二十世纪九十年代与实践美学展开争鸣的还有许多学者的观点，在此亦不一一赘述。

近年来，既要告别实践美学又要告别后实践美学的张玉能教授，接连发表多篇论文，以表明(新)实践美学与后现代主义是非常合拍的。在《在后现代语境下拓展实践美学》[《广西师范大学学报(哲学社会科学版)》，2001年第1期]的摘要中，他作了这样的表述："后现代主义是继现代主义之后对启蒙主义进行反思现代性的后工业社会的文化思潮……实际上，从启蒙主义到现代主义再到后现代主义的美学演化，在社会文化背景上与马克思主义的实践美学是同步的，涉及许多相同的问题，而实践美学却给予这些问题更符合现实发展方向和学科内在规律的科学解答。"在《后现代主义与实践美学的回答》[《华中师范大学学报(人文社会科学版)》,2002 年第一期]一文中,张玉能教授谈到:“首先……既然美、审美、艺术都是在社会实践中生成的,那么,它们就不可能是永恒不变的,也不可能有某种形而上的固定本质或确定性。从十九世纪中叶开始,真正的马克思主义的实践美学都是在实践唯物主义基础之上‘拒斥形而上学’的‘永恒性’、‘确定性’的。其次……美、审美和艺术其实都是人的本质和本质力量的对象化、确证,这种本质的展开过程是在实践过程中逐步展开的,因此,随着人的本质力量对人的显现程度,美、审美和艺术在一定程度上的自由显现就确定为那一个历史阶段的本质,然而随着实践的变化发展,它们的本质又会发生不确定的情状。而实践作为检验真理和美学性状的唯一标准也是既确定又不确定的……此外,实践美学根据实践语言观认为,话语(语言的运用)同样是一种实践,因此,它也要遵从整个实践的共时性与历时性相统一,确定性和不确定性相统一的实践辩证法,作为美、审美和艺术的语言文本的形式,它们当然也是确定性与不确定性相统一的。”

**三、对西方“后”学资源应该理性引入,辩证吸收**

导致二十世纪八九十年代以来实践美学的困境的一个原因,是来自西方学术资源引入的影响,这是一个客观的事实。直到现在,很多国内的学者还是以西方的资源作为自己的研究对象,甚至是学术背景。关键的问题是,我们对于舶来的诸多资源的理解和吸收都是正确的吗?这不能不是一个值得正视的问题。以海德格尔为例,我们或许可以从对海德格尔的理解和认识的分歧中看出一些端倪。中国近现代以来三个主要思想流派中,除了新儒学在海外产生影响外,在祖国大陆范围内,马克思主义对中国的影响自不必言,西学中对中国影响最大的当数尼采和海德格尔了。尼采对中国的影响早在“五四”时期就产生了,二十世纪八十年代之后对中国思想影响最大的应属海德格尔。二十世纪九十年代以来,许多美学学者在对实践美学的反思过程中,目光基本上是转向了两个方面,即中国古典美学和西方现代美学,即使是对于中国古典美学的研究,现在也引入了与西方美学思想的比较。就哲学美学最基本的问题,即“美的本质”来说,海德格尔是通过对康德美学的分析来表明自己的观点的。他认为,美是作为无蔽的真理的一种现身方式,是真理的自行发生。海德格尔提出,为了发现美的东西,我们不能以人自身的目的、意图和可能获得的利害关系等去思考,而应当以对象自身所是的样子、以其自身的状态与价值呈现在我们面前。真理的显现之所以是美,是因为真理总是在审美状态中显现,这种审美状态并不是人的某种主观精神状态,而是存在的本然状态。无蔽的真理就是海德格尔的存在,存在就是美的本质。但是在这个过程中,差异和分歧的存在也是客观的。

首先,“澄明境界”与“林中之地”,此处意即以中国古典美学解释海德格尔是不是合适?海德格尔在阐述“林中之地”,即真理的时候,使用了形象性的比喻说法。一般谈到的真理就是以合规律性为基础的符合论,即一个判断跟这个判断所关涉、所指称的对象是符合的,是否是真理关键在于其两者的符合。海德格尔虽然充分肯定符合论,但是认为符合论需要建立在真实的基础之上,即真理自身显现的基础上。把真理的符合论变成了显现论,把认识论的真理变成了存在论的真理,在这一点上,不能不说是海德格尔对传统思想的颠覆。那么,什么是存在自身显现的真理呢?海德格尔强调:是这么一个地方,所谓的林中空地,这是一个比喻,真理就应理解为这么一个地方,即茫茫无际的森林里面的一块显现之地、敞开之地,空地的周边是森林围绕的遮蔽之地。林中之地首先是一个地方,但是作为显现和遮蔽的边界,它又是个特别的地方。需要注意的是,林中空地不是静态的,而是动态的,甚至可以说它克服了它的有限性,变成了一个无限的过程。他在用林中之地指称真理的时候提出,在这个特别的地方出现了光与影的游戏,而在这个光与影的游戏中有了万物的显现。海德格尔讲西方历史的存在,甚至西方历史的真理就是表现为西方形而上学的历史,在这个历史当中,它是既显现又遮蔽的。海德格尔描述这里存在一系列的历史性的悖论,他是这样讲的,“此存在自身派送,但是又反离而去”,这里面就构成了如此的链条,是让、与让、去、给予、反离、生成、剥夺,其中的核心就是生成与剥夺。海德格尔中期最核心的著作是《对哲学的贡献——论生成》,在这本书中,海德格尔讲,生成必须作为剥夺去理解,这是其中期的基本套路:第一,真理不是符合论的真理,而是显示的真理,是既显现又遮蔽的,而且这个遮蔽比显现更为本源,即非真理比真理更本源。真理是从非真理来的,真理又可能会变成非真理。所谓一个真理显现的过程,就是它不断遮蔽和去蔽的过程,这是对于真理的基本的描述。第二,这个显现和遮蔽的真理,它是历史的过程,即哲学的历史,也就是形而上学的具体化的历史过程。在这个意义上,存在自身是遮蔽的。对于海德格尔的这个“林中之地”中“光与影”的思想,许多中国的学者就用“存在的光”、“佛性之光”、“澄明之光”等去理解,在这个基础上,许多以存在论为基础的美学思想就用中国古典美学的话语,提出了审美的“澄明境界”,借以说明审美的超越性以及审美中的心物交融。澄明境界自然包含了对于实践美学的所谓物质性、群体性等的批判，但是，以中国古典美学的话语，包括佛教禅宗的话语去理解海德格尔正确吗？这里就存在一些值得商榷的问题。海德格尔是一个追问存在思想的哲学家，在海德格尔之前，是追问理性，他把西方的历史看成是真理遮蔽的历史，所以，他要克服形而上学，要寻找另外一种开端。在此，海德格尔强调哲学已经终结，与哲学终结相关的有一系列的终结，包括艺术终结了，美学终结了。海德格尔讲的这个哲学，就是形而上学的哲学，也就是理性的哲学，所以说"哲学的终结"，就意味着理性的终结。而作为光，在西方哲学里，只有上帝、真理、理性才有光，或者是绝对性的光，这显然是不符合海德格尔反理性的思想基础的。

其次，"存在即虚无"之"无"与中国道家、佛家的"无"、"空"。在西方传统的思想之中是没有所谓"无"的概念的，海德格尔的"存在即虚无"是他对西方传统的一种背离。而"无"的范畴在中国传统道家的历史中却有着重要的地位，那么，海德格尔的"无"与我国道家的"无"有相似的话语吗？目前有些学者就把"存在即虚无"命题中的"虚无"理解为"非存在"，例如有学者提出："海德格尔的这一看法，又是不自觉地与庄子的美学思想殊途同归……而海德格尔则是从研究人的存在在的哲学角度来揭示他的美学思想，认为人的存在都是由于非存在在起作用，这种非存在是'死亡'，是'无'。只有意识到死亡，才会珍惜存在，抓紧存在；只有'无'，才有'有'的显现和用途，也才有艺术。审美，便是通过艺术所显现的'无'，或'非存在'来领略新的存在（去掉遮蔽状态的存在），从而把握存在，向真理靠拢。海德格尔认为非存在是一种虚无，艺术是'有为而有不为'，它是为了存在而把非存在表现出来；而庄子则认为不但非存在是一种虚无，存在也是一种虚无，艺术是

‘无为而无不为’，它不去表现自己却自己把自己表现出来”，再有，“总而言之，海德格尔认为，现代艺术并不是告诉读者‘存在什么’，而是充分发挥作者的能动作用，把‘存在’变成‘无’，给读者提供居住的‘空的空间’，让读者自己去感悟、去体验、去补充、去获得审美再创造的愉悦，去领略超越‘存在’的非存在的丰富”①。对于这样的理解，笔者并不认同。海德格尔的“无”，并不是一个对象性的存在，也不是名词用法的关于一种状态的描述，本质上，海德格尔的“无”是“无化”，是一个动态的范畴。在这个意义上，他既是对西方传统思想的背离，也绝不同于我们传统的“无”、“空”。海德格尔的“存在即虚无”，其中从“存在”到“虚无”不是两种相反状态的对立，“虚无”也不是一种对于客体的否定，本质上是一个推论的过程：他认为存在的只是存在者，但是存在不是存在者，也不是存在者的存在，所以存在只能是虚无。存在和虚无的区分来自于本体论和存在论的区分，从辩证法的角度看“存在即虚无”这个命题，它无疑是一个悖论，辩证法在“合”的这个过程中一定要消除这个悖论，但是海德格尔与我们理解的辩证法正好相反，他不认为悖论可以消除，反而他要做的是去揭示它。他认为，“虚无”即“虚无化”，是在虚无的本性偏离存在者的过程中生成了存在。海德格尔讲的虚无是具体化的，它不是空洞的东西，虚无在这个地方就意味着它是没有第一原因和第一根据的，人活在世界上是处在虚无之中，处于深渊之中，其他的根据、原因只不过是假象，当人认识了世界的这个真相之后，你就会自己行走在深渊之

---

① 戴冠青．庄子和海德格尔美学思想比较［J］．华侨大学学报：哲学社会科学版，2000(1)：98－102．

中，就是自己为自己建立根据。对于海德格尔思想的把握是相当困难的，我们知道，在海德格尔之前的整个西方古典思想的主题是上帝、世界、灵魂，然而，随着形而上学的死亡以及古典哲学的终结，现代思想的主题已经发生了向"世界、历史、语言"的转变，作为现代思想的核心，当海德格尔用"存在即虚无"去描述这个现代思想的主题时，他与其他人就已经有很大的不同了。

再次，就海德格尔整体的思想主题而言，学界的看法和分歧也是很多的，所以在用中国传统哲学去解海德格尔，或者用海德格尔去解马克思的时候，要引起我们足够的审慎。自二十世纪八十年代海德格尔进入中国以来，学界普遍认为他是存在主义，但是这个看法现在也受到了挑战。现在已经有学者主张要把海德格尔从一般的存在主义框架中区别出来，比如武汉大学的彭富春教授就持这种观点。存在主义有两大杰出代表人物，即卡尔·雅斯贝尔斯(Karl Jaspers)和让·保罗·萨特(Jean Dual Sartre)。对于雅斯贝尔斯以及萨特的哲学来说，可以将其命名为"存在哲学"和"存在主义"，但是，海德格尔从来没有把自己的哲学思想归结为"存在哲学"，他只是认为自己在探讨关于存在的思想。即使就萨特而言，萨特的存在也不是一般性的存在，他的主题首先是关于人的生存问题，所以萨特的哲学实质上是"生存主义"。海德格尔也探讨人的生存，但是海德格尔是把人的生存放到了存在的自身，这也是他和萨特的一个不同。另外，一般学者都把海德格尔的思想道路分为前期和后期，认为其前期是现象学，即从此在到存在；后期是思想，即从存在到此在。但是彭富春则基于海德格尔本人对其思想的总结，把海德格尔的思想置于一个整体的框架下，将其放在了整个近现代思想史的角度提出：海德格尔的思想道路有三条，或者是一条道路的三个步骤[①]。具体而言,“存在即虚无”是海德格尔的思想主题,这里的虚无是一种活动,表现为“让存在、给予、生存”的过程。这个过程可以体现为早期、中期和晚期三个步骤:早期的主题是“意义”,即追问人存在的意义,人生在世即人生于无,意在强调人没有来源、没有目的;中期的主题是“真理”,即去蔽;晚期的主题是“地方”,即一个形象的比喻,追求本性的语言,沉默。

就早期的海德格尔而言,他追问人存在的意义,需要在世界中揭示人的本性。早期海德格尔的代表作是《存在与时间》,这部著作实际上是未完成的残篇,之所以如此,是因为海德格尔在早期到中期的转变过程中,他认为自己不可能延续早期的思想,而是要改变为另外的思路。海德格尔的“存在与时间”实际上表达的是“人生在世”的思想,是在探讨人的存在的样式,“人生在世”就是海德格尔的此在的世界。这个此在的世界的构成包括他所谓的手前之物、手上之物和此在。手前之物和手上之物是一个形象的比喻,手前之物即自然本然的存在;而手上之物则是指人创造的存在,包括科技、工具等;此在是人的本性自身。就海德格尔而言,之所以不使用“人自身”这个概念,主要是避免使人误认为是人类中心主义的窠臼。值得注意的是,关于这个世界的思想在海德格尔的中后期是不存在的。此在作为人的本性,有三种存在的样式:情态、理解和沉沦。之所以在海德格尔那里有这样三种样式,是因为他是按照哲学的必然性、可能性和现实性的三个基本模态来划分的。

---

① 彭富春. 无之无化——论海德格尔思想道路的核心问题[M]. 上海:上海三联出版社,2000.

其一是情态。这个词在德语当中就是具有规定性的意思，是指人的一般存在的情态样式，海德格尔说，此在生存于世界之中，是没有第一根据和原因的，人就是处于虚无之中，没有根据，没有原因。其二是理解。我们一般把它理解为“文本的理解”和对一个事情的理解，进一步扩大对现实的人生的理解。而海德格尔这儿讲的理解不是一般意义上的理解，是此在的可能性，就是人生在世始终就是一个可能的存在。这个存在只想关于自身，而没有任何目标和目的的，人的目标和目的是什么，就是此在自身。我们讲人生在世，讲人生存的目标和意义，就是生活自身。其三是沉沦。沉沦也是一个形象的比喻，跟我们日常讲的在道德层面和价值层面的人的沉沦是不一样的，这是一个事实的描述、事实的判断。海德格尔的沉沦是指人沉沦在世界之中，沉沦于人之中，沉沦于物之中。当然这种沉沦在海德格尔那里可以具体化为此在不是自身，而是常人，我们讲此在是人的本性，但是人在沉沦之中，丧失了这个本性，而变成了常人。世界不揭示自身，而是掩盖自己，世界处于遮蔽状态。在人的具体的存在当中，基本样式是综合性的，并不是分开的，海德格尔就找出了一种特别的经验，是一种理解了的情态，即畏惧。这种畏惧不是我们在心理上的那种惧怕，而是对“无”的畏惧。在此基础上，我们对存在的整体的一个综合性的把握方式就是海德格尔所谓的“烦”。烦，作为一种存在方式，跟我们平时谈到的心理的烦恼、烦心不一样，这里的烦是操劳，是人生在世的操劳的一种样式。即跟人打交道时要烦心，跟物打交道就是烦恼，这儿的烦就在这种烦当中，世界的整体性，就充分地显示在一起，这就是海德格尔的世界的结构。

就中期海德格尔的思想而言，他的主题发生了根本性的变化，一般地可说成从“此在到存在”的变化。从此在的世界性转变到了存在的历史性。此在是人的存在,而存在是存在本身。海德格尔前期讲的“此在”主要是人生在世,是世界的自身和世界的意义,到了中期则主要表现为对存在自身“真理”的理解。海德格尔中期的代表作为《对哲学的贡献——论生成》。

到了海德格尔的后期,他的主题是“语言”。海德格尔的语言与我们日常的语言,甚至是作为哲学的语言分析都是不同的。这个阶段,他强调形而上学的终结,哲学的终结以及与哲学相关的一系列的终结。本质上这是主体性的死亡,因为哲学的终结意味着理性的终结,理性的终结就代表着人的死亡,主体性的死亡。理解海德格尔的语言必须将其放在他思想的整体当中,此处的“语言”与海德格尔之前的真理、存在都是有密切联系的,所有他之前的范畴都是从语言的角度加以分析。海德格尔强调要区分语言,知道是“谁在讲话”。如果是人在说话,那么就意味着人在支配语言,语言成为了人的奴隶和工具。所以,海德格尔说,说话的不是人,也不是神,在诗意的意义上,是语言在言说。但是语言在言说不是语言在说人,“语言在言说”的最简单的形态就是陈述,它是语言的本性。人、物、世界都是语言召唤的结果,没有了语言,任何的存在都只能是自然的状态。所以,在海德格尔看来,谁在言说不是重要的,重要的是语言说出了什么。

# 第三节

## 实践美学理论自身的原因

### 一、对"实践"理解的不同

实践美学饱受争议的一个核心范畴就是实践,实践相对于实践美学而言,既是前提又是逻辑起点。对实践理解的不同,对解释、分析实践美学目前的困境就显得非常重要了。李泽厚实践美学的哲学基础来自于马克思的实践观,所以,在对实践的理解上有必要就此作一个简单回溯。

1. 马克思的实践哲学是对西方既有实践范畴的吸收和超越

据考证,实践一词在早期古希腊文献中就有出现,即 Praxis,之后西方出现的实践概念,包括 Practice、Practise、Prakitik,都源于此。Praxis 的含义比较宽泛,一切生物,包括神灵、自然之物、社会组织等的行为和运动方式都是实践①。亚里士多德在《尼各马可伦理学》中,清洗了实践一词的宇宙论意义和生物学意义,把实践定位于伦理领域和政治领域,规定为本身就是有目的的人类行为,尤其是人的伦理行为和政治行为②,使实践进入了哲学。但是,当时的实践含义与今天主要指物质生产还是有非常大的区别。康德的实践哲学与亚里士多德有比较类似的地方,康德也是在人的道德领域,而不是自然领域谈实践。为此,康德特别强调了两种实践

① 张汝伦.历史与实践[M].上海:上海人民出版社,1995:95.

② 朱立元.西方美学范畴史[M].太原:山西教育出版社,2006:217.

的不同，即“人们把按照自然概念和按照自由概念的实践等同起来”是一种流行的很大的误用。按照自然概念的实践只涉及现象领域和认识论，体现的是人改造自然的关系和活动；而按照自由概念的实践，则属于物自体领域和本体论，体现的是人与人、人与社会的关系和规范，该层面的实践才是康德主张的真正的本体论意义的实践[1]。与康德担心把实践落俗不同，黑格尔则从感性的层面对实践作出了自己的理解，他认为人与世界的关系包括实践的、认识的和审美的三种，其中实践的关系是指对外在世界起欲望的比较低级的感性活动，即以感性个别事物的身份消灭掉外界个别事物的具体感性存在，以满足感官的自然、生存的需求[2]。马克思在《1844 年经济学—哲学手稿》中提出了劳动的概念，认为劳动是对象化的感性的活动，这一点也许是受到了黑格尔的影响。《神圣家庭，或对批判的批判所做的批判。驳布鲁诺·鲍威尔及其伙伴》(1844 年)中的劳动就被实践所替代，实践不仅指生产劳动，而且还包括社会行为、社会变革等。真正从“革命的、批判的”的意义上去诠释实践的理论著作是《关于费尔巴哈的提纲》(1845 年)。马克思在此批判了费尔巴哈仅从卑污的犹太人活动的表现形式(人纯粹的自然活动)去理解实践，提出了社会生活在本质上是实践的命题。该实践观使马克思从传统古典哲学中飞跃出来，产生了比之以往革命性的变革。这种革命性的变革在《德意志意识形态》中得到了进一步的深化，实践已经被理解为整个现存感性世界的基础。在那个特定的时代，革命的实践就是无产阶级推

---

① 康德. 康德三大批判精粹[M]. 杨祖陶，邓晓芒，编译. 北京：人民出版社，2001：394 - 395.

② 黑格尔. 美学[M]. 第一卷. 朱光潜，译. 商务印书馆，1976：45.

翻资本主义、实现社会主义和共产主义的阶级革命。马克思还明确地认识到，作为人类来说，第一个历史活动当然不会是革命，而是为了满足人首要的衣食需要的物质生产劳动。一切人类生存的第一个前提也就是历史的第一个前提，即便是掌握革命的实践的工人阶级，要征服人，首先也要征服自然。所以，物质生产劳动在马克思的实践观中有着非常基础的意义。

马克思说："我们看到，主观主义和客观主义，唯心主义和唯物主义，活动和受动，只是在社会状态中才实现它们彼此间的对立，从而失去它们作为这样的对立面的存在；我们看到，理论的对立本身的解决，只有通过实践的方式，只有借助人的实践的力量，才是可能的；因此，这种对立的解决绝对不只是认识的任务，而是现实生活的任务，而哲学未能解决这个任务，正是因为哲学把这仅仅看作理论的任务。"[①]首先，马克思统一了实践的哲学内涵。康德曾经把实践划分为两类，即"遵循自然概念的实践"和"遵循自由概念的实践"，他把前者归于有限，联系与现象界的因果必然性；把后者归于无限，使之与本体相联系。对于这种划分，康德也试图予以统一，但最终还是由于现象界与本体界之间的无法逾越，以致这项工作未能完成。而马克思对于实践内涵的统一，主要表现在《关于费尔巴哈的提纲》中的人的感性活动。马克思在批评包括费尔巴哈在内的一切旧唯物主义的主要缺点时指出，他们只是从客体或直观的形式去理解事物、现实、感性，而"不是把它们当作人的感性活动，当作实践去理解"。在马克思看来，人类整个的生活世界生成于实践、奠基于实践、统一于实践，实践就是人在

① 马克思恩格斯全集[M].第三卷.北京：人民出版社，2002：306.

世界中生存的感性活动。马克思对于无论是人、社会、历史还是自然界，一切都从实践、从人的感性活动加以理解，这就表明了同费尔巴哈、黑格尔在实践观上的重大差异。费尔巴哈把一切都诉诸感性直观，一方面把现实世界看成纯粹客观的、真实的对象，认为人可以通过感性直观去直接把握、认识到；另一方面又把人看成纯粹自然的、肉体的、生理的主体，即感性的人，连接主、客体的只是消极被动的感性直观，而看不到真正现实的、感性的活动即实践。“费尔巴哈想要研究跟思想客体确实不同的感性客体，但是他没有把人的活动本身理解为客观的活动”①；而黑格尔把一切都归结为绝对精神、意识，他虽然强调了主体人的能动的对象化活动及其意义，却把这种能动性主要局限于抽象的精神劳动，而对现实的物质生产劳动比较忽视，所以他同样“是不知道真正现实的、感性的活动本身的”②。其次，在这个基础上，马克思把实践定位于社会与人发展的根基。费尔巴哈和黑格尔也关注人，但他们所理解的人，不是在现实社会中的鲜活的人，而是自然界的一部分，是直观地摆在那里的感性存在物。就费尔巴哈而言，他是不考虑人之所以为人的问题，他给自己规定的哲学任务，“就是将哲学从‘僵死的精神’境界重新引导到有血有肉的、活生生的精神境界，使他从美满的神圣的虚幻的精神乐园下降到多灾多难的现实人间，就是将人从他所深陷的泥坑中拯救出来”；而对于黑格尔，他所谓的社会则是绝对精神由逻辑而历史地推演出来的。马克思真正超越费尔巴哈和黑格尔等人的地方，就在于以真正的实践为整体根基来

① 马克思恩格斯选集[M]. 第一卷. 北京：人民出版社，1995：58.

② 马克思恩格斯选集[M]. 第一卷. 北京：人民出版社，1995：54.

理解人和人类社会的存在与发展。他指出:"整个世界历史不外是人通过人的劳动而诞生的过程,是自然界对人来说的生成过程。"[①]"社会生活在本质上是实践的"[②],不仅人和社会都以实践的方式历史地生成出来,就是连自然界中"最简单的'感性确定性'的对象也只是由于社会发展、由于工业和商业交往才提供给他的"[③],"这种活动、这种连续不断的感性劳动和创造、这种生产,正是整个现存的感性世界的基础"[④]。再次,马克思把作为人的感性活动的实践理解为人的存在方式。同样是对于人的感性的活动,马克思和费尔巴哈等也表现出根本的不同。费尔巴哈理解的人的感性活动,是私人化的吃喝住穿,满足情欲,享受对象,是单个人孤立的自然性行为、需要、欲求、情绪,等等,这是建立在他理解的人的本质的基础之上的。在费尔巴哈那里,人是纯粹自然的、肉体的、生理的、感性的人,他把人看成人自己的最高本质和上帝,他说:"对人来说,人就是上帝,这就是至高无上的实践原则。"马克思谈到的人,在现实性上是一切社会关系的总和,是从事实际活动的、现实的、社会的人,是"处在现实的、可以通过经验观察到的、在一定条件下进行的发展过程中的人"[⑤],而不是处在某种幻想的与世隔绝、离群索居状态的人。因此,马克思所说的人的感性活动是人生实践。

---

① 马克思恩格斯全集[M].第三卷.北京:人民出版社,2002:320.
② 马克思恩格斯选集[M].第一卷.北京:人民出版社,1995:60.
③ 马克思恩格斯选集[M].第一卷.北京:人民出版社,1995:76.
④ 马克思恩格斯选集[M].第一卷.北京:人民出版社,1995:77.
⑤ 马克思恩格斯选集[M].第一卷.北京.人民出版社,1995:73.

2. 唯物史观与唯心史观的不同

唯物史观不是从观念的前提出发解释实践，而是从物质实践出发来解释观念，从直接生活的物质生产出发来考察现实的生产过程，并把与该生产方式相联系的生产关系理解为整个历史的基础。马克思在《关于费尔巴哈的提纲》中，一开始就明确指出："从前的一切唯物主义，包括费尔巴哈的唯物主义的主要缺点是：对事物、现实、感性，只是从客体的或者直观的形式去理解，而不是把它们当作人的感性活动，当作实践去理解，不是从主观方面去理解。所以，结果竟是这样，和唯物主义相反，唯心主义却发展了能动的方面，但只是抽象地发展了，因为唯心主义当然是不知道真正现实的、感性的活动本身的。"[①]在这里，马克思既批评了旧唯物主义理解世界（历史）的客体直观性，也揭露了唯心主义的抽象能动性，而两者的共同缺陷就在于"不了解'革命的'、'实践批判的'活动的意义"。因此，在《德意志意识形态》中，马克思又对这两种观点进行了进一步的揭露和批判，并在揭露和批判中阐发了唯物史观得以建立的真实基础——"现实的人的实践活动"。正是基于此，马克思区别了科学的唯物史观和以往的历史观和唯心史观的不同。在马克思看来，历史是人们自己创造的，是人们的有目的的实践活动过程。但是，人们为了创造历史，必须能够生活；为了生活，首先就需要衣、食、住以及其他东西。因此，第一个历史活动就是生产满足这些需要的资料，即生产物质生活本身。[②] 所以，生产实践是人们为了能够生活必须每月每时都要进行的一种历史活动，

① 马克思恩格斯选集[M]. 第一卷. 北京：人民出版社，1995：54.
② 马克思恩格斯选集[M]. 第一卷. 北京：人民出版社，1995：79.

它是“一切历史的一种基本条件”[1]。正因如此，马克思认为，这种活动、这种连续不断的感性劳动和创造、这种生产，是整个现存感性世界的非常深刻的基础。而过去的一切历史观不是完全忽略了历史的这一现实基础，就是把它仅仅看成与历史过程没有任何联系的附带因素。根据这种观点，历史总是遵照在它之外的某种尺度来编写的；现实的生活生产被描述为某种史前的东西，而历史的东西则被说成是某种脱离日常生活的东西，某种处于世界之外和超乎世界之上的东西。所以说，我们应该把现实的感性世界理解为构成这一世界的个人的共同的、活生生的、感性的活动。在《关于费尔巴哈的提纲》中，马克思强调，社会生活在本质上是实践的，环境的改变和人的活动的一致，只能被看作是并合理地理解为革命的实践[2]。所以，只有马克思在反思、批判和借鉴前人的基础上，真正发现了唯物史观得以创立的现实基础，即“现实的人”的有目的、有意识地生产物质资料的实践活动。而这种有目的的、“自由自觉的活动”[3]，也正是人的能动性、创造性和主体性的现实体现。马克思正是理解和把握了它，才使历史观从虚无缥缈的“天国”转到了丰富多彩的“尘世”[4]，为唯物史观的创立奠定了活生生的、坚定的现实基础。

实践在马克思那里包括物质生产劳动、社会革命等内涵是无可置疑的，但是对马克思提出的“社会生活在本质上是实践的”，却容易使不同的人产生不同的理解。“社会生活”这个概念平淡

---

① 马克思恩格斯选集[M]. 第一卷. 北京：人民出版社，1995:79.

② 马克思恩格斯选集[M]. 第一卷. 北京：人民出版社，1995:60.

③ 马克思恩格斯全集[M]. 第四十二卷. 北京：人民出版社，1979:96.

④ 马克思恩格斯全集[M]. 第三卷. 北京：人民出版社，2002:42.

得出奇,但愈是这样越难对其作准确的界定。马克思认为,人的本质就是一切社会关系的总和,那么社会生活是否就包括了人类社会的一切关系和方面,即使不把实践的概念泛化,有些问题,比如,实践是否可以包含精神性的活动?审美是实践吗?社会生活的主体是个体的还是集体的?等等。可以说,对于这些问题的不同回答,就是对实践美学树新或者是超越的关键。无论是时代的原因,还是时代塑造了不同的人的原因,实践美学对实践的定位是传统的,抑或是带有那个时代的意识形态色彩的,而新实践美学和后实践美学等则要与时俱进得多。正是对于这样一个核心而又基础的范畴有歧义,所以,以实践来命名的实践美学不断受到质疑和批判就不足为奇了。

3. 李泽厚对实践的理解

2004 年 9 月下旬,在北京第二外国语大学跨文化研究所召开的"实践美学的反思与展望"研讨会上,李泽厚做了关于实践美学的发言①。他认为自己过去讲实践很多,讲美学也很多,但是"实践美学"这一概念是他首次公开承认,并且表示,实践美学还没开始,还有很多可以施展的空间,所以不存在实践美学终结的问题。他说,在《美学四讲》之后,他基本上不再研究美学了,虽然几十年来受到的批评甚至是批判很多,但是在被说服之前,他还是坚持自己原来的观点。不过,他也不是完全坚持了。在发言中,他提出过去讲的只是实践美学的哲学基础,并非是实践美学本身。

李泽厚表示,实践既不是五官感知,也不能把它包罗万象,甚至认为可以包括主观活动。他一直不同意随意扩大实践的概念,

① 李泽厚.李泽厚近年答问录[M].天津:天津社科院出版社,2006:35－60.

而是特别强调狭义实践概念的重要性和本源性，即制造、使用工具的活动。在李泽厚看来，正是因为有了制造、使用工具的活动，人"才能按照任何物种的尺度来生产"，李泽厚在二十世纪八十年代高扬的主体性，就与工具有着必然的联系。一方面主体的形成，有赖于人类可以主动利用自然规律去改造自然；另一方面从简单利用天然的工具到能够制造工具，标志着人的主体性的飞跃。李泽厚主体性的建构是从人与自然的关系着手的，这正是他吸收马克思的"自然的人化"说的最为重要的一点。"'自然的人化'作为哲学美学概念，只涉及美的本质，它指出美的本质的人类历史性格，它是山水花鸟、自然景物成为人们的审美对象的最后根源和前提条件。"①

"自然的人化"，在李泽厚那里具有两个层次的含义，一是人的物质生产实践；二是指人类征服自然的历史尺度，这把历史尺度即"整个社会发展达到一定阶段，人和自然的关系发生了根本改变"②。因为人的物质生产实践的作用，自然界当然会产生改变，但是，这远不是李泽厚所关注的，他的哲学要突出的是由此而发生的人与自然关系的改变。如果"自然的人化"仅停留在这个层面，那还只是作为李泽厚主体性建构的方面，即外在"自然的人化"，和美学的关系就会到此戛然而止。"自然的人化"还被李泽厚用来建构人的审美心理，由此，才使得该命题真正成为了他实践美学中美的本质的命题。主体性的概念在李泽厚那里包括有两个双重内容和含义。"第一个双重是：它具有外在的即工艺—社会的结

① 李泽厚.探寻语碎[M].上海：上海文艺出版社，2000：125.
② 李泽厚.美学四讲[M].上海：三联书店，1989：88.

构面和内在的即文化—心理的结构面。第二个双重是：它具有人类群体（又可区分为不同社会、时代、民族、阶级、阶层、集团等）的性质和个体身心的性质。这四者相互交错渗透，不可分割。”①他所谓的交错渗透，是指这四个方面可以相互结合，比如，工艺—社会结构面与内在方面的文化相结合，构成的就是政治、经济、文化三因素的社会形态，而文化—心理结构面与工艺相结合，就构成了科学发展模态的分析等。

李泽厚特别强调，他的主体性首先不是个体，而是群体，第一重结构的内容是历史的原动力，是主体性基础的、客观的方面和本体现实。对于第二重结构，李泽厚虽然认为是主观的被决定的方面，但是他结合当时西方社会的心理文化危机、国内进行的“两个文明”建设提出，心理—文化结构既有相对独立的意义，又与工艺—社会结构这一客观方面有着紧密的联系而彼此影响，所以也应该给以同样的重视。李泽厚沿用了传统的知、意、情三分的文化心理结构这个形式，但是赋予了自己的内容，即认为它们分别形成于理性的内化、理性的凝聚和理性的积淀，体现在个体的身上，就产生了自由的直观、自由的意志和自由的感受，从而使得个体实现以美启真、以美储善，最后以审美的形式达到人性结构的顶峰，以快乐的形式表现出来。“积淀”是李泽厚一个重要的概念，他在论及该内容时说“感性中渗透了理性，个性中具有了历史，自然之中充满了社会，在感性而不只是感性，在形式（自然）而不只是形式，

① 李泽厚. 李泽厚集——思想·哲学·美学·人[M]. 哈尔滨：黑龙江教育出版社，1988：514－515.

这就是自然的人化作为美和美感的基础的深刻含义”①。所以,我们可以发现,在李泽厚的哲学当中,“实践”和“自然的人化”两个概念有着很深的关系,在自然的人化的第一层含义中,两者是相同的;在把自然的人化理解成历史尺度时,实践就变成了自然的人化的原因。

## 二、对“美的本质”的争议

### 1. “美的本质”的研究视角转换

“美的本质”是一个千年难题,又是一个对美进行思考所不能回避的核心问题。所以,对美的本质的看法的不同,就会造成美学不同派别之间的根本分歧。由于古希腊哲学的终极目标,是在相信世界万物同源同质的思想指导下,去寻找世界的最高本体,所以,在哲学指导下的美学,也是不断地试图在具体的美的事物之上,去探究美的本质,比如柏拉图就提出了“美本身”的范畴。这种本体论美学之所以发生向认识论美学的转折,与笛卡尔(Rene Descartes)的关系很大。“我思故我在”的命题在哲学研究中引发了对主体认识的意义。在确定了人的存在、人与世界的关系的存在是无可怀疑的基础上,人的认识能力、认识水平、认识世界的方法等,构成了认识论哲学的主要问题。在理性主义认识论的影响下,鲍姆加登(Baumgarten)为美学命名,他开创的认识论美学对美学的发展影响深远。鲍姆加登认为,美学就是以美的方式去思维的艺术,而美就是教导怎样以美的方式去思维,在他看来,美学的对象就是感性认识的完善。感性和理性、形式和意蕴等认识论的

① 李泽厚. 批判哲学的批判. 康德述评[M]. 天津:天津社会科学院出版社,2003:400-401.

范畴自此就进入了美学的体系之中。把美看成是对象的属性实际上是把美等同于一般的客体,探究美的本质就好像是在探究物之理,显然是忽视了审美主体的作用。这种认识论美学在十八世纪遭到了英国经验主义学派的批判,从而转向了价值论美学。休谟(David hume)不仅提出道德原则要以功利主义作为解释论据,同时在对美的本质的判断上,他也提出了美并不是事物本身的属性,而是只存在于观赏者的心理,不同的心理看到的美是不同的,因为产生美的原因,更多的是来自于人的便利和效应的观念。他以圆形为例,认为在一个圆形本身是找不到美的,圆形之所以被人看作是美的,是因为这个形状在人心上产生的一种可以被人心所接受的情感的效果。价值论美学的发生在一定程度上是源于自然科学的发展和社会的进步,人在自然面前史无前例地站了起来,所以,对美的认识就如同对待科技成果一样,不可避免地强调物对人即客体对主体需要的满足关系。但是这就产生了另外一个矛盾,即无法解释美的超功利性的特征。如果说认识论美学是把研究视角的重心放在了客体,那么价值论美学则完全相反,但是它们有一个共性的特征,即无论是偏向哪一个方面,其理论都是建立在主客二分的基础之上的。康德,德国古典美学的奠基者,其形式论美学既综合前述两家之长又超越其上,提出审美的快感是唯一没有利害关系的自由的快感。但是这种所谓的纯形式的对象实在是无从把握,所以康德也是饱受批判。美的本质问题之所以如此受到争议,原因是极其复杂的。在我们这个可感的世界当中,人通过实践认识世界是求真的过程,利用认识去改造自然为我所用是求善的过程,随着人的层次的不断提升,从自然的人、功利的人飞跃为自由的人,就达到了一个审美的阶段。当然这样区分绝不意味着,美只有在最高的阶段才可以产生。在人求真、求善的过程中,美总是有所体现。例如,有些鬼斧神工的自然之美,好像不需要任何人的作用就足够使人震撼;反之,有人雕琢才能最终成器的美玉又让人叹服于人之力。从功利的角度来看,美总是要在现实中呈现,人也超脱不了这个物欲的世界,一如巴黎圣母院的敲钟人卡西莫多,从观其丑陋之貌到对其心灵审美的转变,情感好像升华了,但是这种美,不是建立在认为卡西莫多是个好人的价值判断基础上的吗?当你认为他好的时候,总是会有另一部分的人认为他坏,并且认为卡西莫多越来越丑。这种情况下,很难说得清楚,这种美是功利还是超功利、是认识还是非认识。人如果仅仅把世界看作是完全可感的,那么就只会停留在较低的阶段和肤浅的层次,更无法说明以上的问题。

2. 当代西方美学对美的本质的消解

发生如此根本的转折与当代西方哲学的语言学转向有密切的关系。二十世纪兴起的逻辑实证主义与语言分析哲学等,对传统理性主义进行了语言意义上的分析。首先,从形式上看,它是哲学研究对象的转向。当时新兴的哲学思潮认为,物质世界的研究,应该是各种具体科学的任务;哲学需要研究的,是由语言所表达的人的理性、意识和思想。表现在美学上,就是把世界作不同层次的区分,比如生命美学,把我们的世界分为可感的物质世界、可欲的功利世界和人的生命意义的世界。在不同的层面上谈美是其所取得的成就。其次,从本质上论,这种转向是对本体、主客二分的消解。该思潮认为,传统哲学中,包括美学,所有对于本体论、认识论等方面的论证,都是建立在这样的一个基础之上,即相信所有的一切都可以借助或者运用语言这个工具,将其意义进行准确、合理的表达，但是实际的情况却恰恰完全相反。语言分析哲学认为，真正的意义不是来自于本质、本体、真、善、美等这些概念，这些概念不过是人们预设的独立于人的意识、外在于语言的幻象，所谓的理式、理念，不过是语言的言说。它们的意义实际上是在语言被运用的过程中产生的，都是语言的感性呈现。一方面，世界之所以可以向人类呈现，是因为它成为了语言的对象；另一方面，人对世界的所有体验、经验，也必须是以语言的方式才可以体现出来。海德格尔就把语言视为人的存在的根。既然真正的意义不是来自于语言之外，那么，即使对同一个对象、同一个概念，不同的人，也会理解不同、体验不一，当然，外在的世界也已经不再重要了。可见，本体、本质是不存在的，主客二分的结构也是不存在的。表现在美学的研究中，美的本质当然也是不存在的。现象学大师胡塞尔（E. Edmund Husserl）提出，对象就在人的意识中。而领悟到这一点，需要我们的意向性体验，它源于人的意向性结构，而生命的体验就是意向性结构的主要内容。人的生命意义的寻找，只能是在对象中去直观自己。对于美也是如此，美也是对人的价值的一种体验。体验论美学消解了主客二分的对立，但是却用主观意向把客体也消解了，倒向了另一个极端。体验美学的中心问题不再是“美是什么”，而是审美体验。这种唯心主义的思想，实际上是把西方古典美学千余年来对“美的本质”的追问否定了。

3. 中国美学对美的本质的快速消解

对于美的本质的追问，自美学独立为一门学科以来，在西方已经延续了近三百年的时间，然而从认识论美学到对美的本质的消解，这个过程在中国却只用了大概五十年不到的时间。在这五十年中，真正能够在自由的去政治化氛围中进行学术争鸣的时间，也只是近二十年的事情。近代意义的美学这个概念，目前学界通说是源自日本人中江肇民（该说法源于吕澂）。吕澂提出是中江笃介（中江肇民）在1882年翻译维隆（法国人）的《美学》时所创。王国维在1904年的《红楼梦评论》首先使用了“美学”这一概念，后来蔡元培在北京大学率先开设了美学课程。所以，从根本上说，中国现代美学是西学东渐的产物。这就造成了这样的局面，我们仿佛要在这二十年中走完西方二百多年的路，这个对比在现实中也许还要夸张得多。传统与现代、现代与后现代、古典与转向等等的争鸣、碰撞在中国所处的新的历史时期就显得异常的频繁和激烈。

首先，当西方美学的研究已经开始消解美的本质的时候，我们才开始对这个问题争论不休，二十世纪五六十年代的那场美学争论，就是围绕美的本质问题展开的。当时的主观派、客观派，包括主客观统一派，在李泽厚看来，它们虽然都经过了马克思主义的理论改造，但还都是反映论的认识论，已经落后于时代了。基于当时的时代特征，李泽厚在《美学四讲》中概括为后帝国主义的后期资本主义时期，他认为过去的马克思主义经典作家们对马克思的革命思想发挥得太多，忽视了对马克思《1844年经济学—哲学手稿》《政治经济学批判（1857—1858）手稿》《资本论》第三卷中的很多文明建设方面的宝贵思想。① 在李泽厚看来，是时候对马克思主义美学来个根本的转变了（革命的武器——文明建设的结构：文化—心理结构）。前文述及，李泽厚1956年的《论美感、美和艺术（研究提纲）——兼论朱光潜的唯心主义美学思想》，用他自己的

---

① 李泽厚.华夏美学·美学四讲[M].北京：生活·读书·新知三联书店，2008：254-256.

话讲，在国内美学文章中，大概是最早提到马克思《1844 年经济学—哲学手稿》的，并企图依据它探讨美的本质。李泽厚用美的客观性批判朱光潜的主观性，用社会性批判蔡仪的典型说。实践范畴的引入，使实践的主体，即人在美学中站了起来。不过这里的人，主要不是指个体的人，而是集体的人。“这里强调的正是作为社会实践的历史总体的人类发展的具体行程。它是超生物族类的社会存在。所谓‘主体性’也是这个意思。”[①]即使李泽厚的实践美学在当时超越了认识论美学，但是更多的学者认为，他最多是进入了价值论美学的层面。所以，实践美学只能是使用客观与主观、理性与感性、合规律性与合目的性等范畴去理解和阐释美的本质等问题，“美的本质是真与善、规律性与目的性的统一，是现实对实践的肯定”[②]，这就使得实践美学容易给人留下这样的印象，即重理性轻感性、重集体轻个体、重物质轻精神、重功利而轻超越。李泽厚后来对这个问题作了一定的修正，但是在《美学四讲》中，他实际上等于提出了美的本质就是美的根源，这又给后实践美学和新实践美学留下了批判的空间。

其次，李泽厚的二元本体也使得他在论述美的本质和美的根源的时候，显得混乱。为了说明李泽厚的美学二元本体，先阐述一下他的主体性实践哲学。李泽厚认为，哲学是对人的命运的关怀、思考和谈论，所以，为了“从机械化的理性桎梏和语言世界中逃

① 李泽厚. 批判哲学的批判——康德述评[M]. 天津：天津社会科学院出版社，2003：84.

② 李泽厚. 美学论集[M]. 上海：上海文艺出版社，1980：199.

脱，从一个破碎的解构废墟上重新站起”[1]，去关怀、思考和探究现代人的命运，他在《批判哲学的批判》中提出了主体性实践哲学的概念，当然也可以称为人类学本体论哲学，用他自己的话讲，是二者异名而同实。“‘人性’与‘实践’是马克思主义哲学的基本观念，也是今天哲学的中心课题，它们之间本来有密切联系……我以为只有在这个基础上讲存在决定意识，物质第一性精神第二性才能与旧唯物主义区别开来，才是涉及人性或人的本质的哲学，我叫它为人类学本体论的实践哲学，也就是主体性的实践哲学。从哲学史的角度看，这种哲学应追溯到康德，他用唯心论的方式提出了作为主体性的人的哲学。”[2]李泽厚认为，人类学本体论与主体性基本通用，可以说，人类即主体，所以人类学就是主体性，并且实践就是本体，本体就是实践。

在《美学四讲》中，李泽厚站在该哲学的角度系统提出了人类学本体论的美学，或曰主体性实践美学。主体性实践美学的名称，已经显示了李泽厚比客观社会派美学时候的理论发展，此时已经从社会本体转向了实践本体，虽然同样继承了美学结构中的主客二分，但是已经从客观第一、主观第二转向了实践为中、主客双向发展。主体性实践美学包括主体性和实践两个方面，前文在述及实践的部分已经谈到了主体性概念的两个双重内容和含义。据此，李泽厚的主体性实践美学具有了两个本体：工具——社会本体，情感——心理本体。工具本体被李泽厚用来解释美的根源，心

---

① 李泽厚.华夏美学·美学四讲[M].北京：生活·读书·新知三联书店，2008：260.

② 李泽厚.李泽厚集——思想·哲学·美学·人[M].哈尔滨：黑龙江教育出版社，1988：505.

理本体被用来说明审美的本质，这样的二元本体结构的形成，与李泽厚对美的本质的看法有密切的联系。因为在他看来，美的本质和人的本质是不可分割的，所谓美的本质要从根本上、根源上、从其充分而又必要的最后条件上来追究美，而这根源就来自于他所主张的“自然的人化”，或者说是来自于实践①。从这个方面的内容讲，李泽厚应该是注重第一个本体的，在他提出该理论的初期，即二十世纪七八十年代，也的确如此，但是八十年代后期以后，李泽厚的重心开始转向了后者。但是无论如何，两个本体的存在总是会产生这样或那样的矛盾，李泽厚自己也说本体应该就是最后的实在，是最根本的东西，即使他提出他的两个本体是有着理论逻辑上的顺序之别的，但是既为最后，又何来先后？所以，他的二元本体和他对“本体”的理解之间，是否也显示了他自己在这方面的无奈呢？

① 李泽厚.华夏美学·美学四讲[M].北京:生活·读书·新知三联书店,2008:275－277.

# 第六章

# 实践美学的反思

# 第一节

## 思辨和逻辑论证在研究方法上的缺乏

反思和自我批判的精神与态度,是一种思想或者理论不断获得生命力的保证。实践美学发展到今天面临着不可回避的一些困境,那么对实践美学进行一定的反思和自我批判就显得非常重要。

实践美学在研究方法上的不足,集中体现在实践和审美的关系上,缺乏概念内涵上的逻辑论证。这包括内在与外在两个方面:从内在的层面而言,实践美学的核心命题是“自然人化”,即人的本质力量的对象化。这个命题与黑格尔的“美是理念的感性显现”一样,带有形而上的性质,不能仅依靠经验描述。从外在的层面来说,作为审美的实践根源,这个实践和审美联系的活动是什么样的活动?实践和审美的关系如何?这些都是实践美学需要反思的地方。以下就这两个方面分别展开论述。

### 一、实践和审美概念内涵的内在逻辑关系问题

实践美学在论证实践与审美概念内涵的内在逻辑关系上的不足,主要体现在哲学的高度不足,经验描述的成分大于逻辑论证。实践美学对于从实践到审美的概念论证,主要依靠的是经验描述,如恩格斯的《劳动在从猿到人转变过程中的作用》对于实践美学的工具本体有很大的影响,但这只是停留在人类学的层面,还没有达到哲学的高度。这也是后实践美学质疑实践美学最多的地方。

1. 关于“休谟问题”

对于经验和逻辑之间的鸿沟,早在“休谟问题”中就被揭示了

出来。因果论是休谟认识论的核心部分,休谟把知识分为两种,一种是关于"观念联系"的知识,一种是关于事实的知识,而关于事实的知识都是建立在因果关系上的,人们凭借因果关系获得了直接感觉和记忆之外的间接知识。休谟从经验主义原则出发,强调人们关于因果关系的知识,不是凭借理性,乃是凭借经验得来。休谟认为,一般人所谓的因和果的关系,完全是基于现象与现象之间关联出现在人们头脑中形成的经验归纳。例如,说前一个现象是后一个现象的原因,是因为人们经验到前一个现象和该后一个现象恒常结合出现,特别是该前一个现象和后一个现象不相随出现的情况一次也没经验到,于是才得出的推论。休谟在阐述他的因果观时,提出了他的重大的认识问题:通过前一个的现象与后一个现象恒常结合的经验,如何推论出前现象是后现象的原因,后一个现象是前一个现象的结果,即著名的"归纳法问题"或"休谟问题"。归纳法问题,即归纳推理的前提和结论之间是如何过渡的问题。比如,"因为太阳升起,所以石头变热"这类经验式推理有没有理智所保证的普遍必然性呢?休谟的问题是:从"石头变热"这一经验事实中,我们能否必然地推得原因为"太阳照射"。换句话说,我们的经验式推理是否是唯一合理的因果推断?休谟的回答是否定的,他认为这种推论在逻辑上是不能证明的。在休谟看来,事物总是会变化的,过去如此,现在如此,将来未必如此,所以无法保证同样一个原因一定会在之后产生相似的结果而不是相异或相反的结果。人们总认为,因果观念是从归纳推理中推论出来的,可是,归纳推理是以"将来定和过去相契"这一假定为根据的。如果说因果关系又以归纳推理为基础,那就是循环论证了。这样,关于因果关系的归纳推理的前提如何过渡到结论的问题,即归纳法的有效性问题,就成了休谟十分困惑而无法解决的问题。休谟的这个问题,长期以来被许多哲学家和逻辑学家视为一大"疑案",它对西方哲学和逻辑学发展产生了很大的影响。休谟以否定归纳原理对人类理性提出了怀疑,对人类以往的科学基础提出了怀疑。

"休谟问题"使我们发现,在实践美学的实践和审美的概念内涵之间好像也存在这样一个推理的前提和结论之间的鸿沟。早在二十世纪五六十年代的美学大讨论中,朱光潜就曾经批判过李泽厚在这个方面的问题。李泽厚对于美感二重性理论的提出:美感的存在必须依赖美的存在,美感是美的摹写。美感的愉悦性质和直觉的性质在本质上都是人的一种高级的反映形式,同时美感又带有社会伦理的功利内容。但是这就产生了一个问题,即怎么解释"花是红的"与"花是美的"。李泽厚认为这两个判断没有本质的区别,都是一种反映。人类的视觉感官当中能够产生"红"的普遍性和必然性,是因为客观世界中就存在红的客观物质的属性,美感和美的关系也是一样的道理。如果认为这两个判断之间存在着区别的话,就是"花是红的"只是反映了事物的现象,而"花是美的"反映了事物的本质,是反映的深刻与肤浅的区别。朱光潜对此进行了批评,提出"花是红的"和"花是美的"是两个不同的判断:对于"花是红的"用反映论就可以了,但是对于"花是美的"则需要加上意识形态论。李泽厚在后来对自己的反映论观点进行了一定的修正,1979 年,李泽厚针对自己 1957 年发表的《关于当前美学问题的争论——试再论美的客观性和社会性》,提出了关于美感的新的看法,即美学不能仅归结为认识论,因为美学本身除了包括认识论之外,还包括审美心理学和艺术社会学。而再之后的情感本体的提出在这个方面就表现得更为深刻了。但是从根本上而言,实践和审美之间的鸿沟还是没有完全弥合。

2. 关于"人的本质力量如何说明自然美对象化到月亮"的问题

实践美学的核心命题是"自然人化——人的本质力量的对象化",这个命题和导致人对"月亮"怎么对象化,论证不足。李泽厚在1962年的《美学三题议》中就开始重视《手稿》中的自然人化的思想资源了,这也代表了实践美学的哲学基础由之前的反映论转型到了实践论,二十世纪六十年代以来实践美学的提法也正是缘于此。就自然人化和自然美的关系而言,自然向人的生成,通过人类的实践活动,自然整个的和人类的关系发生了根本的变化。在"自在的自然"变成了"为我的自然"的基础上,人才可以不是用征服者,而是以一个观赏者的态度,超越物质的功利,对于自然进行肯定和审美。在自然人化的过程中,人的感官也不再只是单纯满足生理欲望的器官,而是蜕变成了社会实践的工具。客观自然的形式美与人的知觉结构的协调引发了人的审美愉悦,这种审美愉悦虽然还是与人的生理快感相联系,但是已经带有了丰富的社会内容了。实践美学利用自然人化来说明自然之美无疑有其深刻的一面,但是,除了在整体的层面之外,实践美学还是无法说明一个具体的自然物,是怎样产生美的。

实践和审美在概念的内涵上的逻辑论证不足,是实践的致命伤。在实践和审美的逻辑关系上,实践美学更多依靠的还是经验描述,未能达到哲学的高度。

3. 关于"自然人化"说的内在局限与矛盾

首先,从实践的内涵看。实践这个范畴在实践美学中有着举足轻重的地位,既是人的起点,又是美的根源。从主体客体的形成过程来看,人之所以能够从自然的混沌中相互分离依赖的就是实践,而自在的自然之所以能够成为为我的自然也是凭借实践的作用,然后才出现对于美的肯定和欣赏。在这个意义上,实践既规定了人,又规定了美。但是学界也清楚地提出这样一个现实的问题,即在实践美学那里,实践本身既不能等同于感官或语言活动,也不是包罗万象的主观活动,而是人类使用、制造工具改变物质世界的活动,作为这种性质定位的实践,其自身具有的理性、群体性、功利性、现实性等特征就非常的明显了,也不可避免地受到了各方的责难,并称其为实践美学的致命硬伤。现在普遍的观点认为,美的特点就在于不涉及利害计较、理性判断,充满个体性、自由感、非功利追求和无目的性,所以,美虽然离不开实践创造这一现实基础,但是从实践到审美还是应该有必要的转化。目前学界提出,“自然人化”不是美的全部,而是其中的一个方面。

其次,从人与自然的关系看,实践美学应该在两个方面进行必要的反思:一是实践美学是否有“人类中心主义”倾向。实践美学的理论一般都指出实践的范畴表达了主体对客体的主观能动性,即以生产力为标志的人对客观世界的征服和改造。那么从这样的表述中就不难发现这样的问题,即人与自然之间的征服与被征服、改造与被改造的关系。在这样的关系之中,贯彻的是人的目的与尺度,主体的人就自然居于征服与改造的中心。所以,被自然人化所决定的审美活动,即成为人自身的目的和尺度运用到对象上,使对象属人的对象性活动。“所以,由自然人化所规定的美便成为单方面的客体自然向主体的人的生成。这种生成关系实质上是主体对客体的征服、改造和占有。由此,自然人化最终所呈现的结果便是:一方面,自然界越来越受到人的有力的控制,成为人的本质力量的对象化,成为人自身,即实践美学所主张的‘美’;另一方面,现在的社会现实却表明,由于忽视了自然的革命性,自然反过来却又变成了控制人的力量,变成了社会伸展出来的手臂和它的抗力。自然界的商品化,严重的污染和军事化等,不是使人与自然走向统一而是使人与自然陷入了更加严峻的对立中。这种对立,是人化的自然对人的本质力量的否定。”①二是自然人化是否也产生了丑。实践美学的观点认为,“通过漫长的社会实践,自然人化了,人的目的对象化了。自然为人类所控制改造、征服和利用,成为顺从人的自然,成为人的‘非有机的躯体’,人成为掌握控制自然的主人。自然与人、真与善、感性与理性、规律与目的、必然与自由,在这里才具有真正的矛盾统一。真与善、合规律性与合目的性在这里才有了真正的渗透、交融与一致。理性才能积淀在感性中,内容才能积淀在形式中,自然的形式才能成为自由的形式,这就是美。”②但是在现实的社会实践当中,不可避免地会出现人对于自然征服和改造过度的情况,过度征服和改造的结果就是来自自然的报复,自然对人类报复的产物就是对于人本质的一种否定,即某些情况之下,实践得越多则对于人类的本质力量否定得越多。这个方面的矛盾是实践美学所没有提及的,而不论是没有想到还是避而不谈,都暴露了这样一个问题,即自然人化在说明社会美的时候有足够的说服力,但是对于自然美的解释就显得力不从心了。

---

① 周玉萍.自然人化与人的自然化——兼评实践美学的美的本质说[J].理论月刊,1999(4):17-19.

② 李泽厚.华夏美学·美学四讲[M].北京:生活·读书·新知三联书店,2008:367.

再次,自然人化和审美的超越性问题。实践美学把自然人化看作是美的本质,的确要比把美的本质归结为实践要好得多,毕竟自然人化的内涵和外延都要大于实践。实践美学的观点提出,审美就在于外在自然人化和内在自然人化的同构对应之中,即外在自然人化构成美,人的感官、情欲等内在自然人化为美感。实践美学的深刻之处在于从人的心理结构中探求审美的发生并以实践自由作为审美自由的前提,但是"与其说外在的自然人化是美的根源,还不如说人内在的自然人化是美的根源。尽管这种自然人化是美的根源,但仍然不应将这种人化看作美的本质。自然人化最大的成果是人性得到确证、发展,推动社会前进。它实不应只是美的根源,还应是善的根源。人类的一切文明包括物质文明、精神文明、制度均可从'自然人化'中寻找根源。如果将美的根源追索到这个人类文明的共同根源上去,又有多大意义呢?"①事实上,马克思在《资本论》中也提出过,"自由王国只是在必要性和外在目的规定要做的劳动终止的地方才开始;因而按照事物的本性来说,它存在于真正物质生产领域的彼岸"②。对此,我们似乎可以作这样的理解,由于必须要超越"必要性"和"外在目的性"的限制才可以达到事物的本性,所以在现实的生成实践之中,因为受到现实功利性和外在目的性的制约,是无法获得真正的精神自由的。审美活动虽然要受到现实条件的制约,包括社会、历史、民族、生活状况等,但是真正意义上的审美自由还是超越现实之上的。

---

① 陈望衡.美在境界——实践美学的反思[J].理论与创作,1999(1):33-38.

② 马克思恩格斯全集[M].第四十六卷.北京:人民出版社,2003:928.

## 二、实践与审美的外在关系问题

马克思认为实践是整个人类历史、人类社会的终极的根源，那么如果实践在实践美学中是作为美感和审美对象的根源，就产生了一个根本的问题：如果人类的全部活动不都是审美活动，那么是否存在一个和审美活动专门相关的实践领域，实践当中又是哪一个部分是专门与审美相关的？反人类的行为是不是实践，和审美是什么关系？实践美学理解的实践是一种对象化的活动，但是这个“对象化”是预设了一个前提，就是人是理想的人，这个理想的人是不犯罪不开历史倒车的。但是，在理想化的时代结束之后，在市场化的世俗时代，个体都有了自我确证和自我认可，个性化突出，这种情况下，李泽厚的“普遍性的心理本体和文化心理结构”很难建立。

1. 实践美学的实践的反思

是否要把精神性纳入实践的内涵？现在有不少学者提出了这个方面的意见，主张广义的实践观点，把精神性的内容，包括艺术、体验甚至是情感的诉求都纳入到实践的范畴之中。持该主张的学者多数是吸收了两个方面的资源，一方面吸收西方学术理论，包括现象学、海德格尔的存在论等；另一方面也在马列经典中找论据。但就存在论和马克思主义的实践观而言，两者还是有一定的不可融合性的。存在论的存在强调的是个体精神性的活动，在海德格尔看来，他的存在比马克思的实践更为本源，因为实践发源于存在；而马克思的实践观指的是人类群体改造自然的物质性的客观活动。所以，实践和存在两个概念在其各自的哲学体系中的地位、含义、功能等都很不相同。如果做这样的理论融合，就等于是抛弃了传统实践美学的基本命题，在这样的哲学基础上建构起来的美学就不能算作是实践美学。所以，有学者提出了不同的实践反思的立场："实践批判的内在性决定了人对实践不应该采取自我崇拜的态度，而应该采取自我批判的态度。实践的自我批判即人对实践的自我反省和自我控制。自我反省是指精神领域的自我批判，是对实践两重性的自觉，是对人类自我中心论、自我迷信的批判；自我控制是指现实领域的自我批判，是对实践的消极意义、异化的抑制机制，是人对实践的自我调节。在马克思看来，人的主体性不是先天的，而是人自己创造的。人的实践活动既可以把人创造成为主体，也可以把人的主体性否定掉。因此，在主体性的问题上，人不应该自我迷信和自我崇拜，而应该代之以自我反省和自我控制。这一立场应当成为将实践范畴引入美学研究的基本前提。从这一前提出发，我们才能做到既批判历史和现实中的一切唯心主义美学，又批判旧的、直观的、机械的唯物主义美学，给美学之谜的解答提供强大的思想武器，给美学的发展带来革命性变革。"①

2. 马列经典中的实践包含有精神属性

马克思"实践哲学的传统可以追溯到亚里士多德，马克思继承了亚里士多德的实践哲学传统，给予了实践概念以全新的内涵。在马克思的哲学中，实践就是感性活动，在《关于费尔巴哈的提纲》中，马克思明确把感性活动表述为实践。感性活动由'感性'和'活动'两部分构成，'感性'来源于费尔巴哈的'感性对象性'原理，'活动'来源于以黑格尔为代表的德国古典唯心主义哲学的'能动性原则'。马克思在批判旧哲学的过程中，继承了其中的积

① 马驰.论马克思实践观形成的历史环境和具体规定——兼评实践美学论者的一些观点[J].上海大学学报:社会科学版,2009(6):111－121.

极因素，并加以发展，从而形成了作为自己哲学原则的实践概念。”[①]马克思的实践观在其《1844年经济学—哲学手稿》《关于费尔巴哈的提纲》和《德意志意识形态》中有比较完整的体现。

从《手稿》中析出对实践的理解主要集中在以下四个方面：一是在对人和劳动的异化中理解实践。“劳动对工人来说是外在的东西，也就是说，不属于他的本质；因此，他在自己的劳动中不是肯定自己，而是否定自己，不是感到幸福，而是感到不幸，不是自由地发挥自己的体力和智力，而是使自己的肉体受折磨、精神遭摧残。因此，工人只有在劳动之外才感到自在，而在劳动中则感到不自在，他在不劳动时觉得舒畅，而在劳动时就觉得不舒畅。因此，他的劳动不是自愿的劳动，而是被迫的强制劳动。因此，这种劳动不是满足一种需要，而只是满足劳动以外的那些需要的一种手段。”[②]二是在把人同动物的生理性活动的区别中理解实践。“一个种的全部特性、种的类特性就在于生命活动的性质，而人的类特性恰恰就是自由的有意识的活动。”[③]三是在对实践活动的对象性活动中理解实践。“成为确证和实现他的个性的对象，成为他的对象，这就是说，对象成为他自身。对象如何对他来说成为他的对象，这取决于对象的性质以及与之相适应的本质力量的性质；因为正是这种关系的规定性形成一种特殊的、现实的肯定方式。眼睛对对象的感觉不同于耳朵，眼睛的对象是不同于耳朵的对象的。每一种本质力量的独特性，恰好就是这种本质力量的独特的本

① 韩玉霞.马克思实践概念的由来[J].马克思主义哲学研究，2008：139－147.
② 马克思恩格斯全集[M].第三卷.北京：人民出版社，2002：270.
③ 马克思恩格斯选集[M].第一卷.北京：人民出版社，1995：46.

质。”[①]四是在对黑格尔抽象活动的批判吸收中理解实践。“他抓住了劳动的本质，把对象性的人、现实的因而是真正的人理解为他自己的劳动的结果。”[②]

在《关于费尔巴哈的提纲》中，第一条作为总纲即明确地提出了把世界当作实践去理解，指出了旧唯物主义和唯心主义在这个方面的缺陷，因为这两者都未能解释真正的实践活动本身。在之后几条提纲中，马克思分别指出了真理问题是个实践问题、人与环境的关系的实践性、人的本质的现实性、社会生活的实践本质等问题。在提纲的最后一条，马克思提出了改变世界的实践立场。这一立场既可以说是马克思对于世界的立场，也可以说是马克思对于哲学的立场。对哲学从实践的角度去理解，就意味着哲学不能只是解释世界的哲学，而应是改变世界的哲学，应当是关于人的生存、解放的学说。在一定的意义上揭示出其背后隐含的思维方式和价值取向，突出强调了实践观点的思维方式和价值取向所具有的超越性意义。

在《德意志意识形态》中，马克思批评了费尔巴哈对感性世界的片面理解：“对实践的唯物主义者即共产主义者来说，全部问题都在于使现存世界革命化，实际地反对并改变现存的事物。”[③]在“实际地反对和改变现存的事物”思想的指导之下，马克思把实践放在历史、社会中进行了考察，肯定了人类历史的第一个前提就是生产物质生活本身。

通过对以上马克思经典著作的研读，我们可以看出马克思的

① 马克思恩格斯全集[M]. 第三卷. 北京：人民出版社，2002：304.
② 马克思恩格斯全集[M]. 第三卷. 北京：人民出版社，2002：320.
③ 马克思恩格斯选集[M]. 第一卷. 北京：人民出版社，1995：75.

实践观中包含的关于实践是人之为人的存在方式的观点，是人在社会历史中展开的自为的生存活动，是人生成自身本质的对象性活动。

# 第二节

## “自然人化”规定“美的本质”是否恰当

### 一、李泽厚的哲学美学思想

李泽厚所需要建立的哲学思想体系是主体性实践哲学，那么他用“自然人化”规定“美的本质”是否恰当？这是在实践美学的理论体系的建构方面所阐发出来的问题。李泽厚在1956年发表的《论美感、美和艺术（研究提纲）——兼论朱光潜的唯心主义美学思想》一文中，认为美既具有客观性，又具有社会性，强调美是一种社会现象，使得实践美学脱颖而出，后来居上。二十世纪八十年代以来，李泽厚发表了一系列的美学著述，逐渐形成了他的完整的美学体系。1980年，李泽厚在《文学评论》上发表了他新时期的第一篇美学论文，即《形象思维再续谈》，其中明确提出“艺术不只是认识”的命题，认为艺术创作、形象思维主要属于美学和文艺心理学的研究范围，而不只是哲学认识论的问题。在这基础上，该文批判了长久以来把艺术和艺术创作拘囿于认识论的思维模式，强调要借助于心理学去充分、全面地说明文艺创作和艺术欣赏。同年的《美学》第三期，发表了李泽厚《美学的对象与范围》一文，该文明确界定了美学的思想体系和研究范围，即美的哲学、审美心理学和艺术社会学的某种形式的结合，并分别作了具体的阐述。这种美学体系的思想打破了长期以来仅仅把美学局限于哲学之内的观念，也打破了当时美学界仅仅关注美的本质问题的局限，推动了二十世纪八十年代的美学热。该文还提出了艺术是主体心灵的表现的观点，认为审美心理结构是人类所创造的内在精神文明的极为重要的组成部分，艺术则是这种心理结构的物态化的对应品。此后，李泽厚先后发表了《谈美》《美感谈》和《艺术杂谈》三篇讲话，1989 年连同《美学的对象与范围》结集为《美学四讲》，形成了相当完整的美学理论体系，被称为实践美学一派，至今在国内仍然有较大的影响。

1. 对于中华民族的文化——心理结构的探寻

李泽厚在 1980 年发表了《孔子再评价》一文(《中国社会科学》第二期)，文中指出，历史向来是在悲剧性的二律背反中行进的，文明进步要付出道德的代价。孔子吸收了氏族社会中的人道意识，以仁释礼，为汉民族的文化——心理结构奠下了基础。“仁”由血缘基础、心理原则、人道主义和个体人格四因素组成，其基本特征则是“实践理性”。1984 年，李泽厚在《中国社会科学》第二期上发表《秦汉思想简议》，文章提出，汉代最终形成了中华民族独有的文化心理结构。与现代新儒家抹杀以董仲舒为代表的汉代儒学不同，李泽厚把汉代董仲舒的思想看成是儒学的第二次发展。儒、道、法、阴阳学说是秦汉时期的四大思潮，董仲舒把天、地、人、阴阳、五行等十种因素纳入一个系统，这个系统中五行运转的机械论与天作主宰的意志论、目的论混杂糅合，是以这种系统论宇宙图式来确定君主的专制权力和社会的统治秩序。孔子继承远古所提出的仁学结构，主要是通过汉代一系列的行政规定如尊儒学、倡孝道、重宗法，同时也通过以董仲舒为代表的“天人感应”的宇宙图式，才真正具体地落实下来。李泽厚在1985年《中国社会科学》第1期发表了《漫述庄禅》一文，文章对道家和佛学禅宗进行了论述。李泽厚指出，以庄、禅为代表，追求理想人格和人生境界的本体论哲学构成了中国思想发展中的一个重要方面。其中尤以对庄子的论述最为丰富。庄子抗议“人为物役”而要求“不物于物”，要求恢复和回到人的“本性”，在李泽厚看来这很可能是世界思想史上最早的反对异化的呼声。庄子第一次突出了人的个体存在，个体的人的存在主要关心的不是伦理、政治问题，而是个体存在的身、心问题，即生命和精神问题。李泽厚指出，庄、禅基本上不是社会政治哲学，而是人格——心灵哲学。这种哲学一方面带给人们虚无、消极、被动、苟安等麻痹欺骗作用，但同时又陶冶、培养和丰富了人的精神世界和心灵境界，本质上是一种积极的人生追求。李泽厚在1982年《中国社会科学》第二期上发表了《宋明理学片论》，指出以朱熹为首的宋明理学将伦理提高为本体，以重建人的哲学，这在实质意义上更接近康德。宋明理学大致可以分成三个历史时期，即奠基时期、成熟时期和瓦解时期，这三个时期的主要代表分别是张载的“气”、朱熹的“理”、王阳明的“心”。具体而言，张载的“气”标志着由宇宙论向伦理学的逻辑程序和理学起始；朱熹的“理”标志着这个理学体系的全面成熟和精巧结构；王阳明的“心”则是潜藏着某种近代趋向的理学末端，终于使封建主义的天理人性论转变为资本主义的自然人性论。李泽厚提出，宋明理学在中国民族性格、中国实践理性的形成发展中，在中国民族注重气节、重视品德、讲求以理统情、自我节制、发愤立志建立主体意志结构等方面，产生过重大影响和作用。宋明理学讲求立志、修身，以最终达到“内圣外王”、“治国平天下”，把道德自律、意志结构，把人的社会责任感、历史使命感和人优于自然等方面，提高到了本体论的高度，树立了人类伦理学主体性的地位。

2. 文化—心理结构的阐述

文化心理结构从哲学上来说就是主体性实践哲学或人类学本体论，李泽厚在1981年发表的《康德哲学与建立主体性论纲》和后来的一系列哲学提纲，就是对文化心理结构的阐述。《康德哲学与建立主体性论纲》是从对人性的分析开始的，李泽厚提出，就人性与物性、与神性的静态区别而言，人性是自然性与社会性的统一；就人与自然的动态区别而言，人性就是主体性。在这两种人性当中，李泽厚理解的是后者。康德第一次全面地提出主体性问题，但是是用唯心论的方式提出的，李泽厚所要建立的主体性实践哲学，则是用马克思主义的实践观对康德的主体性加以革命性的改造。在1985年的《关于主体性的补充说明》一文中，他界定了主体性概念的两个双重内容和含义，其中，李泽厚坚持了社会存在决定社会意识的思想，把人类群体的工艺—社会的结构面看作是根本的起决定作用的方面，但是李泽厚所要着重研究的却是主体性的文化—心理结构。这种主体性的人性结构是由“理性的内化”建立的智力结构、由“理性的凝聚”建立的意志结构和由“理性的积淀”建立的审美结构三者的有机统一。主体性的人性结构落实在个体心理上，是以“自由直观”为特征的“以美启真”、以“自由意志”为特征的“以美储善”和以“自由感受”为特征的“审美快乐”。李泽厚在二十世纪九十年代中期发表的《哲学探寻录》一文，是对他一系列哲学提纲的概括和总结,以“人活着”、“如何活”、“为什么活”和“活得怎样”来作为提纲。“人活着”是哲学出发点;“如何活”是讲人类主体性;“为什么活”是讲个人主体性,也就是“自由意志”;“活得怎样”是讲生活境界和人生归宿。李泽厚最早突破了人性、人学的禁区,把人长期以来坚持的自然本体、物质本体发展成了人的情感“本体”。

3. 美学“自然人化”的提出

李泽厚在《美学四讲》中谈到,“美的本质、根源来于实践,因此才使得一些客观事物的性能、形式具有审美性质,而最终成为审美对象。这就是主体论实践哲学(人类学本体论)的美学观”①。李泽厚在二十世纪五六十年代谈美的本质时,曾经一度使用过“人的本质对象化”的提法,后来为了避免人们把这个定义误解成精神的对象化,因为在他看来,当时有很多人把人的主观方面的情感、思想、意志等看作是人的本质力量,为了以示区别他放弃了这个提法,而改用“自然人化”。对于“人的本质对象化”、“自然人化”的区别,李泽厚指出他“讲的‘人的本质对象化’本是指上述物质性的现实实践活动,主要是劳动生产”②,“在美的探讨中,虽然好些人都讲实践,都讲‘人的本质对象化’,都讲‘自然的人化’,其实大不相同。有的是指意识化,讲的是精神活动、艺术实践,有的是指物质化,讲的是物质生产劳动实践。我讲的‘自然人化’正是后一种,是人类创造和使用工具的劳动生产,即实实在在的改造客

① 李泽厚. 华夏美学·美学四讲[M]. 北京:生活·读书·新知三联书店,2008:277.

② 李泽厚. 华夏美学·美学四讲[M]. 北京:生活·读书·新知三联书店,2008:284.

观世界的物质活动;我认为这才是美的真正根源”[1]。

## 二、马克思《手稿》中的美学解析

马克思在《手稿》中曾两度涉及劳动与美的创造问题:“劳动为富人生产了奇迹般的东西,但是为工人生产了赤贫。劳动生产了宫殿,但是给工人生产了棚舍。劳动生产了美,但是使工人变成畸形。劳动用机器代替了手工劳动,但是使一部分工人回到野蛮的劳动,并使另一部分工人变成机器。劳动生产了智慧,但是给工人生产了愚钝和痴呆。”[2]这里要注意的是,1995 年版的《马克思恩格斯选集》和 2002 年版的《马克思恩格斯全集》把“劳动创造了美”修正为“劳动生产了美”。“动物只是按照它所属的那个种的尺度和需要来构造,而人懂得按照任何一个种的尺度来进行生产,并且懂得处处都把内在的尺度运用于对象;因此,人也按照美的规律来构造。”[3]这样两处涉及劳动与美的关系的论述,一个是在论述工人的异化劳动,一个是在论述人与动物的生产的本质差异。就《手稿》中美的创造与劳动联系起来的思想,在过去的美学史上还是第一次。所以,自《手稿》公开出版以来,马克思的“劳动创造(生产)美”的思想启发了无数美学家从劳动的角度对美学问题展开新的思索。但同样是这个命题,也引发了至今未止的争论,包括马克思在《手稿》的语境中是否在言说美学问题,究竟如何理解马克思这些观点,马克思的这些论述对马克思主义美学理论体系的建构究竟具有怎样的价值和作用等。对于这些问题,中国当代美

---

① 李泽厚. 华夏美学 · 美学四讲[M]. 北京:生活 · 读书 · 新知三联书店,2008:284.

② 马克思恩格斯全集[M]. 第三卷. 北京:人民出版社,2002:269.

③ 马克思恩格斯全集[M]. 第三卷. 北京:人民出版社,2002:274.

学界有两次集中的理论探讨，即二十世纪五六十年代的美学大讨论和二十世纪八十年代的美学热。第一次美学大讨论重在从马克思的劳动观点作为自身的理论资源，以论证各自的美学观点；到了第二次的美学热时期，则大多转向了从《手稿》文本解读的角度去阐释“劳动创造了美”的命题的美学价值。

在第一次美学大讨论中，为了批判朱光潜的“艺术也是一种劳动生产”的观点，实践美学一派从实践与意识的能动性、物质生产与艺术生产的区别的角度加以强调。朱光潜认为，马列主义的经典作家们关于文艺看法的一个原则就是把文艺看作是一种物质生产，包括马克思的《手稿》《政治经济学批判》和《剩余价值论》，恩格斯的《自然辩证法》以及毛泽东的《在延安文艺座谈会上的讲话》，都表明了美不是一个纯客观的活动，而是包含了人的主观的目的，艺术也是一种精神方面的实践。对此观点，实践美学一派给予了深刻的批判。李泽厚在《美学三题议》中就指出了朱光潜的所谓口是心非，即表面是讲生产，心里却是指艺术，是在艺术实践和生产实践的混淆中用前者吞并了后者，用精神的生产吞并了物质的生产。李泽厚指出，美不是诞生于人的意识与自然的交互作用或对立统一之中，而是诞生于人的实践与现实的交互作用或对立统一之中；美不是依存于人类社会意识的所谓“主客观的统一”，而是依存于人类社会生活、实践的客观存在，即物质生产实践是客观的，真、善和美也是客观的。蒋孔阳在1957年《简论美》一文中也同样提出：“马克思列宁主义美学，既不是从人的主观心灵来探求美，也不是从物质的自然属性来探求美，而是从人类的生活实践，来探求美。从社会实践观点探求美，我们就可以看出来：美既不是人的心灵或意识，可以随意创造的；但也不是可以离开人类社会的生活，当成一种物质的自然属性而存在。它是人类在自己的物质与精神劳动过程中，逐渐客观形成和发展起来的。”①蒋孔阳提出，要摆脱唯心论美学与机械唯物论美学的缺陷，就只有根植于社会实践，只有从社会实践的角度才能说明美感的产生根源、美的创造过程以及美的社会性质。“他在每一种生产活动中，除了创造使用价值之外，还同时实现了自己的目的，得到了精神上的满足。由于这种精神上的满足所带来的快感，就构成了美感的客观基础。”②

在第二次美学大讨论，即二十世纪八十年代的美学热中，站在对《手稿》文本解读的角度，学界出现了对实践美学的批判的声音。1979 年，中国社会科学院文学研究所文艺理论研究室编辑的《美学论丛》首次出版，蔡仪发表了四万余字的长文《马克思究竟怎样论美?》，“批评所谓实践观点的美学”，再次把锋芒指向了李泽厚和朱光潜。之后又发表了《〈经济学—哲学手稿〉初探》等研究《手稿》文本的文章，对《手稿》中的美学问题进行了全面细致的思考，提出了尖锐的文本阐释问题，比如，《手稿》在马克思主义中的地位问题、劳动和“自然的人化”是否属于马克思主义的概念范畴，以及异化劳动能否创造美等问题。在 1978 年创刊的中国当代第一本专业美学刊物，即由中国社会科学院哲学研究所美学研究室编辑的大型丛刊《美学》，在 1980 年第二期发表了朱光潜从美学角度重新翻译的马克思《1844 年经济学—哲学手稿》，并由此引发了美学界持续多年的《手稿》研究热。同年 10 月，为了适应高

① 中国当代美学论文选[C].第一集.重庆:重庆出版社,1984:314.

② 中国当代美学论文选[C].第一集.重庆:重庆出版社,1984:316.

等院校开设美学课的急需，教育部举办了新中国成立以来首届高校美学教师进修班，主要由朱光潜、王朝闻、蔡仪、李泽厚等人授课，培养了大批美学师资力量，也使得"美学热"在该年进入高潮。到1981年，第二次"美学热"的重要著作，包括朱光潜的《谈美书简》《美学拾穗集》《朱光潜美学文学论文选集》、蒋孔阳的《德国古典美学》《美和美的创造》、宗白华的《美学散步》、王朝闻的《美学概论》、施昌东的《先秦诸子美学思想述评》《"美"的探索》等皆已问世，而其中影响尤为广泛深刻的，当属李泽厚的《美的历程》。

蔡仪在《马克思究竟怎样论美?》一文中指出，美是纯客观的，与人的实践是无关的，借此否定实践美学的观点。蔡仪认为马克思的著作中关于劳动或者劳动创造的说法，"似乎是对于生产劳动的赞美，而实际上是对于剥削和剥削制度的赞美，是对于劳动者的欺骗，是对于旧秩序的辩护"①，蔡仪还提出，马克思认为实践对认识具有决定作用，革命的实践对历史的发展具有决定作用，但在苏联美学家万斯洛夫等那里，首先是实践影响人的审美能力，然后由人的审美能力规定美的属性，这是美感决定美，在性质上是唯心主义。这样的观点在当时引起了多位学者撰文批驳和热烈讨论，包括如刘纲纪的《关于马克思论美——与蔡仪同志商榷》（《哲学研究》，1980年第十期）、李耀建的《关于"劳动创造了美"的问题——与蔡仪同志商榷》（《学术月刊》，1981年第三期）、陈望衡的《试论马克思实践观点的美学——兼与蔡仪先生商榷》（《美学》，1981年第三期）、朱狄的《马克思〈1844年经济学—哲学手稿〉对美学的指导意义究竟在哪里？——评蔡仪同志〈马克思究

① 蔡仪.蔡仪文集[M].第四卷.北京:中国文联出版社,2002:109.

竟怎样论美?〉》(《美学》,1981 年第三期)等。他们最后一致认为,异化劳动同样也是能创造美的,因为异化劳动仍然是人的对象化。从他们之间的论争来看,在对劳动与美的关系的阐释中,集中表现为两个方面的焦点:对劳动概念的理解和对“劳动创造了美”的文本阐释。

刘纲纪在《关于马克思论美》中第一次明确提出了“劳动创造了美”是一个标志着美学重大变革的命题。但是“劳动创造了美”究竟能否算作一个美学命题,争议还是比较大的。刘纲纪认为:“劳动,作为具体劳动(经济学意义上的),创造出一个产品的使用价值;作为人类支配自然的创造性的自由的活动,创造出一个产品的审美价值。我认为这也正是马克思所说的‘劳动创造了美’的真实含义。这里自然是仅就劳动产品的美来说的,除此之外,这句话还有更为广泛深刻的含意。因为劳动是人类最基本的实践活动,是决定其他一切实践活动的东西。在这个意义上,整个人类世界的美,归根结底是劳动所创造。”①相反的观点如王善忠的《怎样理解“劳动创造了美”》提出,“既然可以单独把‘劳动创造了美’等作为命题、论断或观点的话,那么也可以把‘劳动创造了宫殿’等作为命题、论断或观点。把‘劳动创造了美’的‘美’理解为‘美的产品’或‘美的东西’是符合本段落内容的,也与其他例子相协调的。如若像某些人那样,把‘劳动创造了美’单独抽取出来,而根本不考虑它在原段落中的地位和情况,而做任何解释,是难以准确地、完整地理解马克思主义的理论的”②。还有学者直接提出,

---

① 刘纲纪.美学与哲学[M].长沙:湖南人民出版社,1986:79.

② 王善忠.怎样理解“劳动创造了美”[J].学术月刊,1983(5):44.

“马克思在这里说到‘劳动创造了美……’的话，基本上就是采用的‘国民经济学的语言’，只不过稍做文字异动，去掉了它的绝对化的毛病。他根本没有提出什么美学命题的意思”①。从这两个完全相反的论述中可以看出，“劳动创造了美”是否是一个命题，主要是涉及《手稿》文本的语境问题，以及对于《手稿》文本的解读问题。针对以上不同观点，刘纲纪对命题的阐释方法作出了两点解释：第一，“所谓‘劳动创造了美’，是从美的产生的最后的终极根源上来说的。从阐明劳动的本质到阐明美的本质之间，还需要有一系列哲学的、历史的、心理学的分析，最后才能得出什么是美的结论”②。第二，《手稿》“涉及美的论述不是孤立的、偶发的言论，而是同马克思在劳动的基础上对人的本质理解密切相关的，对揭示美的本质有着深刻的指导意义”③。对于该命题的理解，要从劳动这一概念在《手稿》中所占有的极为重要的地位，以及劳动所包含的深刻意义，甚至是《手稿》的整个逻辑体系出发。

《手稿》中的劳动概念是国民经济学的概念吗？马克思在《手稿》中的确这样谈到：“我们是从国民经济学的各个前提出发的。我们采用它的语言和它的规律。我们把私有财产，把劳动、资本、土地的互相分离，工资、资本利润、地租的互相分离以及分工、竞争、交换价值概念等等当作前提。”④可见，劳动是马克思采用的国民经济学概念之一。但是马克思对于劳动的理解无疑是更为深刻

① 何国瑞. 要用马克思主义方法研究《1844 年经济学—哲学手稿》中的美学思想[J]. 马列文论研究. 第八集. 北京：人民大学出版社，1987：233.

② 刘纲纪. 美学与哲学[M]. 长沙：湖南人民出版社，1986：95 – 96.

③ 刘纲纪. 美学与哲学[M]. 长沙：湖南人民出版社，1986：104.

④ 马克思恩格斯全集[M]. 第三卷. 北京：人民出版社，2002：266.

的，国民经济学关注的劳动仅仅是作为财富创造源泉的劳动，完全是把劳动与劳动的产品、与人的关系相割裂的，而劳动异化的观点正是代表了马克思的深刻的地方，所谓劳动创造了美，但却使得工人变成了畸形。“马克思第一次揭露了异化的根源。凡是被黑格尔仅仅作为精神的发展来理解的东西、被费尔巴哈仅仅在意识形态领域内加以阐明的东西、被傅立叶及其后继者更多的视为经济关系的表现的东西，马克思都从它的核心即劳动来加以说明。”[①]马克思在《手稿》中不但把劳动看作人的本质，而且把劳动与美的创造结合起来，对此，《手稿》中虽没有进一步进行阐释，但是，从马克思主义的哲学精神和其他经典著作综合分析，还是可以看到这个命题的深刻意义和价值的。马克思主义的思想告诉我们，人的本质之谜和历史生活的本质之谜的化解，都需要从生产劳动这个历史现象出发，“黑格尔的《现象学》及其最后成果——辩证法，作为推动原则和创造原则的否定性——的伟大之处首先在于，黑格尔把人的自我产生看作一个过程，把对象化看作非对象化，看作外化和这种外化的扬弃；可见，他抓住了劳动的本质，把对象性的人、现实的因而是真正的人理解为他自己的劳动的结果”[②]，“整个所谓世界史不外是人通过人的劳动的诞生过程，是自然界对人说的生成过程”[③]。所以，美的创造和人的审美活动作为整个社会现象的一个组成部分，也需要联系劳动去理解。恩格斯在《卡尔·马克思》(1867 年)中指出：“历史破天荒第一次被置于它的真正

---

① 《1844 年经济学—哲学手稿》研究(文集)[C].长沙：湖南人民出版社，1983：66.

② 马克思恩格斯全集[M].第三卷.北京：人民出版社，2002：319.

③ 马克思恩格斯全集[M].第三卷.北京：人民出版社，2002：310.

基础上;一个很明显的而以前完全被人忽略的事实,即人们首先必须吃、喝、住、穿,就是说首先必须劳动,然后才能争取统治,从事政治、宗教和哲学等等,——这一很明显的事实在历史上的应有之义此时终于获得了承认。”[①]后来,恩格斯在马克思墓前的讲话中重述了这个观点,“正像达尔文发现有机界的发展规律一样,马克思发现了人类历史的发展规律,……直接的物质的生活资料的生产,从而一个民族或一个时代的一定的经济发展阶段,便构成基础,人们的国家设施、法的观点、艺术以至宗教观念,就是从这个基础上发展起来的,因而,也必须由这个基础来解释,而不是像过去那样做得相反”[②]。

马克思的《手稿》在论述人的感觉的形成过程时提出了“自然人化”的命题,马克思说,“人的感觉、感觉的人性,都只是由于它的对象的存在,由于人化的自然界,才产生出来”[③]。在实践过程中,“自然的人化”和“人的本质力量的对象化”是指一个过程的两个方面,马克思认为,“工业的历史和工业的已经生成的对象性的存在,是一本打开了的关于人的本质力量的书,是感性地摆在我们面前的人的心理学”[④]。具体而言,“自然人化”指客体“自然”的方面,“人的本质力量的对象化”是指主体“人”的方面,二者在基本内涵上是相通的。“自然人化”的命题在马克思那里并没有直接涉及美的问题,但是该方面的理论论述却引发了人们对美学问题的深刻而长远的思考,“自然人化”这个命题在二十世纪八十年

① 马克思恩格斯全集[M].第二十五卷.北京:人民出版社,2001:136.
② 马克思恩格斯全集[M].第二十五卷.北京:人民出版社,2001:594.
③ 马克思恩格斯全集[M].第三卷.北京:人民出版社,2002:305.
④ 马克思恩格斯全集[M].第三卷.北京:人民出版社,2002:306.

代的“美学热”中一度成为“美的本质”的定义。“自然人化”如何理解,以及“自然人化”能否回答关于“美的本质”的问题至今仍存在着争论。

在第一次美学大讨论中,“自然人化”是作为一种理论论据或者经典命题被各派美学理论家用来阐释美学问题的。这个时期关于“自然人化”存在三种不同的理解:即李泽厚的“自然人化”是一种客观的物质实践活动;高尔泰的“自然人化”是一种主观感觉的意识化;朱光潜的“自然的人化”是主客观的统一实践过程。

首先,实践美学一派的观点。李泽厚的《论美感、美和艺术(研究提纲)——兼论朱光潜的唯心主义美学思想》(《哲学研究》,1956 年第五期)援引“自然人化”理论解释美感的矛盾二重性问题,即美感的个人心理的主观直觉性和社会生活的客观功利性,同时在该文中,他还提出了“人化的自然”。李泽厚从基本的审美经验出发,提出美感的客观功利性只有在美的社会性中才能得到解答,因为美感的主观直觉性是客观功利性的反映,这个方面仅仅依靠美感是无法解答的。“自然对象只有成为‘人化的自然’,只有在自然对象上‘客观地展开了人的本质的丰富性’的时候,它才成为美。”①现在有学者会认为在“人化的自然”和“自然的人化”之间作出严格的区分是没有意义的,但是,“人化的自然”强调的是自然的存在性状,“自然的人化”强调的是自然向人生成的动态过程,并且在当时的独特背景下,这种区分还牵扯到对待马列经典的严肃性问题,这在特定时期有更为现实的意义。1957 年,李泽厚撰文《美的客观性和社会性》,主要是用“自然人化”理

① 李泽厚. 美学论集[M]. 上海:上海文艺出版社,1980:25.

论来解释自然美中的社会性，实现了美的客观性与社会性的统一。“自然在人类社会中是作为人的对象而存在着的。自然这时存在一种具体社会关系之中，它与人类生活已休戚彼关地存在着一种具体的客观的社会关系。所以这时它本身就已大大不同于人类社会产生前的自然，而已具有了一种社会性质。它本身已包含了人的本质的‘异化’（对象化），它已是一种‘人化的自然’了。”①所以，“人化的自然”使自然具有了社会性，但这个社会性不是主观的，而是客观性的。1962 年，李泽厚又撰文《美学三题议——与朱光潜同志继续论辩》，进一步提出主体的“自然人化”问题。“实践在人化客观自然界的同时，也就人化了主体的自然—五官感觉，使它不再只是满足单纯生理欲望的器官，而成为进行社会实践的工具。正因为主体的自然人化与客观的自然的人化同是人类几十万年实践的历史成果，是同一事情的两个方面，所以，客观自然的形式美与实践主体的知觉或形式的互相适合、一致、协调，就必然地引起人们的审美愉悦。”②实践美学的另一代表人物蒋孔阳也认为：“这种自然界只有是‘人化’的，它‘实践地形成人类生活和人类活动底一部分’，从而‘客观地揭开了人的本质的丰富性’，变成了现实。由于它是人的现实，人在当中揭示了自己丰富的本质，所以我们人也才能够发现和欣赏它的美。”③

其次，当时的美在主观一派的代表人物，包括吕荧和高尔泰，虽然意在说明美在主观，但是就美是人的劳动和社会历史的产物

① 李泽厚. 美学论集[M]. 上海：上海文艺出版社，1980：61.

② 李泽厚. 美学论集[M]. 上海：上海文艺出版社，1980：175.

③ 蒋孔阳. 简论美[M]. 重庆：中国当代美学论文选. 第一集. 重庆出版社，1984：314.

的观点，和实践美学一派还是相类似的。吕荧在《美是什么》中提出："这个人化的自然是人的劳动和历史社会的产物。一般说来，人在征服了控制了自然，据有主人地位之后，才开始欣赏自然的美，并且在社会生活中发展了这种美。"①高尔泰在《论美》中明确提出"美底本质，就是自然之人化。"虽然吕荧与李泽厚的美学观点是不同的，但在把"自然的人化"理解为人的劳动实践的产物这一点上，却有相同之处。②

再次，朱光潜在《论美是客观与主观的统一》(《哲学研究》，1957 年第四期)中提出了不同的理解，"一方面说，主体客体化了，人'对象化'了，人借对象显出他的本质力量；就另一方面说，客体主体化了，自然'人化'了，对象对于人之所以具有'更多的东西'，是由于人显出了他的'本质力量'，使它具有社会的意义"③。所以，在朱光潜看来，马克思《手稿》中的"人的对象化"和"人化的自然"要说明的不是如李泽厚所谓的在证明自然性同时也是社会存在的社会性，而是客观与主观对立面统一的辩证过程。朱光潜尖锐地批评了当时的美学论著简单地"套用列宁的反映论"的模式，主张客观世界和主观能动性统一于实践的思想。他又在马克思《〈政治经济学批判〉导言》(即 1857—1858 年《经济学手稿》)中找到"用艺术方式掌握世界"的命题，认为马克思提出了两种不同的掌握世界的方式，即科学的理论性的掌握方式和艺术的实践精神的掌握方式，要求使审美跳出认识论的窠臼，以正确地区分两者。

① 吕荧. 吕荧文艺与美学论集[M]. 上海：上海文艺出版社，1984：403.
② 高尔泰. 美是自由的象征[M]. 北京：人民文学出版社，1986：326.
③ 朱光潜. 朱光潜美学文集[M]. 第三卷. 上海：上海文艺出版社，1983：50.

在二十世纪八十年代的美学热中,“自然人化”通过对《手稿》文本内涵的阐释而使得之前的理解得以继续发展。

首先,到了二十世纪八十年代,李泽厚在吸收康德哲学的一些观点的基础上,以《批判哲学的批判》(1979 年)为新的起点,以主体性丰富了实践美学,突破了狭隘的认识论的框架,进入到了本体论的美学研究,从而建立了主体性实践美学。主体性实践美学的思想来源主要是马克思主义的实践观和康德的先验主体性,就其关系而言,是用前者改造了后者。主体性实践美学也被李泽厚命名为“人类学本体论美学”,这个区别在他看来,是名异而实同。主体性实践哲学或者说是人类学本体论哲学观在美学中的运用,集中体现在他的《美学三书》(《美的历程》《美学四讲》和《华夏美学》)中,《美学三书》也使得李泽厚的实践论美学从中国古典美学中获得“天人合一”等资源,并与马克思的“自然的人化”等思想相互参证,体现了他在美学上对马克思主义与中国具体实践相结合的追求。

这个时期,李泽厚“自然人化”思想突出表现在主体审美能力的“自然的人化”的过程,他的《美感谈》认为:“人化的自然有两个方面,一个方面是外在自然,即山河大地的‘人化’,是指人类通过劳动直接或间接地改造自然的整个历史成果,主要指自然与人在客观关系上发生了改变。另一方面是内在自然的人化,是指人本身的情感、需要、感知以至器官的人化,这也是人性的塑造。”[①]李泽厚的《美学四讲》在以前的基础之上提出了“人的自然化”的概念,“人的自然化”的全面展开则是在《己卯五说》(1999 年)一书

① 李泽厚. 李泽厚哲学美学文选[C]. 长沙:湖南人民出版社,1985:384.

中。其中,李泽厚针对当时流行的"儒学三期"说,提出了自己的"儒学四期"说。他提出第四期的儒学主题就是'人类学历史本体论',该理论的基本范畴就是自然人化、人自然化、积淀、情感、文化心理结构、两种道德、历史与伦理的二律背反等。就自然人化而言,李泽厚按照他以前的看法把"自然的人化"分为两种:"外在自然的人化"与"内在自然的人化","外在自然的人化"又被进一步分为"硬件"与"软件"两个部分。"硬件"的人化,即人类对自己身处其中的作为生存环境的自然界的改造,而"软件"的人化则是指随着自然人化"硬件"的发展,自然与人的相互关系的重要变化,这种"软件"的人化,不是观念性或主观性,而是人类本体存在性。对于"内在自然的人化",即人的身体器官,与作为人的周围环境的"外在自然"相对而言,也可以区分为"硬件"和"软件"两个部分:内在自然硬件的人化,即人类在实践中对作为自然的人的身体器官的改造、人化;内在自然软件的人化,则是指人类所具有的内在心理状态的改造、人化。"内在自然的人化"也被李泽厚称为人的"文化心理结构",并且把伦理学作为其中的核心。

在"自然的人化"之后,李泽厚接着对"人的自然化"也做了深入论述。他首先重申了在《美学四讲》中对"人的自然化"的看法,即认为"人的自然化"是"自然的人化"的对应物,并且把它分为三个层次:即人与自然环境、自然生态的关系,人把自然景物和景象作为欣赏、欢娱的对象,人通过某种学习和修炼而使自身与自然节律相吻合呼应。在《己卯五说》中李泽厚继续按照"硬件"和"软件"两个方面来分析"人的自然化"。《美学四讲》提到的关于"人的自然化"的三个层次含义都可以被看成是"硬件"方面,这可以与人的审美情感和审美心境相联系;而对于"人的自然化"的"软件”方面,在李泽厚那里是指已经“人化”或者“社会化”了的人的心理、精神又返回到自然去,以构成人类文化心理结构中的自由享受。

作为实践美学的另一位代表人物蒋孔阳则从美的创造的角度突出阐发了主体创造的“本质力量”。“客观现实生活中的美,不仅因人因时而异,而且各人都在根据自己的本质力量,创造和欣赏自己的本质力量所能达到的美。就在这个意义上,马克思说:美是‘人的本质力量的对象化’。”①刘纲纪把“自然人化”与生产劳动结合起来,提出了“‘自然的人化’或‘自然界生成为人’,关键是在物质生产劳动。劳动是人作为自然存在物与动物这种自然存在物的本质区别所在。它是‘自然界生成为人’的历史过程中一个意义极其重大的飞跃,同时又是‘自然的人化’的基础、源泉和动力。”②

其次,《手稿》成为中国美学的重要理论来源,并且把“自然的人化”看作是自然向美生成的前提,在这一点上朱光潜与李泽厚持相同的态度。但是在“自然向美生成的推动力量是什么”这个问题上,两者产生了根本的区别。李泽厚把人的本质界定为实践,所以“自然人化”就是自然通过人的劳动改造成为社会性存在,并因此成为美;朱光潜虽然承认劳动实践在促成自然性向社会性生成中的决定作用,但他更为强调的是美作为意识形态的独特性,即美是精神实践的产物,所以在朱光潜看来,“自然人化”就是人的思想、情感、世界观、阶级意识等精神力量对对象的渗入和重塑。

① 蒋孔阳.美在创造中[M].桂林:广西师范大学出版社,1997:13.

② 刘纲纪.美学与哲学[M].长沙:湖南人民出版社,1986:125.

在二十世纪八十年代，朱光潜进一步从马克思《手稿》中引申出了"人的整体"的观点，提出"整体人的全面本质"。朱光潜认为，"马克思在第三手稿《私有制与共产主义》章举的例是'视、听、嗅、味、触、思维、观照、情感、意志、活动、爱，总之，他的个体所有的全部器官'，此外还有'爱情'和一些'社会性的器官'"①。就此不难发现，朱光潜的"人的本质力量的对象化"或"自然的人化"，彻底摆脱了劳动实践的狭隘限定，成为人以其整体向对象世界的全面开放。

再次，与朱光潜对于自然美的认识还具有同《手稿》思想相统一不同，蔡仪的在反映论基础上的客观论美学则与《手稿》完全不兼容。客观地讲，从二十世纪五十年代末《手稿》成为中国当代美学的奠基性论著之后，蔡仪的客观论美学及对自然美的看法就基本上被边缘化了。二十世纪七十年代，蔡仪以中苏关系的全面交恶为背景，开始批判前苏联实践美学派的代表人物，如万斯洛夫、斯多洛维奇等，认为实践论美学的中心论点是唯心主义的，所谓"自然的人化"只不过是主观唯心主义的具体表现，其意在国内实践美学。到了二十世纪八十年代，蔡仪则进一步将批判指向《手稿》本身，这就对一直在马克思主义理论框架之内寻求建构的中国美学，发起了严峻的挑战。

### 三、美学界各派针对"自然人化"的论争

蔡仪等这样严苛的批判使得学界产生了一种质疑，即"自然人化"是否具有马克思理论合法性的问题。蔡仪在《论人本主义、

① 朱光潜. 马克思的《经济学—哲学手稿》中的美学问题[J]. 朱光潜美学文集. 第三卷. 上海：上海文艺出版社，1983：470－471.

人道主义和“自然人化”说》(《文艺研究》,1982 年第四期)一文中直接指出,“自然的人化”是人本主义的,根本不是马克思主义的理论。“不仅单纯地由自然的规定人和人的本质,也强调由人和人的本质规定自然,因此一方面主张‘人的本质对象化’,同时另一方面又提出‘自然的人化’。这样的自然和人互化的理论,就完全表明《手稿》中的人本主义原则的思想实质,已‘化’成地地道道的主观唯心主义了。要之,我们认为《手稿》中所谓‘自然的人化’和‘人的本质对象化’的语句,根本不是表现马克思主义思想的。”[①]另有学者,如汤龙发在《马克思与费尔巴哈》一文中也指出,“用唯物主义的观点来看,自然,客观事物是独立于人身外的客观存在,它们不可能为人而存在,不可能成为人的个性的确证”[②]。

对于“自然人化”的理解之所以能够产生如此差异,和许多方面的原因是分不开的,例如翻译的问题,理解主体的个人倾向问题等,当然更复杂的原因可能还是来自“自然人化”这个概念本身的不确定性。北京师范大学哲学与社会学学院刘成纪教授在《自然的人化与新中国自然美理论的逻辑进展》一文中就对此进行了深刻的分析。他认为,“自然的人化”中三个核心词汇,即自然、人和人化,都是不确定的。首先,“自然”可以有三个方面的理解,即本体论层面的物质实体、认识论层面的自然对象和生存论意义上的自然环境。他引用了马克思的理论对此予以说明:“被抽象地理解的,自为的,被确定为与人分隔开来的自然界,对人来说也是

① 蔡仪.蔡仪文集[M].北京:中国文联出版社,2002:303.

② 汤龙发.异化和哲学美学问题——巴黎《手稿》新探[M].长沙:湖南人民出版社,1988:39.

无。”①这是将自然全面纳入了“人化”的视界，使其成为一个社会范畴。但马克思同时也指出：“社会物从没有因人的创造而真正改变其自然本质，如桌子的本质永远是树木、砖瓦的本质永远是泥土。②”这样，所谓的社会物在本质意义上就依然是自然物。其次，对于“人”的理解，既可以将其本质界定为理性、自由意志或者实践，也可以按照马克思《手稿》中的人的整体观得到这样的结论，即感觉、生命、情感等“有意识的生命活动”同样也构成了人之为人的基础。最后，对“人化”的理解的不确定性，刘成纪认为就《手稿》《资本论》等著作中过于强调人对自然物使用价值的再生产而言，“人化”应该主要指实践化。但是，人在感觉层面将自然纳入认识范围，在情感方面作为主观情志的寄寓，在伦理层面作为主体人格的象征，也是自然“人化”的重要组成部分。所以，在刘成纪看来，即使是在马克思那里，“自然的人化”在理论上也是可以有多元化的理解的。

针对对“自然人化”理论合法性的质疑，实践美学一派作了深入的研究和论证。周长鼎在《正确看待马克思的“自然的人化”理论》中认为：“《手稿》中的‘自然的人化’或‘人化的自然’就是马克思对现实自然界的基本特征所作的哲学概括。围绕‘自然人化’所展开的思想表明，这是对现实自然界的空前深刻的理解，是马克思主义的‘历史自然观’开始形成的基本标志，也是马克思开始走上辩证唯物主义与历史唯物主义道路的重要标志。”③邢新力在《马克思〈手稿〉中关于‘人化自然’的思想》也指出：“《手稿》批

① 马克思恩格斯全集[M].第三卷.北京：人民出版社，2002：335.

② 马克思恩格斯全集[M].第四十四卷.北京：人民出版社，2001：88.

③ 马列文论研究[M].第八集.北京：中国人民大学出版社，1987：139.

判地继承了黑格尔关于‘人化环境’和费尔巴哈关于人的本质对象化的思想，虽然在具体的论述基础上，还有费尔巴哈人本主义影响的痕迹，但《手稿》关于‘人化自然’的思想基本上是马克思主义的观点。”[①]即是说，马克思已经把“自然的人化”理论放置在了物质实践的基础之上，在内涵和外延上都与人本主义的理解是完全不同的。

由于当代中国美学旨在建立马克思主义的美学理论体系，因此“美的本质”的问题就必然成为美学理论的元问题。但由于意识形态等方面的原因，在对于美的唯物与唯心的机械区分过程中，对“美的本质”的探讨陷入了美究竟在客观还是在主观的胶着状态。李泽厚运用《手稿》中的“自然人化”理论一方面辩证地解答了美感的矛盾二重性，另一方面又在一定程度上突破了“美的本质”探讨的主客二分的简单对立，提出美是社会性与客观性的统一。新时期之后，随着人的解放思想的推动，“自然人化”作为突出人的主体和创造能力的美学理论迅速为人们所接受，一度成为中国当代美学的指导思想，并且在“自然的人化”的基础上提出了关于美的本质的定义。

首先，“自然人化”与实践美学的实践观问题。在实践美学看来，马克思《手稿》中的“自然人化”基本含义，就是指人类的劳动活动。“自然的人化”，简单地看就是指人与自然的关系，而人与自然的关系，先是一种实践关系，再是认识关系和审美关系，而实践关系是后两者的基础。但是，一旦把“自然人化”与另一个命题，即“人的本质力量的对象化”相联系，问题就会变得复杂。朱

① 邢新力. 马克思《手稿》中关于人化自然的思想[J]. 江汉论坛，1985(1)：32.

光潜就提出“自然的人化”中人的精神活动的内容,尤其是关于艺术活动。即使是实践美学的代表人物蒋孔阳,对“自然的人化”的理解也比较宽泛,他认为实践就是人类创造性的活动,既包括物质生产活动也包括人的精神活动。李泽厚自二十世纪六十年代以来就把“自然人化”理解为人类的物质生产实践活动,实践就是人类制造和使用工具的物质生产活动。因此,李泽厚又称自己的实践美学是以工具为本体的,即“工具本体论”实践美学。但是我们知道,马克思在《手稿》中谈到人的全面的本质力量时,是包括人的视觉、听觉、情感等一切感觉在内的,所以学界在阐述“自然的人化”和“人的本质力量对象化”的时候,就不可避免地把人的精神活动的内涵加入进去,诸如朱光潜的艺术实践、高尔泰的感官的自然化等,甚至是蔡仪等把“自然人化”理解为唯心主义。如何既把握实践是美的根源,又能够统一人的审美活动的精神性,恐怕是美学各派都要认真思考的一个问题。

其次,“自然人化”与人的主体性问题。李泽厚的主体性思想来自于对康德的先验结构的改造,也被李泽厚称为人的文化社会心理结构。按照李泽厚的观点,人的主体性结构的生成过程就是“积淀”。从二十世纪六十年代到八十年代,李泽厚一直对积淀理论进行着思考,并且在二十世纪八十年代成为了李泽厚实践美学的一个关键词。前文对积淀的含义已经做了相关论述,此处就不再赘述。在《第四提纲》中,李泽厚也许感到把人的审美结构完全归于理性的积淀,有失偏颇,于是对人的审美结构又做了一些修正。比如他把人的审美结构归结为一种超越因果、功利的人生态度,把人的主体性结构的建设归结为情感本体建设等,把人的审美心理结构和所谓的“情感本体”划了等号。对于李泽厚的“积淀说”,学界提出了不少的批评意见,以刘晓波《选择的批判——与李泽厚对话》(上海人民出版社,1988 年)为例,刘晓波就批判李泽厚的积淀说是传统的形而上学,带有明显的保守性。他认为,李泽厚的“积淀说”就如同黑格尔的“现实即合理”的命题一样,都是面向过去的,“积淀说”对待传统是肯定多于否定,例如对“天人合一”,只是片面强调了其中和谐的一面,而忽视冲突的一面。在这个层面上,刘晓波提出应该用突破说替代“积淀说”。另外,在刘晓波看来,正是由于积淀学说的保守性,所以与马克思主义理论的批判精神是背道而驰的,“积淀说”强调了美是感性中有理性、个体中有社会、知觉和情感之中有理解和想象,意即积淀了理性的感性,积淀了社会的个体、积淀了想象、理解的感情与知觉,但是李泽厚仍然是重理性轻感性、重视社会而轻视个体。除了刘晓波之外,批判李泽厚“积淀说”的学者不在少数。对此,我们应该反思:有关个体主体性的内涵是什么?《美学四讲》中有关“美感结构”的四个方面,实践美学的个体主体性的界定是从个体心理学的角度界定的吗?就人性历史生成的复杂性而言,积淀的理论是否有过于简化之嫌?作为辩证唯物主义的解释,“积淀说”是否彻底改造了康德的先验假设?李泽厚把人的主体性归结于人的“主体性结构”,那么主体性结构能够代表人的主体性吗?等等。这些问题,尚待美学界深入思考。

这就回到了本节开始提出的一个问题,即自然的人化可以说明美的起源,但是用它来规定美的本质是否恰当?“自然人化”是美产生的前提,是必要条件,但并非是充分条件,不是所有的自然人化都可以产生美。从自然人化到美的产生有哪些中间环节?实践的基础概念与具体的审美的对象之间,包括自然美、社会美、艺术美之间怎么转换、如何说明问题？李泽厚以爱因斯坦的$E=MC^2$这个公式举例说，仅仅凭借这个公式制造不出原子弹，所以对于实践美学的探讨也是一个道理，即关键是在哪一个层面，用哲学美学还是应用美学等层面去谈论美。李泽厚在 1980 年的全国美学会作过一个发言，其中就涉及了这个方面的问题。他指出："不能把现象和本质混为一谈，从本质到现象，有一系列中间环节……如果希望拿美的本质就能直接解释一切具体的美的现象，便是在方法论上忽视了这一点。美的本质是不是就等于审美对象（现象）？不等于。"[①]此后，李泽厚把该观点明确表述为"美"的三个层次：即审美对象、审美性质、美的根源。具体而言，审美对象是美是主观意识和情感以及客观对象的统一，审美性质是对象的客观自然性质，而美的根源是人类实践的产物，是自然的人化，在性质上是客观的、社会的。李泽厚也批判吸收了朱光潜的一些思想，提出审美对象之所以能够出现并且能够使人感受到美，的确需要一定的主观条件，包括具备一定的审美态度、人生经验、文化教养等等，审美对象在一定的程度上与审美经验是难以分割的，这是朱光潜的合理方面。但是在另一方面，李泽厚提出审美对象的出现或存在，还要有客观方面的条件和原因，即审美性质的存在或潜在，这就是蔡仪学说中的合理部分了。李泽厚援引格式塔心理学指出，由于事物的形式结构与人的生理—心理结构在大脑中引起相同的电脉冲，所以外在对象和内在情感合拍一致，主客协调，物我同一就可以引起审美愉快。人的这种同构反应，正是人类生产劳动和其他生活实践的漫长历史成果，是通过长期的生活实践，首先是劳动生

① 李泽厚. 美学的对象和范围[J]. 美学，1981(3).

产的基本实践,在外在自然人化的同时,内在自然也逐渐人化的历史成果,即在内、外双向进展的自然人化中产生了美的形式和审美的形式感。李泽厚的"美的本质"或根源正是"人化的自然"。从美感经验与之直接交流互渗的审美对象,到独立于美感的客观存在的审美性质,再到审美对象之外的物质实践活动,实践美学逐渐进入有关人类起源和本质的哲学人类学范围。李泽厚在前面强调的从审美对象到"美的本质"的层次问题,就是李泽厚提出的从自然人化到美的产生的中间环节问题。

但是,有的学者就指出这个所谓的环节在根本上是缺乏经验基础的。认为李泽厚所代表的实践美学一派的美学思想虽然具有恢宏的构架和巨大的命题,却往往缺乏感性经验的基础而常常流于一种理论幻想和一种思辨的形而上学。认为如果按照李泽厚的理解,"本质"就已经游离于美感经验的视野之外,而成为理论臆想的对象,成为思辨哲学的专宠之物。提出李泽厚的这种探讨既不需要从美感经验的基础出发,也不需要回到这种基础,以接受验证。本质上李泽厚的这个学说立场与柏拉图的"理式"哲学之间倒恰好存在着一种"同构对应"。"所以尽管李先生强调美学要从研究审美经验(美感)入手,但李先生的全部美学的中心点都在探讨那种离开审美活动而独立存在的美是什么和怎么来的。审美活动的独特品格被忽略了,审美活动被等同于认识活动……由此,在李先生的美学体系中,从其内在的逻辑上来看,对审美经验的研究便失去了应有的位置。尽管李先生后来很重视美感经验的心理研究,但这不是从他的基本理论中可以推演出来的必然内容,而是一种外在的补充。李先生强调美既是客观的,又是社会的,其目的是突出美不是天生自在的自然物,而是经过人类实践改造的人工产品。但从存在方式上来看,这种人工产品一旦被创造出来之后同自然物品就没有区别,它们都是客观存在。这样在李先生的美学系统中,从存在论(对事物的不同的存在方式的探讨)上对美(实践创造的产品)的研究也是没有必要的。当然这不是说自在的自然物同人工产品之间没有任何区别,从存在论的角度来看,它们之间的区别只是形态上的,而不是本质上的。而现实的审美经验告诉我们,人工产品同自在的自然物之间的形态上的区别对我们的美感经验来说是微不足道的,我们既可以对自在的自然物起美感,也可以对人工产品起美感,甚至现实的情况(尤其是在现代社会里)往往是这样,我们更容易对自然物起美感,而不容易对生产实践中制造的人工产品起美感。"①那么也需要反思的是,实践美学是否真的犯下了把本质和根源混淆的错误?实践美学是否是离开了现象寻找美的本质而陷入了美学问题的偏离?实践是否能够说明审美的本质特性?

## 第三节

## 工具本体和情感本体是否存在矛盾

### 一、李泽厚的历史本体论的基本框架

李泽厚的历史本体论主要包括工具本体和心理本体两个部

① 彭锋.朱光潜、李泽厚和当代美学基本理论建设[J].学术月刊.1998(6):79－88.

分。李泽厚在2003年出版的《历史本体论》中,为自己的历史本体论学说设立了一个较完整的框架,即经验变先验、历史建理性、心理成本体。

首先,经验变先验。实用理性是中国传统文化固有的一种倾向和特征,历史本体论在批判吸收儒家传统文化的基础上又提出并强调了今天的实用理性。实用理性是指"一个活生生的过程中的结构原则和创造原则,指的是文化在人的心理中所发挥的作用与个体相冲突和交融的过程"[①]。所以,实用理性强调的是过程,它不以自身的自足为最高目标,而是清晰表明自己作为人类生存的工具性能。对于实用理性的概念,李泽厚最先是在1980年的一篇文章即《孔子再评价》中使用的。据李泽厚讲,实践理性在汉语中与康德"practical reason"的译名"实践理性"相同,为了避免造成混乱,后来改用"实用理性"。李泽厚认为,从世界范围来看,世界几大古文明中只有中华文明延续到了现在,这就与中华文化的"实用理性"有关。这种实用理性使中华文化拥有强大的生存能力,其中包括对异己的包容精神。"中国哲学",尤其是儒家学说,从根本上看,具有不重视抽象的思辨论证、严密的逻辑推理、系统的理论建构等不同于西方哲学传统的特征。但是,儒家哲学强调理论必须具有实践的和实用的品格,并且试图对普通人的日常生活、行为和活动施加直接的影响。在今日现代化的进程中,实用理性便完全有可能找到合理有效的方法去解决诸如政教合一、伦理与政治混融不分、狂热的革命激情等问题。由此,可以得出一个结论:实用理性作为中国人文化心理活动的结构原则,并非静止的、

---

① 李泽厚.历史本体论[M].北京:生活·读书·新知三联书店,2003:52.

一成不变的形式，它重视的正是变化、扩展、更新和发展，从而使得中国传统、儒学和实用理性不会对现代化构成障碍。“实用理性”是李泽厚解读传统文化的一把钥匙，也给今天的我们留下了一些值得思考的问题：我们一面复兴传统，一面摧毁传统，这从深层来分析是否也是“实用理性”这一中华文化的深层文化心理结构使然——只要对现实没用的就予以抛弃？

其次，历史建理性。李泽厚认为中国的巫史传统留给了我们珍贵的民族传统，即人的生命价值不在来世或天堂的不朽，而是在现实的人世中。巫史传统的基础在于社会历史，它不在巫而在于巫的理性化。巫的概念是包括图腾舞蹈在内的所有类似的这样一些原始时代的活动，后世一切的上层建筑和意识形态都是从这里面出来的，而中国很早就把巫理性化了，变成了礼仪系统。理性化，并不是思维方式的理性化，而是在巫术的思维模式内，将具体的思维内容理性化，如天人合一观念由命定论到命正论的转变等。巫术的这种思维的东西，它不是以抽象的形式出现在历史各个阶段，更不是以抽象的方式发挥它的作用，巫的理性化，就是实用理性的来源。而道德正是这一巫史传统理性化的首要标志。历史本体论也讨论道德，但只从文化心理结构的角度对道德作现象性描述，在中国，道德表现为社会性道德和宗教性道德的融合，宗教性道德是人的最高目的和人生最高境地。

再次，心理成本体。这是中国哲学的“神髓”。李泽厚说：“欲望与情意如何区别？欲望是以个人主体为重，情感则以对方及双方关系为重。可见，由欲到情，也就是由个人动物性、生理性的欲到有人际、关系、社会性渗入的心理——情，扩而言之，所谓‘生老病死’便不只是生理性的苦，而同时更是社会性的苦。也由于后者，使这痛苦变得更为丰富、细致、复杂、深刻。这也就是人生。”①乐感文化的核心就是情感本体，“情本体”即无本体，它不再是传统意义上的本体。“情”是“性”（道德）与“欲”（本能）多种多样不同比例的配置和组合，从而不可能建构成某种固定的框架和体系或超越的“本体”。之所以仍使用“本体”的名称，只是用以指称人生的真谛和存在的真实。中国文人一方面追寻心灵的慰藉，另一方面又离不开世俗的兴味，所谓“一人得道，鸡犬飞升”。中国文化或实践美学讨论美的本质始终是站在哲学的立场，并且从美的起源的角度考察和阐述美的发生。前文谈到，《哲学探寻录》中的人类学本体论“人活着、如何活、为什么活、活的怎么样”的问题，人最基本的活动就是制造和使用工具的物质实践，所以工具本体是人类学本体论的立足点，但是从“人活着到如何活”的主体都是类主体，这个类主体在人类学本体论的地位如何，是否算作是一个起点？在人类学本体论中的类主体的部分，作为一个审美怎么兼顾个体主体性的问题？从“为什么活”开始讲个体本体，但是从社会道德等伦理的角度进行分析，人类学本体论最终要指向情感本体和心理本体，其内涵是什么？工具本体的核心是制造和使用工具，但是，情感本体在《哲学探寻录》中说是“无本体”，为什么？马克思的实践视为是人的本质，但在西方的本质主义中，如基督教上帝的信仰看出人的本质，理性主义把理想看作人的本质，儒教把仁义孝悌作为人的本质，我们在对其进行批判时认为他们只是把人的某一方面作为一个最根本的东西进行了强调，实践的人的本质是否也有这个方面的问题？李泽厚意识到实践作为人的本质有这

① 李泽厚.历史本体论[M].上海：三联出版社，2003：101.

个缺陷，于是他提出了情感本体，这个是很深刻的，仅凭实践是无法解释人的存在的。

## 二、工具本体与马克思唯物史观的同与异

李泽厚认为，马克思对人类的巨大理论贡献，即他在《批判哲学的批判》中重点宣讲的关于“使用—制造工具的劳动实践”的这一根本观点。李泽厚曾经把马克思的理论分为两大部分：基础理论部分（唯物史观）和革命策略部分，唯物史观的核心在于生产工具、生产力、科技是人类社会生存延续和发展的最终基础这一根本观点，在李泽厚看来这个方面是正确的。但是对于马克思的革命策略部分，包括社会革命理论、剩余价值理论、异化理论等，李泽厚认为要么是过于偏激，要么是片面性的扩大，要么就是没有理论上的丰富和展开。那么什么是工具呢？这需要联系李泽厚的“吃饭哲学”的主要含义。李泽厚把“人活着”作为其哲学的第一命题，他认为马克思的理论表达的是一种人类学的哲学视角，劳动和创造是整个人类感性世界的深刻的社会基础。马克思也谈到过，“人们为了能够‘创造历史’，必须能够生活。但是为了生活，首先就需要吃喝住穿以及其他一些东西。因此第一个历史活动就是生产满足这些需要的资料，即生产物质生活本身，而且正是这样的历史活动，一切历史的一种基本条件，人们单是为了能够生活就必须每日每时去完成它，现在和几千年前都是这样。即使感性在圣布鲁诺那里被归结为像一根棍子那样微不足道的东西，它仍然必须以生产这根棍子的活动为前提。因此任何历史观的第一件事情就是必须注意上述基本事实的全部意义和全部范围，并给予应有的

重视”[1]。李泽厚认为,从人类整体历史的角度看,革命不能成为人类文明史延续发展的基础、主线,更不会是动力,因为革命只是特定的、局部的现象和情况,人类文明史的主线在于生产工具(科技)和生产力的演进变化。生产工具与生产力的发展才是与人“吃饭”,即人们物质生存的现实生活相直接关联的内容。所以,工具本体是李泽厚从马克思思想中接受的最为核心的一个部分。

工具本体对于李泽厚哲学的一个积极的意义就是对于实践内涵的界定。李泽厚从《批判哲学的批判》开始就一再强调以“使用—制造工具的活动”来界定“实践”概念,并认为这才是坚持和发展马克思唯物史观的哲学核心。首先,李泽厚认为生产力各要素的发生、发展离不开制造和使用工具的具体劳动。抽象的价值,包括思辨的概念,例如“劳动二重性”、“抽象劳动”、“社会必要劳动时间”等是不能作为理论推导的出发点和逻辑杠杆的。其次,《资本论》中对于生产工具——生产力的重要性,即作为推动社会进步和经济发展的根本动力和基础,没有充分地和详尽地论证,而完全被掩蔽在对资本主义生产关系的理论分析之中,在李泽厚看来,这是一个悲剧。马克思说,“商品中包含的劳动的这种二重性,是首先由我批判地证明了的。这一点是理解政治经济学的枢纽”,但是这个枢纽在李泽厚看来,正是马克思在哲学方法论上的理性主义失误。而该方法论失误的根本原因就是黑格尔主义的恶果,即马克思受黑格尔影响太深。虽然黑格尔把康德揭示幻相的辩证法变而为理念推论的辩证法,把逻辑(思维)和历史(现实)合为一体,具有伟大的历史感,但是这个辩证法和历史感如果脱开具

① 马克思恩格斯选集[M].第一卷.北京:人民出版社,1995:79.

体经验来抽象地运用，便会造成如康德讲的先验幻相。马克思虽然把黑格尔的辩证法头脚颠倒，即不是从绝对理念而是从物质生活出发，但《资本论》第一章却脱离物质生活的具体经验，即各种具体的劳动结构，从思辨抽象的辩证概念为基础来运作，这就有如黑格尔绝对理念的辩证运用一样，便产生了先验幻相。对此，李泽厚强调说，他之所以在二十世纪七十年代要康德不要黑格尔，就是这个方面的原因。

工具本体与马克思唯物史观也有区别。李泽厚认为，马克思的思想背景是来自西方古典哲学，特别是黑格尔哲学，有很强的历史感，非常深刻。但是马克思和黑格尔都有主观使用辩证法的缺点，导致了某些幻想。而李泽厚的人类学历史本体论则是以中国的传统为背景，坚持在人本、历史、积极入世的基础上去反思过去、展望未来和把握现在，以此去化康德和马克思。“吃饭哲学”的这种通俗甚至庸俗、粗鄙的说法，是故意刺激那些轻视、鄙视物质生存、日常生活，而侈谈道德理性、精神生命、灵魂拯救之类的各派理论学说的。当然刺激功能一旦完成，就还是要使用“人类学历史本体论”。“吃饭哲学”突出的是“人活着”这样的基本事实和哲学主题，强调的是实实在在的个体的“活着”，每个人的“活着”都是别人所不能替代的，从而更为重视感性现实的个体存在和发展的实现。比较而言，唯物史观就忽视了这个个体的人的存在，它把“人活着”这一主题完全纳入了生产力——生产方式的哲学——社会学原理之中，以至这个实在的、具体的“人活着”看不见了。李泽厚认为，唯物史观虽不否认“人活着”，但一定程度上被遮蔽了。李泽厚的“吃饭哲学”强调“吃饭”是为了“活”，但是反过来“活着”却不能只是为了“吃饭”，在这个层面上，人的“如何活”并不能解决“为什么活”和“活得怎么样”这个问题。对于这一系列的问题,唯物史观不加区分地都把它们都放置在“如何活”中,认为它们是一定经济基础的上层建筑和意识形态,这是错误的。应该强调“人活着”、“如何活”、“为什么活”、“活得怎么样”等命题的独立的价值和意义,即“吃饭哲学”有唯物史观所忽视和缺少的伦理学和心理学的哲学理论。

**三、工具本体和情感本体的矛盾**

工具本体和情感本体之间是可以相互渗透的,情感本体可以对工具本体的缺陷进行修正、补足。李泽厚在谈到社会美和自然美时论及,人类不必去诅咒科技世界和工具本体,而是要去恢复、采寻、发现和展开科技世界和工具本体中的诗情美意,大工业生产的工具本体完全有渗入情感本体的可能,有恢复工艺—社会结构中的生命力量和人生情味的可能。但是,李泽厚实践美学中的“工具本体”与“情感本体”的二元设定,不可避免地遭到了许多学者的批评,之后他本人也感觉到这种处理方法有问题,也试图就“工具本体”与“情感本体”的关系问题再次作出解释。2002 年 2 月,在香港城市大学中国文化中心谈论“我和新中国美学五十年”的话题中,李泽厚在回答戴阿宝有关“工具本体”和“情感本体”是否有矛盾及如何解释二者间的关系的问题时说:“我是讲两个‘本体’。当然本体这个词是很成问题,但没有别的词好用。不管是现在的西方还是传统的中国,都不讲现象与本体的区别。讲本体,就好像前面有一个现象,本体是现象后面的东西。这种看法在后现代是不认可的。我是讲两个本体,但是有先后。第一个,我讲的是‘工具’本体,也叫‘工具—社会’本体,第二个叫‘情感—心理’本体。这都与我的自然人化有关系……这两个方面在我这里没有什么矛盾,恰恰是构成了一个整体……针对康德的认识论,我讲内在的自然人化是从实践来的,只不过在变成人的心理之后,倒好像是先验的。情感本体,心理本体和外在工具本体上是相对应的,但在理论上逻辑上是有顺序之别的。”①

首先,情感本体无法真正融入实践美学的理论体系。实践美学的根本在于以马克思主义的实践观为指导,建立一种人类整体的理性主义哲学立场,实践美学当然也关注人,但主要是从群体、类的立场来关注,从这个意义上讲,实践美学给个体、感性、心理等留下的空间是十分有限的。尽管李泽厚在后期提倡情感本体、新感性等概念,将情感本体提到一个比较高的位置,强调个体的感性是积淀了人的群体理性、社会内容的感性。但是如果要把情感本体放进实践美学的体系中,它是无法成为中心的,毕竟情感本体只是理性、群体、历史的另一种呈现方式,就其作用来说只能是李泽厚对于前期实践美学的补充。从工具本体到情感本体的逻辑线索之中,工具本体始终是真正的本体,是具有真正决定作用的因素。情感本体,即使在李泽厚那里,也承认不是哲学意义上的本体,即使是用本体来定义情感都是成问题的。

其次,工具本体和心理本体的模糊关系。情感本体的提出不仅是美学的理论层面的问题,还在于它要解决现实的问题。在李泽厚看来,工具本体是历史的必然,而由工具本体到情感本体又是由必然引申出来的必然,即由工具本体积淀而成情感本体,本质上是工具本体生成了心理本体。李泽厚在谈到工具本体的时候,是

---

① 李泽厚.走我自己的路——对谈集[M].北京:中国盲文出版社,2002:446-447.

肯定马克思的,但是在论述情感本体的时候,更多的是带有中国古典美学的传统。李泽厚认为这两个本体之中,工具本体是决定性的本体,那么就产生了一个问题,即工具本体和情感本体有没有层次上的划分,没有的话就说明不了谁决定谁的问题,但是如果有层次上的划分,情感本体还能不能算作本体?陈望衡在《实践美学体系的三重矛盾》(《学术月刊》,1999 年第八期)一文中,指出了实践美学体系中的工具与心理、群体和个体、理性和感性三个方面的矛盾,其中在工具和心理的矛盾这个方面的论述中,就强调了这个问题:"按李泽厚的说法'人因依附在、屈从在'人活着'而必需的工具本体和客观社会性的重压下,从而寻找被'遗忘'了、'失落'了的'自己'来询问活的意义,也就是说来寻找'心理本体'了。这诚然是明智之见。问题是,一家不能二主,既以工具为本体,又何容心理为本体?物质生产实践是美的创造者,情感、思想顶多只是在美的欣赏、消费上发生作用,心理又怎能取得与实践同等的地位呢?要建构心理本体,势必要与工具本体发生冲突,要么保留工具本体,要么保留心理本体,必据其一。……美学与人学虽有联系,但毕竟是两回事。就人学的建构来说无疑应以工具为本体,而就美学的建构来说,则应以心理为本体,特别是以情感为本体。工具本体、心理本体他们的共同点或者说共同旨归则是确证人的自由本质。然而工具本体要确证的人的自由是实践的自由,即对必然的掌握,合规律性与合目的性的统一;而心理本体要确证人的自由是精神的自由,它超越了真(必然性、合规律性),也超越了善(应然性、合目的性),是一种自由想象、自由情感、自由体验。"①

① 陈望衡. 实践美学体系的三重矛盾[J]. 学术月刊,1999(8):50-55.

# 第七章

# 当代实践美学的出路

# 第一节

## 实践范畴的再认识

无论是实践美学,后实践美学,还是新实践美学,实践这个范畴总是需要首先界定清楚的。“实践美学的主要成就在于它把马克思主义的实践观作为美学的哲学前提确立了下来,它为了完善自身还需要大量的研究工作。特别是面对着时代的日新月异的发展,实践美学必须有新的大的发展。后实践美学对实践美学的批评有些触及了它的弱点。但我又不同意美学的新的发展需要放弃马克思主义实践观点这个哲学前提。在我看来,正是马克思主义的实践观点的提出使传统的美学宣告终结,为一种新的真正的美学的产生开辟了广阔的道路。”[①]所以,探索实践美学的出路,首先就要对实践这个范畴进行有益的新的认识。

### 一、实践在实践美学中的本体地位

马克思哲学中的实践范畴不仅在认识论、价值论的层面有划时代的意义,在本体论方面也具有革命性的意义。由于诸多原因,我们过去一般是从方法论的角度去突出马克思主义哲学作为思维范式、思想斗争的工具的作用,很少对其作形而上的研究。但是,在对实践美学出路进行探索的时候,我们会发现,实践这个范畴如果不能超越认识论、价值论的层面而进入本体论的高度,那么,仅

① 刘纲纪. 马克思主义实践观与当代美学问题[N]. 光明日报:理论版,1998-10-23.

仅依靠传统的实践观点是无法将其与审美活动相联系，并且进一步去说明美的根源、解释美的本质等问题的。

在实践美学之前，中国美学不存在以实践为本体的问题。从二十世纪初西方作为学科的美学传入中国以来，传统美学出现了明显的近代式话语的转型，也拉开了中国美学本体论问题的大幕。中国美学的本体论思想，在二十世纪主要体现为两个大的方面：一方面是站在人本主义立场上，吸收了近现代西方美学思想而形成的生命本体、情感本体；另一方面是站在科学主义立场，吸收了马克思主义思想而形成的社会经济本体和自然典型本体。

1. 人本主义立场的生命本体和情感本体

人本主义的立场主要是从价值的角度研究美学，在这个过程中，对于价值的理解不同，就形成了不同的流派。就生命本体而言，主要的影响来自康德和叔本华。中国美学中存在的生命本体一派的代表人物，影响最大的在二十世纪初期当属王国维，之后的代表人物为宗白华。

(1) 王国维的生命意志本体。王国维是从中国传统美学向近代美学转型中第一个构建了美学本体论的学者，从美的本质到美学的范畴，他第一个构建了美学的完整的体系。王国维深感中国当时的落后，和其他同时期的知识分子一样，都试图在向西方的学习中找到出路，当时国内研究最多的是德国古典哲学，而王国维自身在学术上的开放与政治上的保守之间的矛盾，使得他形成了极端悲观的人生观。叔本华坚持了康德的物自体观点，并且认为物自体可以通过人的直观而被认识，并且将其确定为意志，即脱离了时间和空间限制的意志。意志由于自身是没有目的、没有止境的，所以，在叔本华看来，意志就是一个无尽的追求。意志既是自然的本质,又是人的本质,作为人的本质论,意志就是生命的保存,扩而展之,也是种族的保存。对于生命的保存就是“欲”,而人无尽的痛苦就在于无尽的欲。叔本华认为,意志支配了所有的理性和知识,人只有在审美的时候才能够逃离其中。这样的思想对王国维悲观的矛盾气质有深深地吸引,在叔本华的影响下,王国维的美学本体坚持了生命意志本体的思想作为其美学的哲学基础,但是最终他也没有通过审美实现他苦海人生的自救。王国维认为,人要脱离世界的桎梏,有的人选择了科学的方法,但是科学的发展反而增强了人的欲望,只是导致更大的痛苦。那么人的自救要依靠什么样的方式呢?“唯美之为物,不与吾人之利害相关系而吾人观美时,亦不知有一己之利害。何则?美之对象,非特别之物,而此物之种类之形式,又观之之我,非特别之我,而纯粹无欲之我也。”①

叔本华的生命意志对王国维的美学本体思想的影响主要包括三个方面:其一,对于美的本质的判断,美的知识就是理念的知识。王国维认为,审美之所以可以使人获得自救,根本的意义在于美的超功利性,而美的超功利性就在于美的形式性。康德在《判断力批判》中指出,鉴赏判断的快感是没有任何利害关系的,而康德的纯粹美就是形式美。此处可见康德对王国维的影响。而美的形式是美作为理念的种类的形式,美的理念就是意志的直接客体化,具体的现象则是意志的间接客体化。理念的思想无疑是叔本华的内容,美在理念,就是美在意志。其二,审美的方式在于直观。叔本华认为,人要摆脱痛苦就要在审美当中逃离意志的支配,对意志的

① 王国维文集[M].第三卷.北京:中国文史出版社,1997:321.

否定不能依靠理性,而只能是直观。叔本华的直观主义认识论对于王国维的影响,形成了王国维的“直接的了知”、“突然的顿悟”。直观在王国维看来,就是摆脱外在世界桎梏的桥梁。其三,物我两忘的审美状态。叔本华认为,在直观的过程中,主体只是观照客体的“一面镜子”,成为纯粹的主体;而客体也摆脱了规律的束缚变成了纯粹的客体。叔本华的思想对于王国维的影响在于:直观的时候,人消失于对象之中,物我两忘而达于合一。

(2) 宗白华的生命美学。宗白华在当代美学领域的地位颇为显赫,被称为当代美学“五大家之一”(另外四位为:朱光潜、李泽厚、蔡仪、高尔泰)。宗白华的美学观点用其本人的语言概括是:“美是丰富的生命在和谐的形式中。美的人生是极强烈的情感在更强毅的善的意志统率之下。”①这个命题包含了以下几层内容:

第一,美在生命。宗白华认为,美在宇宙之中,而宇宙就是无尽的生命,而生命最明显的标征就在于“动”,只有动才能代表生命的存在,代表精神的存在。生命的本质,在宗白华看来在于精神:“一切有机生命皆借物质扶摇而入于精神的美。”②所以,美从根本来说就在于生命中蕴含的精神。在宗白华看来,不仅人有生命和精神,自然也是有生命和精神的。宗白华认为,自然始终是一切美的源泉,是一切艺术的范本,整个宇宙的图画就是一个大优美精神的体现。给自然赋予了生命的内涵,这个思想从哲学的层面主要是受到了叔本华“生命意志”的影响,叔本华的生命哲学思想在宗白华思想成长的早期是打下了深刻的烙印的。

---

① 宗白华. 美学与意境[M]. 北京:人民出版社,1987. 113.

② 宗白华. 美学与意境[M]. 北京:人民出版社,1987. 56.

第二,美的源泉在于生命的活力和创造。“大自然中有一种不可思议的活力,推动无生界以入于有机界,从有机界以至于最高的生命、理性、情绪、感觉。这个活力是一切生命的源泉,也是一切美的源泉。自然无往而不美。何以故?以其处处表现出这种不可思议的活力故。照相片无往而美。何以故?以其只摄取了自然的表面,而不能表现自然底面的精神故。(除非照相者以艺术的手段处理它)”①笔者认为,宗白华的生命活力在更深的层面上是一种强烈的情绪使然,尤其是那种受到了剧烈震撼和彻底觉悟之后的情绪,这种情绪或者活力的取得需要现实生活的基础。这一点也是宗白华思想更为深刻的地方,艺术、审美虽然是超越性的精神活动,但是他毕竟没有局限在主观、精神的领域而陷于心理的层面,也没有抽象地提出中国古人的所谓“天人合一”,而是表达了美在超越的同时,不能离开现实的根基的思想。他通过伯牙学琴的例子,提出中国古代的“移人之情”比之立普斯的“移情说”要更为深刻,对此可见一斑。

第三,美的“境界”是生命与形式的统一。在宗白华的《美从何处寻》中,他提出,要发现“眼泪都无法表达的深度的美”,包括自然之美、精神之美,需要主观心理和客观的物的条件的两个方面的统一:所谓主观心理的准备就是要经过感情的洗涤和私欲、厉害的超越,使主观心理与物质世界拉开一定的距离,“今日忽从江上望,始知家在画图中”;所谓客观的物的条件,即由具体的物而呈现的有节奏、旋律的和谐的美的形象。美的形象,在宗白华的思想中,是内容与形式的统一,物所具有的点、线、色、形、音等,没有了

① 宗白华.美学与意境[M].北京:人民出版社,1987:56.

内容的情感、意义和价值,就只能是机械的空洞的形式,而丰富的内容无不是生命的体现。“所以专在心内搜寻是达不到美的踪迹的,美的踪迹要到自然、人生、社会的具体形象里去找。”①宗白华认为,有价值和有意义的人生就是艺术式的人生,人生应该像艺术品一样充满了创造,在某种意义上,他的艺术观就是他的人生观。艺术创造的两个因素就在于心灵和形式,宗白华说:“一个艺术品里的形式的结构,如点、线之神秘的组合,色彩或神韵之奇妙的谐和,与生命情绪的表现交融组合成一个‘境界’。”②宗白华是把中国古典美学中的“境界”范畴作了新时代的解释,即强调了生命在审美中情景交融中的含义。在人与世界相交的五种境界(功利的境界、伦理的境界、政治的境界、学术的境界、宗教的境界)中,宗白华认为艺术的境界是介于学术的境界与宗教的境界之间,即真与神之间,主于美,既可以在赏玩宇宙人生的具体对象中自省最深处的心灵,又可以化实为虚使得最高的心灵具体化。

同样是以生命意志作为美学的本体,宗白华与王国维已经有了明显的不同。王国维对于美的追求,在某种意义上是为了寻求人生的自救,逃离欲望带给他的无尽的痛苦;宗白华对美的追求就具有了更为积极的意义,美是生命活力的彰显,是对人生境界的提升。王国维获得美,依靠的是直观,甚至是一种神秘的顿悟,但是要在这种直观当中达到物我两忘的境界,何其之难,所以,王国维最终也没有达到他心中的美,没有能够在美的王国打碎世俗的桎梏;宗白华获得美,依靠的不是“物我两忘”,而是在“物我分离”的

---

① 宗白华.美学与意境[M].北京:人民出版社,1987:280.

② 宗白华.美学与意境[M].北京:人民出版社,1987:114.

基础上的"物我合一",是通过内容与形式的统一而化实为虚,达到了一种境界。总之,王国维的美比起宗白华来说,缺少了生活,没有生活的生命还能有什么意义呢。当然,这种比较对于王国维先生来说,是不公正的,这一方面是因为不同的时代造就了王国维和宗白华;另一方面,我们现在各类派别的学术立场,哪怕是被看作更为纯粹的学术立场,也无法抹杀意识形态在今天对我们的影响,哲学、思想离不开生活,但是一旦有了生活,形而上的空间就不再纯净。

情感本体在当代中国美学的代表人物主要是吕澂和朱光潜。情感本体的思想在当时主要是受到西方早期审美心理学的影响,包括德国美学家 T. 立普斯的"移情说"、瑞士心理学家布洛的"距离说"和意大利哲学家格罗奇的"直觉即表现"思想等。

(3)吕澂的"美在价值"。吕澂在 1923 年出版的《美学概论》是中国当代最早的关于美学原理的著作,其中对于"美的本质"的看法可以集中概括为"美在价值"。

首先,美是特殊性的价值。吕澂在《美学概论》开篇第一章第一节"感情"中即指出:"物象之有价值者,必多少与吾人以快感。美之所以为价值,亦不能离乎是。故欲明其本质果若何,先当知快感云何。欲明快感,则又当知一般感情之意义。"[①]在第二节"美的价值之特质"的开篇,吕澂谈到:"有价值者必生快感,然生快感者不必尽有价值,如私欲之满足则是……欲明人格的价值之意味,当先知人格感 Pers nlichkeits-gefühl。前节所谓对象感情本有两类:以官能的物象为对象者,是曰官能感情 Sinnli-chesgefühl;以自己或

① 黄忏华. 美学略史[M]. 民国丛书. 第一编. 第六十六卷. 上海:上海书局,1989:1.

他人之人格为对象者,是曰自人格感情 Eigenpers,与他人格感情 Fremdpers。后一种感情即不仅以自我活动为根据,又复以为对象,即本其心现在之生活要求加以是认或非认而生自负尊敬等,或耻悔轻蔑愤怒等感情。被是认者为积极的而又价值,非认者则否……以上犹就一般价值言之,美的价值则属于特殊者也。其异于所余价值者,果何在耶? 曰,其要凡有四端:第一,美的价值必属于物象;第二,又必属于物象所固有;第三,此固有价值又必于生命相关;第四,欲体验得之必用美的观照欲体验得之 Aesthetische Anschauung。"[①]吕澂认为,美之为美,就如同其他的物象一样,必须对人有价值,而美对人的价值就在于能引发人的快感,快感是人的一种感情。在此处的感情,就吕澂看来,是由对象而引起的一种精神活动,是与人的心理活动根本不同的具有"人格价值"的人格感情。这种情感本体的意义在于,吕澂把感情赋予了判断物象价值的标尺,凡是能够肯定人格感情的物象则获得价值,反之则是无价值。美的价值在于其特殊性之四端,美的价值属于物象,说明美是具体的,强调了审美的感觉性;美的价值既然是物象所固有的,是固有价值而不是效用价值,则说明美的价值在于独立性和超功利性,美的超功利性是与"向善"的功利行为相对的;美的价值与生命相关,意味着美在自身,是精神或者生命的象征;美需要观照得之,是美的态度,这种观照的态度是不同于功利性的伦理评价,审美观照的对象实际上已经是审美主体在主客观交融的状态中,移情之后的物象。

---

① 黄忏华. 美学略史[M]. 民国丛书. 第一编. 第六十六卷. 上海:上海书局,1989:4-5.

其次，美的观照实现美的价值。在吕澂的美学思想当中，人格是核心，属于“人格感情”，是唯有生命才能言说的。美的态度就是人通过物象发现生命的态度，也就是体验人格感情的态度，“然决定一种物象之美的价值，故非以其如何满足人之官能为衡，而在其中所表现出之人格奚似也……唯有生命者能言人格……可知吾人接触外象时，于单纯之感觉要求外，本有精神的追求。使充其量，所得外象中所得精神意义自当益深……吾人所发现之生命对象，仍不外从对象之特质加以强调成抑制之自己生命。即以之移入对象而后觉其对于吾人为有情者。唯此属于感情，而得直接经验。故生命之移入，其实则感情之移入也。官能的物象果何见其有生命乎？可答之曰，即由于感情移入……月则有恨，花亦带愁，此虽为诗人之境界乎，然由感情移入而感得者亦俱如是也。或者曰，月夜，花也，其实则俱无生，今即见若有情，岂得谓非假构，又即此区区一事即得皆得为美耶？释之曰，苟能脱离生活厉害之观念，及科学概念之思维，静观物象，而见其为有情，此有情固属事实而非虚幻。又即此种观照态度中所有之感情移入乃为其最纯粹者。由纯粹感情移入，物象非美即恶，终必有所判别”①。在吕澂看来，美的价值的获得，要依靠纯粹感情移入的观照态度中的体验。在美的观照之中，物象得以变质，而人的主观方面所有与观照无关的内容都得以与美的观照分离，一言以蔽之，美的观照就是获得美的价值的一种审美的态度，必须超越生活之利害观念及科学概念之思维。综上所述，作为吕澂的情感本体的美，是物象认同人格的一

① 黄忏华. 美学略史[M]. 民国丛书. 第一编. 第六十六卷. 上海：上海书局，1989：28－34.

种情感。

(4) 朱光潜的“美在意象”。朱光潜对于中国当代美学的建设贡献非常大,二十世纪五十年代开始的美学第一次大讨论,就是从朱光潜先生美学思想的批判与自我批判开始的。鉴于新中国成立之后,朱光潜美学思想变化比较大,而那种变化又主要是意识形态、社会背景等非纯学术的现实原因,所以,在此主要探讨朱光潜先生在二十世纪五十年代末之前的美学思想。朱光潜的美学思想一方面受到了西方审美心理学很深的影响,包括格罗奇等;另一方面他对中国传统美学思想的吸收也非常丰富。

首先,什么是意象。“象”是中国古代先哲们为了弥补语言表达的局限性,追求一种意义整体的创造,以“象”观“意”是意象原初之意。从中国南北朝时期刘勰(约465—520)的“写气图貌,既随物以宛转,属采附声,亦与心而徘徊”(《文心雕龙 · 物色》),至“兴象”说、“意境”说、“象外之象”说、“情景”说等等的历史发展,“意象”的内涵不断得以丰富,成为了中国传统美学中的一个核心概念。“情景交融”是中国传统美学对于“意象”的最一般的规定,比如王夫之的“情景”说:“言情则于往来动止缥缈有无之中,得灵蠁(xiang,笔者注)而执之有象;取景则于击目经心丝分缕合之际,貌固有而言之不欺,而且情不虚情,情皆可景;景非滞景,景总含情。神理流于两间,天地供其一目,大无外而细无垠。”(《姜斋诗话》卷二)情景交融在近代以来的语言中,就是强调人与物质世界的心灵的沟通,意象的世界既不是现实的物理世界,也不是抽象的理念世界,而是一个充满了“意蕴”的感性世界。在情与景的交融中,中国传统美学,包括古典哲学、文学中产生了“境界”这个范畴。王昌龄在《诗格》中提出“诗有三境”(物境、情境、意境),禅宗讲究佛性“三量”(现量、比量、非量),王国维说:“余谓北宋以前之词亦复如是。但沧浪所谓‘兴趣’、阮亭所谓‘神韵’,犹不过道其面目,不若鄙人拈出‘境界’二字为探其本也。”(滕咸惠校注《人间词话新注》)朱光潜在《诗论》中就是以王国维的“境界”对其美学的本体加以阐述的。和西方讲求逻辑、系统的文化背景不同,中国传统的美学是天人感应论的哲学基础,这一点完全不同于皮亚杰的发生认识理论。中国传统的天人感应思想不存在今天所谓的“主体、客体”的划分,也就不会有主客体之间的类似于皮亚杰提出的认识结构问题,心与物的沟通在于情,在于心灵的或者是精神的更高境界的交融。以王国维的“境界”为例,意象的内涵就在于消解主体对于客体的“认识”。

其次,美是情趣的意象化。这里可以划分成三个层次:一是美在主观。朱光潜以美感经验作为基础,以“花是美的”与“花是红的”的区别为例,提出美不是一种物所固有的客观的属性,而是对于人主观标准的满足。二是美还需要“美的条件”。朱光潜在强调美要符合人的主观标准的同时也提出,美并不是纯粹的主观,美的感受也需要一些客观的“美的条件”,比如,符合黄金分割法则的一些形式美。这是他在二十世纪五十年代开始的第一场美学大讨论中,坚持“美是主客观统一”的立场的理论雏形。在那场争论中,虽然他在当时也吸收了新意识形态的要素,力图显示出他的唯物主义立场的改变,但就根本而言,他前后的“主客观统一”的美的看法是没有实质的改变的。在那场美学大讨论中,他不过是把“意象”说成了“物乙”,即物的形象。就其本人而言,虽然提到美的客观性,但是如果要追问到底是主观统一于客观还是客观被主观统一,他最愿意的回答还应该是“客观要统一于主观”。三是美在“心与物的关系”。在美既要符合人的主观标准，又要满足客观的美的条件的情况下，朱光潜认为，美不能仅仅在物或者心的某一个方面，而是在心与物的关系。这种心与物的关系不是反映的认识论，是直觉，是心的创造，是“情趣意象化或意象情趣化时心中所觉到的‘恰好’的快感”①。

2. 科学主义立场的社会经济本体和自然典型本体

科学主义的立场主要是从科学的，更为根本的是从哲学的角度去研究美学，根据哲学基础的选择不同也就形成了不同的流派。但就总体来说，不论是社会经济本体，还是自然典型本体，都是在特定的历史条件下，受到了马克思主义立场的影响，只是具体选取的角度有所不同而已。

从社会经济本体而言，其哲学的基础无疑是被马克思主义“经济基础决定上层建筑”的思想所决定的。马克思主义传入中国，初期主要是用于指导革命斗争和政治实践，但是在学术领域，有不少的进步学者同时看到了马克思主义对于学术的指导作用，特别是当时苏联的普列汉诺夫、卢那卡尔斯基、车尔尼雪夫斯基等的影响，这在当时是相当进步的表现。在今天的社会主义建设时期，马克思主义的指导思想已不再是革命和斗争的需要，而是在各个领域可以遍地开花的指导。在当时借鉴马克思主义指导思想用于美学研究的比较典型的有陈望道、周扬等人。从对马克思主义的吸收和运用来看，陈望道的美学思想没有周扬表现得更为明显，但是陈望道的思想在深刻程度上要更胜一筹。

（1）陈望道的美学本体思想。陈望道是明确把马克思的“经

① 朱光潜. 朱光潜美学文集[M]. 第一卷. 上海：上海文艺出版社，1982：153.

济基础决定上层建筑”观点用于中国美学研究的第一人。陈望道在《美学概论》中先后论述了美和美学、美的意识、美的材料、美的形式、美的内容、美的感情和美的判断，在最后“美的判断”这个章节中指出：“在那所谓的个人趣味之中，如果详加分析，当然也很可以看出它所受的社会的情形底影响。可以看出当时的社会思潮意识底影响，可以看出当时的经济政治底影响，也可以看出当时的自然的背景底影响。或者分析底结果，竟如马克思们以经济的关涉于人底生活为最重要，就以它为第一个意识底成因，以为意识趣味是随经济组织底进步而发展，或者也未尝不可。”①经济基础在根本的层面上决定人的审美趣味，从而决定了一个人是否可以获得真正的审美判断，这个思想的最终形成，在陈望道的美学思想中大致经过了这样的几个层次：

第一，经验对于美意识的基础作用。美学或者美意识的美，不是“价廉物美”或者“美意可感”的美，只能是被我们意识到的美的对象中可以成为我们感觉的对象的那一部分内容，不是抽象的美，而是可以被感觉的自然之美、艺术之美。从这个思想，可以窥见陈望道美学思想中坚持的客观性思想。在这个基础上，他提出美的意识包括客观方面的具象性和直观性，以及主观方面的静观性和愉悦性。在构成美意识的主观和客观这个方面论，有没有决定性的一面呢？陈望道用佛教“冷暖自知”的思想说明，社会经验在审美中的决定作用，否则一个没有见过红的人，任别人怎么谈红，也是不会有任何结果的。

第二，美的判断与“美”和“非美”。陈望道提出：“我们鉴赏美

① 复旦大学语言研究室. 陈望道文集[M]. 第二卷. 上海：上海人民出版社，1980：87.

的事物或现象时，虽然都是始于感觉，终于及到感情情趣，似乎鉴赏的历程即在情趣上面告终；其实通常都不如此，都是此后还有理知底作用，也就会有所判断。”[①]陈望道提出的美的判断，是以判断审美对象的自身的美的价值为主的价值判断，这种美的判断是对美的印象的审查，是比美的印象更进一层的对“美”和“非美”的批判。以美的价值为主的判断，由于是经由了理性的省察和知的作用，所以，这个阶段的美的判断比之偏重于感觉的美的印象的形成，要深刻和持久得多。

第三，社会经济因素决定个人的审美趣味。获得这种持久和深刻的美的判断，离不开审美主体的审美趣味，而一个人的审美趣味是随着这个人的人生历程的发展而不断地生长发达的。就此陈望道提出，对于一个人的审美趣味加以详细的分析，就会发现社会的情形对于审美趣味的决定性影响。但是我们可以发现，陈望道在此处的论述还是比较粗糙的，因为经济对于审美的影响并不是直接的，这个中间的环节等他并没有展开。

陈望道在《实证美学的基础》译序中，谈到他爱读两个人的美学，即立普斯和卢那卡尔斯基，他说：“利（立，笔者注）普斯好像还不止确认美善不可分，而求其最后的根据于人格（他的所谓人格与一般所谓人格略有不同，他认定要求强而多就是人格高尚的表征），所以他的美学和他的伦理学分不开；而卢那卡尔斯基的美学，却比他还要更进一步地求其最后的根据于生物之所以为生物的生活，认定美学不但包括了伦理学，还可以包括了认识论。”[②]在

① 复旦大学语言研究室. 陈望道文集[M]. 第二卷. 上海：上海人民出版社，1980：84.

② 复旦大学语言研究室. 陈望道文集[M]. 第一卷. 上海：上海人民出版社，1980：505.

陈望道看来，立普斯与卢那卡尔斯基的美学思想都坚持了真与善与美的统一，但是立普斯的相对肤浅就在于他的唯心主义的立场，仅仅把美与善统一于情感的层面，比较而言，卢那卡尔斯基的深刻就在于他的唯物主义立场，把美与善统一在了现实生活的根基之上。他认为，卢那卡尔斯基的美学，即他赞赏的美学除了伦理学外，还应该包括认识论，而认识论就是求“真”，就是主体客体的反映关系。这里就表征出陈望道的美学哲学基础，在马克思主义的角度选取的还是“社会存在决定社会意识”。

（2）周扬的“美在生活，又高于生活”的美学思想。作为有着强烈共产主义信仰的党的文化领域的领导人，周扬的美学思想带有浓厚的党性色彩。他的美学思想受到两个人的影响比较深，一个是车尔尼雪夫斯基，另一个是毛泽东。

首先，对于车尔尼雪夫斯基“美是生活”的推崇。周扬在1958年与缪灵珠（本名缪朗山）、辛未艾（本名包文棣）等一起翻译出版了《车尔尼雪夫斯基选集》上卷，其中主要是关于车尔尼雪夫斯基的《艺术与现实的美的关系》。“我不必去说，（黑格尔由之得出美的定义的）这种基本概念现在已被公认是经不起批评的；我也不必去说，既然美（在黑格尔那里）只是由于未被哲学思想澄清的观点的缺乏洞察力儿发生的‘假象’，有了哲学思想，观念在个别对象上的显现之貌似的完全就会消失，结果（按照黑格尔的体系）思想发展得愈高，美也消失得愈多，直至我们大道思想发展的最高点，那就只剩下真实，无美可言了。”[①]“建立新的没有破坏旧的那

① 周扬，缪灵珠，辛未艾译. 车尔尼雪夫斯基选集［M］. 上卷. 北京：生活·读者·新知三联书店，1958：3.

么容易，防卫要比攻击困难；因此我认为正确的关于美的本质的意见，很可能不会使所有人觉得满意；但是假如我所阐述的美的概念——那是从目前关于人类思想与活的现实之关系的主导的见解中引申出来的——还有欠缺、偏颇或不可靠之处的话，我希望那并不是概念本身的缺点，而只是我阐述的不得其法……美包含着一种可爱的、为我们的心所宝贵的东西。但是这个‘东西’一定是一个无所不包、能够采取最多种多样的形式、最富有一般性的东西……在人觉得最可爱的一切东西中最有一般性的，他觉得世界上最可爱的，就是生活。”[1]由于车尔尼雪夫斯基在当时学术上的坚定的唯物主义立场，他深受马克思、列宁等马克思主义经典作家的褒奖，周扬对于车尔尼雪夫斯基的“美是生活”的论断也非常推崇，认为其中包含了“深刻的真理”。周扬肯定的真理主要指的是车尔尼雪夫斯基美学观点中的阶级观点、唯物主义立场以及“生活”的革命意义。周扬对于车尔尼雪夫斯基的观点也有自己的创造，特别是他在车尔尼雪夫斯的唯物主义立场上阐发了更加辩证的思想，提出美是审美主体和审美客体的统一。而审美主体和审美客体虽然都根植于社会物质生活，但是更为深刻的内涵还是在于它们丰富的历史内容，美是生活必须从“美是(活的)历史”的高度去理解。这里的历史，就周扬看来，即人类实践活动的基本内容，包括物质生产和阶级斗争。同时，周扬的美学辩证思想还体现在他提出的艺术与生活的相互丰富和相互推动的作用上。

其次，对于毛泽东的无产阶级文艺观的认同。周扬提出，毛泽

① 周扬，缪灵珠，辛未艾译. 车尔尼雪夫斯基选集[M]. 上卷. 北京：生活·读者·新知三联书店，1958：6.

东的美学思想比较车尔尼雪夫斯基更加高明和深刻,因为,毛泽东不仅把美停留在了"生活"的层面,更是在生活之上肯定了作为生活反映的艺术的美。就生活与艺术的关系而言,"一切种类的文学艺术的源泉究竟是从何而来的呢?作为观念形态的艺术作品,都是一定的社会生活在人类头脑中的反映的产物……人类的社会生活虽是文学艺术的唯一源泉,虽是较之后者有不可比拟的生动丰富的内容,但是人们还是不满足于前者而要求后者。这是为什么呢?因为虽然这两者都是美,但是文艺作品中反映出来的生活却可以而且应该比普通的实际生活更高、更强烈、更有集中性、更典型、更理想,因此就更带普遍性"①。毛泽东的美学思想不但是唯物的,而且是辩证的。周扬对于毛泽东的无产阶级文艺观的学习和吸收,主要是来自毛泽东在1942年的《在延安文艺座谈会上的讲话》,他对《讲话》的评介相当高,并且也带有绝对的权威性。他对毛泽东这个方面的思想把握相当精准,毛泽东的文艺思想与整个党的思想路线是一致的,"从群众中来,到群众中去"。所以,美学的立场也是人民大众的立场,在阶级社会中,美也不可能超越阶级的烙印和社会的功利影响。

(3)蔡仪的"新美学"。从自然典型本体而言,主要是在马克思主义认识论的指导下进行的美学研究。蔡仪在1944年底写于重庆的《新美学》(上海群益出版社,1948年版),是我国第一部在马克思主义观点和方法指导之下形成的系统性的美学专著。蔡仪的美学之所以是"新"美学,他在该文章的开篇序言中就表明了是采用了"新的方法建立的新的体系":新的方法,即马克思主义哲

① 周扬.马克思主义与文艺[M].北京:作家出版社,1984:189.

学认识论的方法。蔡仪认为，十八世纪的邦格腾（Baumgarten，今译为鲍姆嘉通。笔者注）的《感性学》以及康德的《判断力批判》，以其对于美学一般性问题的研究而使得美学成为一门独立的学问，但是两百多年以来，美学的对象、根本问题的研究却越来越走入歧途，概括起来就是方法的错误，其中最重要的三点包括：美学的途径、美学的领域、美学的性格；新的体系，从字面看包括六章，即美学方法论、美论、美感论、美的种类论、美感的种类论和艺术的种类。在二十个世纪八十年代中期，蔡仪先生又出了《新美学》（改写本），对于其中的美学基本观点，他还是坚持的。蔡仪先生的自然典型本体，包括以下三个方面：

首先，美在客观的现实事物。一是美的存在决定美感，美是第一性的，美感是第二性的。蔡仪认为审美活动中的确有情感等心理因素存在，但是审美的活动本质上是客观存在的美作用于人的心理的过程，引发美感的不是心理、情感，是客观的美。他说："美的事物之所以为美，是在事物本身，不在于我们的意识作用。但是客观的美是可以为我们的意识所反映，是可以引起我们的美感。而正确的美感的根源正是在于客观事物的美。"[①]这是以反映论为基础的认识论美学。二是对于旧美学的批判，蔡仪沿用了旧美学三大派的划分方法，分别对其进行了有力的批判。三大派即第一派是形而上学的美学派，包括以邦格腾开始的以感觉的途径把握美的感觉派，以至形式主义的康德至格罗奇，心理学的美学派的苇徐纳，从客观观念论（指客观事物源于主观的颠倒的世界观。笔者注）出发把握美的思想家柏拉图，从感情出发把握美的本质的

① 蔡仪.新美学[M].上海：群益出版社，1948：39.

新康德派的柯恩;第二派是心理学派的美学派,包括主要从感情的考察把握美的纯粹心理学派和重在从美的现象出发把握美的实验美学派;第三派是客观美学一派的社会学美学、人类学美学、进化论美学等。蔡仪对于旧美学的批判有许多深刻的地方,比如,对于鲍姆嘉通的"美是感觉的圆满性",蔡仪认为感觉的圆满性本质是一种心理的快感,而快感作为低级的认识,只能是认识到事物的现象,而无法把握事物的本质和美的本质;对于当时影响巨大的移情理论,蔡仪认为其本质是否认现实世界的美,无疑是把美的本质看作是人感情对于客观事物的移转,是犯了观念论的错误;对于克罗齐的"美即直觉",蔡仪认为是彻底的唯心主义,只有直觉而没有直觉的现实对象和物质基础,美是不可能无中生有的。

其次,美在典型。蔡仪坚持美在于客观的事物,但是毫无疑问,不是任何客观存在的事物都是美的,所以,美的客观事物就要具备一种特殊的属性,在他看来,这种美的属性就是客观事物的典型性。美在客观事物的典型性构成了蔡仪的美学本体。之所以提出美在典型,蔡仪认为,旧美学提出的美的形式或者一些美的原则,包括秩序、统一、比例、协调等,是所有的客观事物,或者是大多数客观事物都具有的属性,并且只是客观事物具有的形式方面的属性,而客观事物的美更为重要的是内容方面的美。所谓美在典型,就在于个别中要能够显示一般,决定美的不是个别,而是一般。蔡仪的美在典型,由于过分强调形式对内容的统一,而忽视了社会性的因素,所以在当时备受诟病。有人批评他说,典型的地主、资本家也是美的吗?

再次,美感即美的认识。蔡仪认为美学领域的研究除了美的存在之外,还需要研究美的认识和美的创造,即美感和艺术。一是美的认识和其他事物的认识没有本质的区别。蔡仪主张美存在于客观的事物之中,所以对美的认识也是一种主体对客体的认识,与对其他事物的认识没有本质的区别。二是美的认识和科学认识的区别。因为对于美的认识毕竟不能与“求真”的科学认识一致,所以蔡仪提出了科学认识与艺术认识的两个重要的区别:认识的过程和反映的内容的区别,总体来讲它们是相反的过程和反映。科学的认识是从感性走向理性,反映的内容是从个别抽象到一般;而艺术的认识是由理性走向感性,反映的内容是从抽象的一般具体到个别。他强调的是美感,虽然是精神的活动,但是只能在其反映的现实物质基础中才能得到合理的解释。三是作为观念的美感与其他观念的区别。蔡仪认为美感作为对于客观事物的反映,就这个方面论,与其他的观念没有本质的区别,但既然强调的是对美的认识,所以作为观念的美感还有自己的特殊性,即美感是“美的观念渴求的自我满足”。他说:“至于美的观念的自我充足的欲求,究竟是怎样得以满足呢?很显然是由两方面:第一是美的观念虽然在平时往往是空洞而模糊的,但是它有和个别表象结合的倾向,可以借以记忆联想为基础的想象,使它成为一个鲜明的形象,于是美的观念得以自我充足而完全,遂发生美感……第二是和第一的方向相反,美的观念的渴求自我充足的欲望的满足,是由于外物所予的印象……这种外物的美与美的观念愈一致,则美感愈强,一致性的大小,则是决定美感的强弱的一个条件。”①在二十世纪五十年代的那场美学大讨论中,蔡仪虽然有坚定的唯物主义立场,但是,他的美在客观的思想由于诸多的原因而没有被充分地肯定,这

① 蔡仪.新美学[M].上海:群益出版社,1948:161-162.

里也许有一个原因，即他看到了美感的发生、强弱是外物的美与主体美的观念的一致性的决定作用，但他仅仅是把这种一致停留在了相互符合的层面，而没有对主体体验美的过程中的能动作用予以发挥，最终没能走得更远。陈望衡先生说："在美感的发生上，主体的能动作用包括对对象的选择、改造以及新的审美意象的创造，是十分重要的。主体论美学与认识论美学的一个重大区别就在这里。"①

那么，当代美学中的实践本体论是否成立呢？自二十世纪八十年代中后期以来，这个话题始终处于争论状态。有学者明确提出了反对的声音："从实践活动出发考察人与世界的关系，是马克思主义的出发点，然而，这并不意味着实践原则就应该成为唯一原则，更不意味着实践原则就应该成为美学原则。事实上，人类的实践活动只是一个抽象的存在，而不是一个具体的存在；也只是一个事实存在，而不是一个价值存在。我们固然可以由此出发，但却应该进而走向一个具体性的美学原则，固然可以从自身的价值规范出发去对它加以规定，但却不能把这种'规定'与作为一种客观存在的实践活动本身等同起来……实践活动不能与人类的审美活动相互等同，更不能与人类的最终目的的实现相互等同。否则，就会为实践活动涂上一层伦理色彩，从而使'目的论'的思维方式和'人类中心论'的文化传统乘虚而入。不难看出，中国当代美学真正的失误正在此处。"②对于这个问题，笔者认为可以从两个层面进行分析，即马克思主义的层面和实践美学的层面。

① 陈望衡.20世纪中国美学本体论问题[M].长沙：湖南教育出版社，2000：218.
② 潘知常.实践美学的本体论之误[M].学术月刊，1994(12)：73－80.

首先是马克思主义的层面。复旦大学俞吾金教授提出:"马克思创立了一种全新的本体论。这种本体论假如我们仅仅在经验现象的范围内加以表述,就是'实践本体论';假如我们把经验领域和超验领域综合起来加以表述,就是'实践——社会生产关系本体论'。"[①]俞吾金教授不仅在该著作中认为马克思的历史唯物主义是一种形而上学或者本体论,而且还认为,马克思的历史唯物主义就是实践唯物主义。一方面,他指出实践唯物主义是马克思本人提出来的。比如他引证《德意志意识形态》的"费尔巴哈"章的话:"……对实践的唯物主义者即共产主义者来说来,全部问题都在于使现存世界革命化,实际地反对和改变现存的事物。"[②]另一方面,他在对该提法进行系统论证的基础上,明确指出,"马克思这里说的'从物质实践出发来解释观念的东西'既是历史唯物主义的概念,也是实践唯物主义的核心观念。在这个意义上,把马克思哲学称为'实践本体论'也是无可厚非的"[③]。此外,刘纲纪教授认为,"马克思的哲学可以称之为:以物质的自然界为基础的实践的人本主义"[④]。物质的自然界、实践、人本主义是这个概念的三个核心词汇,但是如果孤立地看待这三个词,显然就无法把马克思的哲学与其之前的哲学相区别,因为历史上的唯物主义谈自然,相当于唯心主义讲实践、讲人本主义。这里的关键在于实践,和历史上的唯物主义一样,马克思的哲学也离不开自然,因为这是人类

① 俞吾金.问题域的转换——对马克思和黑格尔关系的当代解读[M].北京:人民出版社,2007:482.

② 马克思恩格斯选集[M].第一卷.北京:人民出版社,1995:75.

③ 俞吾金.问题域的转换——对马克思和黑格尔关系的当代解读[M].北京:人民出版社,2007:423.

④ 刘纲纪.传统文化、哲学与美学[M].武汉:武汉大学出版社,2006:151.

历史的前提和基础,但其仅仅是基础,马克思真正要说明的是人类历史,要解决的是人的存在问题。马克思哲学的根本特征在于,他是用实践对自然的改造作用去解决上述问题的。刘纲纪认为,理解马克思主义哲学的唯物主义的一个至关重要的问题,就是首先要确定它的出发点,而过去我们是错误地把其当成了抽象的物质,真正的出发点应该是人类与自然的实践关系、以劳动为基础的人类的具体历史的发展。[①] 要“摆脱相沿已久的,对马克思主义哲学的不少简单化的,甚至是错误的理解”[②],就需要我们对马克思主义哲学的本体论进行深入的研究。那么马克思主义哲学的本体论是什么呢? 在刘纲纪看来,就是实践。“虽然后来恩格斯在《反杜林论》和《自然辩证法》中对自然本体论的问题作了不少深刻的阐述,但就整个马克思主义哲学而言,它的突出的、主要的贡献仍然是在人的本体论方面。这个贡献的根本在于,第一次指出了人类的物质生产实践是人类全部历史产生、存在和发展的根基、本原……马克思主义哲学所说的实践具有本体的意义。”

其次是实践美学的层面。马克思在《关于费尔巴哈的提纲》第十一条中说:“哲学家们只是用不同的方式解释世界,而问题在于改变世界。”[③]这里透露出了这样的一层意思,即西方传统形而上学中的哲学与现实的脱节。如果不是从革命需要的角度看这种脱节,它恰恰是古典哲学所需要的,这是自巴门尼德开创本体论哲学以来,古典哲学最典型的特征。实践美学的哲学基础长期以来还是停留在认识论和价值论的层面上,所以,它可以有效地解决真

① 刘纲纪. 传统文化、哲学与美学[M]. 武汉:武汉大学出版社,2006:127.
② 刘纲纪. 传统文化、哲学与美学[M]. 武汉:武汉大学出版社,2006:95.
③ 马克思恩格斯选集[M]. 第一卷. 北京:人民出版社,1972:19.

和善的问题，但是面对美这个问题，它的理论总是不被人信服。现在，越来越多的哲学美学理论倾向于把美看作是一种人的生存状态，这是一种理想的、自由的生存状态，既是人的生存状态，就需要在现实的世界有某种对应，在这样的问题上追究下去，没有一个本体，恐怕是不行的。那么这个本体是什么？马克思说："从前的一切唯物主义——包括费尔巴哈的唯物主义——的主要缺点是：对事物、现实、感性，只是从客体的或者直观的形式去理解，而不是把它们当作人的感性活动，当作实践去理解……关于离开实践的思维是否具有现实性的争论，是一个纯粹经院哲学的问题。"①结合前面的论述，实践本体还是有它的理论发展空间的。赋予实践以本体的地位，可以在理论上对实践以二重化的认识，便于在另一个层面上沟通实践和审美。另外，通过实践的本体地位，还可以解决审美从社会、群体进入个体的问题。

## 二、实践在实践美学中的内涵

### 1. 广义的实践和狭义的实践

实践被引入中国美学之后，对于实践的内涵，传统的学界观点，受到毛泽东的影响比较大。1937 年，毛泽东在《实践论》中说："人的社会实践，不限于生产活动一种形式，还有多种其他的形式，阶级斗争、政治生活、科学和艺术的活动，总之社会实际生活的一切领域都是社会的人所参加的。"②但是到了 1963 年 5 月，在《人的正确思想是从哪里来的?》一文中，毛泽东对实践的看法有了改变，"人的正确思想，只能从社会实践中来，只能从社会的生

① 马克思恩格斯选集[M]. 第一卷. 北京：人民出版社，1972：16.

② 毛泽东选集. 一卷本[M]. 北京：人民出版社，1967：260.

产斗争、阶级斗争和科学实验这三项实践中来”。毛泽东在不同时期的两段论述，正好对应了实践的广义和狭义的两种理解。

艺术，即精神领域的活动是否属于实践的范畴，是区别实践是否作广义理解的关键。前文对李泽厚先生的实践内涵已经作了一定的分析，他始终是反对把实践泛化的。对于李泽厚而言，实践与“自然的人化”的第一层含义，即物质生产活动是等同的。当年李泽厚、朱光潜等人的主要分歧也在于此，也正是在这一点上，各派的争论比较大。目前，对实践的理解持狭义观点的已属少数派，这部分人之中，如刘纲纪就曾在多种场合表示自己的这个立场。他在《马克思主义哲学的本体论》一文中指出：“这里所说的实践，当然是马克思主义哲学所说的实践，不是其他任何哲学所说的实践。同时，它所指的，首先又是马克思主义哲学多次指出的、对人类社会的发展具有根本性决定意义的实践，即物质生产实践。”①与之相对，持广义说的学者则认为，实践应该区分为“三大类型，物质生产、精神生产、话语实践。物质生产主要以物质的手段处理人与自然的关系，以解决人们的实际生存问题（吃、喝、住、穿、人口等）；精神生产主要是以意识（精神）的手段处理人与社会的关系，以解决人们的生存发展的问题（家庭、国家、道德、科学、艺术等）；话语实践则是在物质生产和精神生产的基础上，主要以语言为手段处理人与他人的关系，以解决人与人之间的交往以及与之相关的现实生存和生存发展的问题，也可以说话语实践是物质生产和精神生产的中介性实践活动。”②与该学者以人所要处理的不同关

① 刘纲纪. 传统文化、哲学与美学[M]. 武汉：武汉大学出版社，2006：186.
② 张玉能. 实践的类型与审美活动[J]. 美学，2001(2)：9.

系作为理解实践的标准不同，还有学者从实践主体的不同层次（个体、群体和类）出发，把实践区分为现实世界的实践和虚拟世界的实践。现实世界的实践包括物质实践、交往实践和精神实践，虚拟世界的实践主要包括网络经济活动和网上交友等。[①] 即使是实践美学的一些学者也是从广义的角度去理解实践，认为"'实践'应是人的各种有意识活动的总和，既包含物质生产与劳动，也包括精神生产与劳动；既包括物质性的工具实践，又包括行为性的伦理实践，还包括精神性的审美实践；如此等等。因此，实践本体论中的'实践'，如果用一种较通俗的说法——'人生实践'来代替，也许更恰当些"[②]。

2. 我们到底要在多大的范围内理解实践

要反对泛化的理解，同时又要反对另一个极端。首先，反对把实践泛化，有两个原因。从经验的方面讲，如果把实践的概念扩大到可以无所不包，把与人相关的一切行为、语言、思想、意识等都称为实践，那么无异于是对实践概念的取消。如此一来，所有涉及实践的美学，主观派、客观派等，都可以称自己为实践美学，但其内容却可能有根本区别，这就会造成难分彼此的局面。且实践在实践美学之中，甚至可以认为在马克思主义哲学之中，具有本体的意义，所以实践概念的本身不应该是多义的，而只能是具备非常基础性的意义。有许多学者面对批评，为了把实践可以和审美等精神性的活动联系起来，就对实践的内涵作无限的扩大，这是错误的，是没有认识到实践的本体意义的结果。就实践和审美来说，不能

① 徐碧辉.21世纪马克思主义美学的构想[J].哲学动态，2002(1)：21－24.

② 朱立元.发展和建设实践本体论美学[J].广西师范大学学报：哲学社会版，2001(1)：1－3.

要求实践和审美非得是同质的,才能由此达彼。实践作为一个基础的概念,在审美的过程中,是需要经历一些层次和相关环节的必要转换的。

其次,也要反对把实践作特别狭隘的理解。马克思的《手稿》,有两处直接谈到了美,即"劳动创造了美"和"人也按照美的规律来塑造物体"。即使是后者,本质上也是表达了"劳动和美"这样的一对关系。所以,有的学者就认为,实践的涵义,就应该是劳动。劳动的确是在狭义的角度理解实践的,但是它的缺点也非常明显。其一,劳动这个概念,仅仅是能表达人类的生产物质性成果的活动,而我们知道,人的需要不仅仅在于此,人在实践的过程中还要体现出人的价值,还要有宗教、伦理、道德的需要,所以,劳动仅仅是实践的一个方面。其二,把劳动理解成实践的内涵,无异于把人的生存、活动的方式简单化了。劳动这个概念的提出,很难让人将其与意识、创造性等联系起来,所以,本书还是坚持李泽厚、刘纲纪等的狭义的实践观点说。

3. 实践的内涵为什么备受争议

针对实践观的内涵为什么不断扩大而言:第一,从哲学美学的角度论,实践美学的哲学基础就是马克思的实践哲学,所以,实践这个范畴首当其冲地受到责难,是不难理解的。之所以有可以争论的空间,既有理论本身的原因,也有社会现实的背景。第二,从美学的角度论,美学必须要说明审美的问题,狭义的实践观点是排除精神性层面的实践的,那么具有物质、功利、现实等方面属性的实践,是如何实现具有超越了物质、功利、现实等属性的审美的呢?在后实践美学看来,这就是实践美学的致命的缺陷。所以,为了解决这个问题,即为了能够从实践中发生审美,当下许多实践美学学者，包括新实践美学学者都着力去扩大实践的内涵，以使得实践也具有精神性、超越性，达到与审美同质。所以，现在的状况是，持广义实践观的越来越多，而诸多所谓的实践观的新解，都首先不是基于对实践本身的内涵进行解读的需要。当然，就像马克思主义所具备的与时俱进的品格一样，实践观的确需要随着时代的变化、进步而注入新的血液与活力。问题是，是否只能通过这种办法，即把实践扮演成一个可以无所不包的角色，才能定纷止争呢？

4. 狭义的实践观如何应对批判

这是实践美学在这个问题上的关键。本书尝试在忠实于马克思主义经典作家的狭义实践观点的基础上，在实践的意义这个层面进行挖掘。因为，过于泛化的理解实践，无异于是对实践的消解和对马克思主义的背离，不对实践进行超越性的挖掘就解释不了实践与审美的关系难题。两难之下，只能是转换一个角度，在实践的意义上进行一些探索。李泽厚在《我的哲学提纲》[①]一文中指出，"人活着"这样一个事实（活是人无法选择的，所以是个事实），第一层含义就是"人如何活着"，马克思的唯物史观就解决了这个问题，当"人如何活着"已经不再是个矛盾的时候，人"为什么活"的问题就凸现了出来。当然，"人活着"比"为什么活"更根本。"人活着"和"人如何活"的根本，是以制造、使用工具为核心和特征的人的实践。而"为什么活"，这样一个关于人的生命意义、意识的问题，也不是凭空可以跳出来的。李泽厚的两个本体，实际上，工具本体解决的是"如何活"，心理本体要解决的则是"为什么活"。从李泽厚的心理本体和工具本体的关系，我们可以这样认

① 李泽厚. 探寻语碎[M]. 上海：上海文艺出版社，2000：92－95.

为,人的实践是有两重性的。一方面实践是人能够自己需要活着的手段,这是带有明显的物质性和功利性的一面;另一方面实践在满足了人的外在目的需要的基础上,还要反映并且满足人的内在目的,即人所特有的自由发展的需要,这时候的实践就是一种以创造性为特征的自由实践。审美活动是带有超越性的,对自己的生命意义、创造能力的自由观照和欣赏,在自由实践的层面,在扬弃了功利性之后,审美是可以达到的。这里对实践进行的两重划分,不是在实践的内涵方面,而是在实践的意义,尤其是在对人的意义层面所作的努力。

## 第二节 实践美学需要着力重构的两个方面

囿于目前的学术能力,本书还不能对实践美学体系进行大的重构。下面是笔者站在哲学的角度,从个别的“点”上,针对实践美学所受到的批评,特别是被认为“致命的缺陷”的问题,作出的一点思考。

### 一、实践如何说明审美

如何用实践去说明审美,是实践美学目前需要着力解决的首要问题,正如有学者指出,“美学的重建应该从中国当代美学的局限性开始,换言之,中国当代美学的局限性就是美学重建的逻辑起点。

中国当代美学的局限性，在于把实践活动与审美活动简单地等同起来”[①]，这也是实践美学饱受批评的一个主要方面。主张超越实践美学的后实践美学一派就提出，实践哲学是实践美学的哲学基础，而这种群体性的、物质性的生产活动（实践）一旦成为了美学的本体论的规定，就使得审美具有了群体性、理性、现实性、物质性等属性，而审美真正应该具有的个体性、超理性、超现实性、精神性等属性就被抹杀了。实践是克服不了现实与理想的矛盾的。换言之，自由是实践所不可能获得的，因为自由只能从精神上的超越中产生。

在这个问题的解决方法上，目前主要有两种不同的思路。一是置换实践本体，二是扩大实践内涵。就第一种思路而言，主要是存在于实践美学一派的批判者。例如后实践美学，就主张要用生存范畴置换实践范畴，后实践美学的生存，亦可被认为是人的存在，被赋予了超越性的本质和先于一切的本体意义，同时，审美被理解为人的超越性的生存方式，超越即自由，这样就把生存和审美放在了同质的地位。第二种思路，主要存在于当前的许多实践美学的学者，也包括新实践美学的学者，他们一般都是通过扩大实践的内涵，特别是竭力挖掘实践的精神性、超越性等方面的内涵，从而把审美活动包括在实践活动之中。比如朱立元教授提出，“与人的知、情、意三种基本心理功能相对应，实践可分为工具实践、伦理实践、审美实践三个种类。这里，审美活动就是一种特殊的人生实践，是人生实践的一种基本形态，也是人生存于世的一种基本方式”[②]。再如张玉能教授说：“实践，从结构上看是物质与精神的统

---

① 潘知常. 美学的重建[J]. 学术月刊，1995(8)：93－99.

② 朱立元. 发展和建设实践本体论美学[J]. 广西范大学学报：哲学社会版，2001(1)：1－3.

一……从过程上看,实践也是物质和精神的统一,不过,它展开为一个从物质到精神,再由精神到物质的不断往复的活动序列,并且在美和审美的活动之中主要表现为精神性。”①纵观以上两种思路,有一个共同点:都不否认审美的超越性,“审美活动之所以成为审美活动,并不是因为它成功地把人类的本质力量对象化在对象身上,而是因为它‘理想’地实现了人类的自由本性”②,所以要说明审美的发生,就必须让审美的这个发生基础和审美具有同质性,无论是把实践置换成生存,还是将实践理解为拥有超越性的内涵,都是为了该目的。

是否会存在第三种思路?直接从物质实践中发生审美,和放弃实践、强调实践发生不了审美,这两种理论都是片面的。那么是否有第三种思路的切入点呢?笔者认为,主要有两种可能:第一,执两端而取其中的思维。即在实践和审美两个范畴之间找到一个折中的范畴,使其既能包含审美的性质,又能体现出实践的基础作用,当然这个范畴的寻找,要根据需要而定,即所要发展的美学到底是哲学美学,还是其他层面的美学。第二,仍然坚持狭义的实践观,但是在实践通往审美的中间环节上作出理论的发展。这两种假设,包括前面一段中两个思路的总结,都是从宏观的角度出发,否则,再多的列举,也会发生挂一漏万的情况。比较起来,前一种思路比较稳妥,在某些具体实证的层面上构建美学,可能是有效的,但是其实质还是对实践范畴的放弃,根本上讲,是消解了马克思主义的实践基础。我们致力于对实践美学的出路探索,如果最

---

① 张玉能.实践美学与审美精神性[J].福建论坛:社会科学教育版,2008(8):86-90.

② 潘知常.美学的重建[J].学术月刊,1995(8):93-99.

后把实践给取消了，这绝对不是我们所期望的。后一种可能的思路是我们目前应该重视的，是实践美学发展的有益的道路。李泽厚说："在《美学四讲》里面，我提到四个因素，认为类似于 Crick 和 Watson 的双螺旋（double helix），是一个非常复杂的结构。DNA 使每个人的自然禀赋不一样，文化心理结构也使审美体验千差万别，这里面便体现出个性的差异。所以，我讲积淀不是一个静态的东西，不是理性控制感性，而恰恰是人的感性的生长，也就是新感性。所强调的是人跟动物的区别、人跟机器的区别。讲工具本体，是讲这种区别的基础。人怎么不同于动物？人的生产劳动与动物生活有什么不同？人的本质是什么？美的本质是什么？等等，都要从这里来说明。我认为这是一个很好的切入点，从这里入手研究审美心理就是实践美学，即从基本的实践观点展开审美心理的研究……我以前提出的只是实践美学的哲学基础，并非实践美学本身，也就是说，仅从哲学层次谈论了实践美学。这也正是我当年没有提出'实践美学'这一称号的重要原因。"①所以，在李泽厚看来，实践美学非但不是面临终结的困境，反而是刚刚开始。既然是刚刚开始，之后研究的重点在哪儿呢？李泽厚谈到了一些，比如要重视人的文化心理结构，加大审美心理的研究等。审美心理研究，在李泽厚那里，应该就是对审美过程和结构的研究，因为在《美学四讲》的第三部分，即"美感"这一讲中，李泽厚是把广义的美感与审美意识、审美心理等同的，该部分主要论述的就是审美的过程和结构的问题。所以，首先要坚持实践的观点，这是不能改变的，其次需要在实践和美的中间环节上多做理论方面的创新。

① 李泽厚. 李泽厚近年答问录[M]. 天津：天津社会科学院出版社，2006：36 - 37.

实践如何说明审美？笔者认为是从美感倒推向实践的逆向思维的方法，具体说，是从李泽厚的美感二重性出发，提出应该对实践也进行二重化，然后进一步说明审美的问题。李泽厚在1956年就提出了美感的二重矛盾性质，之后又进行了理论的深化和完善。在李泽厚那里，“美感就是内在自然的人化，它包含着两重性，一方面是感性的、直观的、非功利的；另一方面又是超感性的、理性的、具有功利性的”①。为了说明、或者是沟通存在矛盾的两重性质，李泽厚使用了“积淀”的概念，指出理性的、历史的、社会的东西是通过积淀而进入感性、直观和个体的，由此就形成了“新感性”。他提出，积淀的过程即自然的人化的过程，前文已经论述了实践和自然人化的关系，所以，换个说法就是，积淀是依赖实践完成的。但是积淀说显然受到了太多的批评，例如，后实践美学就批评该理论排除了实践中的超理性和非理性的因素，是残留了太多理性主义的主体性哲学。而这样的批评观点是源于没有对实践的内涵和地位做出正确把握。前文在论及实践的部分，已经谈到了实践的本体地位和实践的二重性的问题，这是从实践到审美的关键理论所在。首先，实践的本体地位，可以解决审美进入个体的问题。实践在涉及真和美的问题上，无疑是社会性的、群体性的，因为真的合规律性与善的合目的性，都是不以个体的需要为转移的。但是，人生存在世界上并不是抽象的、划一的，而是现实的、活生生的、个性的，个体在生存需要获得满足之后必然有对个性的追求，直至对自由的追求，这种追求只有在美的领域才可以达到。从真

---

① 李泽厚. 华夏美学 · 美学四讲[M]. 北京：生活 · 读书 · 新知三联书店，2008：320.

到善，再至美，这三个层面的领域不是没有联系和脱节的，它们是一个互不可分的逻辑的统一体。例如，审美活动一般被理解为感性的直观体验，自然不同于认识活动，但是，审美活动中无疑是包含认识的成分的。这个统一，最终就归结为实践。而实践如果仅仅停留在认识论和价值论的层面，就无法起到这种统一的本体作用。其次，实践的二重性划分可以对应美感的二重性，使看似矛盾的美感二重性得到合理的说明，从而消除其中所谓的矛盾。前文述及，所谓实践的二重性，即实践一方面要满足人活着的需要，而进行物质性的、功利性的和理性的物质生产；另一方面，实践又可以超越这个阶段，在解决"为什么活"的层面上进行创造性的自由实践。由物质生产的实践对应审美的功利性、理性和社会性，而通过自由的实践去说明审美的超功利性、超理性和感性。这样，站在本体的高度，一方面解决了审美活动中的个体性问题；另一方面，又通过实践的二重性解决了审美活动的超越性问题。

### 二、解决主客二元对立问题

如何在理论上解决主客二元对立问题，是实践美学目前需要着力解决的另一个难题。当然，这个问题和前面的实践和审美的关系，也是有相当的联系的。在众多批评者之中，我们仅就后实践美学的观点来作分析。在后实践美学看来，实践美学没有正确地把握美的超越本质，带有明显的理性主义印记，主客二分的问题解决不了，自然是要落后于时代。甚至有终结论者认为实践美学要走向终结了。在这个问题上，学界普遍认为是个误解，比如华东师范大学朱志荣教授，虽是蒋孔阳先生的弟子，但其研究方向并不是实践美学，他以一个实践美学同情者的身份在一次采访中谈到："一些超越论美学的主张者试图借用现象学的'主体间性'术语进入后实践美学，但运用主体间性恰恰没有使得后实践美学与实践美学截然分开。现象学意义上的主体间性，指主体间的心灵有共同特性……这与实践美学的思想恰恰是相吻合的。而且，主体间性和主体性这两个概念之间，既不是对立关系，也不是平行关系……而并不像超越论美学所理解的那样，以为主体性是二元对立的产物，而主体间性则是主客融合的。"主客体二元对立的问题实际上有其美学学科自身的原因。前文曾谈到，自鲍姆加登命名美学以来，认识论美学的影响就很深远，特别是对于我国。

突破传统的主客二分思维，在二十世纪八十年代的第二次美学热潮中就被提出了。当时的学者们都在反思这样一个问题，为什么新中国经过了那么多年的社会主义建设，理论上的优越性在实践当中却表现出了太多负面的内容，特别是十年"文化大革命"带来的深重灾难给社会带来了一股反思之风。伴随着当时的文化热潮，美学领域也开始了一场新的讨论，这次美学讨论就不仅仅像第一次一样，仅局限在"美的本质"的方面，而是在反思的指引下，纷纷把目光转向中国传统或者是西方，在较少的意识形态干扰的氛围中，美学的发展迎来了新的高潮。打破认识论美学的框架，突破主客二分的斗争思维模式成为了当时的新要求。从学界对"主客二分"的批评来看，所谓"主客二分"有两种不同的含义：即主观和客观的区分与主体和客体的区分。主观和客观的区分，它的含义是清楚和明确的；但是"主体"和"客体"的区分，就不十分清楚、明确，因为在"本体论"意义上，主体和客体的区分是指思维和存在、精神和物质的区分，然而在认识论意义上则是指认识和对象的区分，同样道理，在历史观意义上，又是指社会意识和社会存在的区分。所谓"主客二分"的思维方式，就目前的学界来看，无非是指这样的一种模式，即在思维中把世界区分为主观世界和客观世界、精神世界和物质世界，或者是把实践看作是主体改造对象的活动。反对“主客二分”，就是反对用哲学思维去区分主观世界和客观世界并考察两者的关系，或者反对把实践看作是人作为主体去改造客体的活动。

逻辑的真与存在的真。所谓的主客二分，本质上代表了人与世界的一种关系，既然要突破主客二分，那么就需要换一种思维去重新界定这种人与世界的关系。第一，认识和体验。既然主体和客体不应该是认识和被认识的二元对立关系，就只能是走向人与世界的交融。这就是在批判了实践美学之后，重构美学的一个多数人在走的路。比如，从存在论的角度看，思维只能是达到逻辑的真，因为思维的过程总是把对象割裂成一个个的片段，而思维的结果总是抽象的片面，审美需要的恰恰不是逻辑的真，审美的对象不但不要将其割裂，而是要保留对象的意象的整体，换言之，审美需要的是存在的真。存在的真是什么，他们认为，是去除了直接功利内容的体验。最典型的西式表达，是海德格尔的“此在于世界”，而中国传统哲学的表达则是“天人合一”。存在论的美学观点认为，逻辑的真会遮蔽存在的真，所以必须要在审美的过程中进行“去蔽”。所谓去蔽就是要通过类似于体验的方式，而不是认识的方式去把握审美的对象，要把人与世界看成是一个相互交融的整体的意象世界。第二，超越和复归。在存在论的美学观点看来，审美的世界不是现实的物理世界，而是超越了物理世界之上的感性世界、意象世界。要得到美，一方面要进行超越，另一方面要向存在的本然去复归。超越的对象主要是自我、实体、物质、主客二分，而复归的归宿则是本然、自然，是自由的境界，是回到人生的家园。海德格尔说，美是真理的自行发生；康德指出，笛卡儿把人作为认识主体，同时把认识的对象看成是认识的客体是错误的，认识者只有超越了实体才是自由的，大致就是这个意思。在中国传统的哲学思想里面，这样的例子是比较多的，比如禅宗慧能的偈语："菩提本无树，明镜亦非台，本来无一物，何处惹尘埃"，就表达了"无心之心、无念之念"的心物无二的一种超越。再如唐代青源惟信禅师的"见山是山——见山不是山——见山只是山"的三个境界，之所以之前见山是山，在于物我两分，我是主体，山是客体；而能够见山不是山，又从之前的对物我的单纯肯定走向了绝对否定，此时的我才是真实的实体，自我的绝对化导致了外物的被否定；最后的见山只是山，则是对自我、实体的超越。所谓山只是山，指的是山的本然，此处的心是空、无。以上的这种超越和复归的思想无疑是有积极的可以被借鉴的意义的。

实践是解决主客二元对立的理论基础。首先，超越不能脱离现实的社会生活。批判实践美学的观点一般都认为，实践美学残留太多的理性主义色彩。那么什么是理性？理性，在伦理和法律的层面上，指的是人类社会的行为规范；站在马克思主义哲学的立场看，理性就是对客观规律的理论认识。无论是哪一个层面的理解，都脱离不了人类社会的发展和人的实践活动。比较而言，人的感性则是人的自然的存在，即肉体方面的需求。人的感性和理性在人的生存过程中是相互作用和渗透的，当然，感性对人而言，具有更基础的地位。审美，在某种意义上，就是人的自由的理性在人的感性之中的呈现，如果把审美的超越性理解为可以完全脱离人的感性需求，可以无视人类社会的物质生产的实践基础，那么所得到的只能是某种幻想，而不是美。朱光潜在《谈美》的开场中就谈到了"美感的世界纯粹是意象的世界"，在《诗论》中借用王国维的

“境界”说明美的本体。但是,在前文也谈到了,正是在社会性的方面李泽厚和他有了深刻的区别。美是不能脱离现实的社会生活基础的,不论实践美学怎么发展,这个基本的原理是不能抛弃的。美的存在和发现,的确是离不开审美的主体的。应该说,审美主体的不同,对于同样的一个审美的对象,得到的美(感)是不同的,因为每一个审美主体在审美的过程中都会有一种自己的创造,这种创造是自由的。巴尔扎克说:“每个行星都有自己的太阳,每个人都要有属于自己的生活体验,用自己的眼睛看世界才能升起自己的那一轮太阳。”那么,形成自己的眼睛又怎么能够离开人的社会化的过程呢。任何审美活动都是在一定的历史的具体情景中进行的,用来审美的眼睛总是要受到其所处的各种社会因素的影响。这里的社会因素包括的内容很多,诸如经济的、政治的、文化的、宗教的、习俗的,等等,在以上所有的影响因素中,经济的影响是决定性的,这也是符合马克思主义哲学立场的观点的。不同的审美主体之所以对共同的审美对象会产生不同的审美感受,甚至有的看到了美,有的根本就发现不了美,这种审美的“个体性”的差异,仅从这个具体的个体来看,无疑和其自身的主观、精神等的差异有关,和他本人的审美趣味的高低有关。但是站在社会历史的整体角度,这种个体性的差异,在更深的层面上,源自于该个体所处的阶级背景以及社会文化环境。个体性的特征总是无法脱离社会性、民族性的影响,并且会深深地反映出个体所处的社会性和民族性。比如,力量的美、劳动的美,总是在劳动者的群体和阶级中才是美,在剥削者的群体和阶级看来,劳动,甚至包括力量(除了作为休闲欣赏需要的健美等以外),只是丑的代表,是低贱的行为。粗壮的大脚、紫红的脸颊对处于剥削阶层的少女来说,简直就是致命性的打击,她们需要的只是纤细、柔弱甚至是苍白的颜色。审美需要超越,但是脱离了社会生活和实践基础的超越就会走向虚无。

其次,主客二元对立的解决,并不意味着要消灭主客体的区分。解决主客二元对立的问题的实质,是要在消灭主体和客体对立的基础上达到两者的统一。人类从主客不分的混沌状态,通过实践而进化到了有主客体意识的文明社会,如果今天为了能够达到某种所谓的和谐就取消这种主客体的区分,那么人类到底是进步了还是退步了呢?为了追求美,有的人化妆之后生怕别人看不出她化了妆,所以有的时候甚至表现得很夸张;反之,有的人在化妆之后就生怕别人看出她化了妆。人和物的分别永远是存在的,不过是要有正确地对待人与物、主体和客体的这种区别的态度。在这种正确态度的基础上,达到物我的统一、主体和客体的统一,才是解决主客二元对立的关键。

这里的统一表现在两个方面:一方面,应该认识到,纯粹客观的美是不存在的。把美归结于对象固有的一种属性,从而认为与人无关的看法,是不科学的。这种对美的本质的看法,本质上是把主客体二元对立绝对化了。其根本的错误在于,只看到了现象,即现实世界中人与物的孤立的杂乱的存在,而没有用辩证的思维深入到人与外物的关系本质,即割裂了主体和客体之间的内在社会联系,抹煞了美的社会性。美的本质问题是一个千年谜题。美,既然任何时代、任何阶级、任何民族的人都有美的感受,可以说明美在一定的意义上是客观存在的,但是在这个意义上客观存在的美在不同的时代、民族、阶级那里却有着具体的差异,而差异的根源就在于美的社会性。美的社会性除了在社会整体的层面谈到的“自然人化”之外,不同的时代、不同的民族、不同的阶级当中的美，都会被那个时代、那个民族、那个阶级打上富有其个性特色的烙印，而这个烙印是要向人呈现的。鲜花在今天已经有了很深的社会意义，很多情况下可以是我们感情的一种有力的表达，但是在原始的人群当中，最美丽的花朵也抵不过可以食用的山果，所以他们情愿用动物的骨头、牙齿来装饰自己，也不会把鲜花戴在头上。唐代柳宗元说，“夫美不自美，因人而彰”，没有了人文和历史的沉淀与渲染，泰山就只是一个更大的土石堆而已。美既然会在不同的条件环境下有不同的标准，足以证明，离开了主体，就无所谓美，纯粹客观的美是不存在的。在某种意义上，这就是一个欣赏和被欣赏的关系，所以，主体与客体的区别是客观的，而关键在于坚持一个对待主客体之间关系的态度。

另一方面，纯粹主观的美也是不存在的。审美需要超越，但是超越的只能是与审美相对的实用功利思想和态度，绝对不能超越社会生活本身。中国传统美学与现代许多西方美学流派，都看到了美对物的实体性的超越，叔本华提出，看待事物要丢开寻常的生活，庄子强调“空明心境”，禅宗提出要破除功利心、分别心，要使用平常心，但是美总是与人联系在一起的，人的本质决定并影响着美的本质。蒋孔阳在《对于美的本质问题的一些探讨》中就提出，美的本质就是人的本质力量的对象化。从艺术作品创作来看，我们认为，任何一件作品都是凝结了社会尺度、客观规律和主观意识的综合体，即创作者首先要掌握创作的技法、规律，熟悉创作对象的性质，然后再按照社会上对该类作品的评价尺度、标准，依据自己的个性体验、灵感等，在主观愿望和客观条件的统一过程中完成；从自然物的美来说，即使是面对未经人类雕琢的原初自然物，即没有被对象化的自然，美的产生也不是主体纯粹主观的结果，虽然在表面上表现为

"千人千面"。正是由于不同的人看到了同一个自然对象的不同的美,恰恰说明了这个美是离不开审美主体的本质力量的。一个自然的对象呈现在主体的眼前的时候,呈现的已经是这个对象的形象,对于这个形象的把握,即是否可以从中体验到美,或者体验到什么样的美,起到决定作用的就是主体的审美能力、审美态度,等等,而审美能力、审美态度的获得无疑是主体社会化的结果。当我们在落日余晖的掩映中,乘舟小酌,看到江边喊着号子、近乎裸体的纤夫拉纤的时候,那种力量的美、原始的美如果让我们陶醉,那么纤夫们会不会也感到了这种美?他们的家人如果此刻赶来为他们送晚饭,看到这个场景,也能欣赏到这种美吗?美需要一种超越,只有在审美中把审美的态度与实用和功利的态度分开,在对其超越的基础上才可以欣赏到真正的美,但是,真正的问题在于,我们需要超越的只是在那刹那间的实用、功利思想和态度,而不是超越社会生活本身。

统一的基础。后实践美学在解决这个理论问题的时候,借用的是"主体间性"的理论,但是,就如很多学者谈到的那样,那是个错误的理解。我们知道,主体间性(Intersubjektivitaet)的概念来源于胡塞尔的现象学哲学,在胡塞尔那里,主体间性指的是在自我和经验意识之间的本质结构中,自我是同他人联系在一起的,因此为我的世界不仅是为我个人的,也是为他人的,是我与他人共同构成的。胡塞尔提出主体间性的目的是用来克服现象学还原后面临的唯我论倾向。不过,"主体间性"也有其适用的限度,过分地运用主体间性势必产生混乱。真正解决主客体二元对立的关键,或者说,能够把主体和客体进行有机统一的基础,只能是实践。目前学界又有一种思想,即把人与自然的对立产生的各种危机归结于"主客二分"、"人类中心主义"的思维方式,认为只要人们放弃"主客二分”的思维方式，改变“人类中心主义”立场，就可以解决这些危机，但是解决现实危机的根本出路不应该是在思维模式中，而要在现实的生产方式中去寻找。

实践美学作为当代美学的主要流派，自二十世纪五十年代的美学大论战中脱颖而出以来，在二十世纪八十年代保持中国美学界的权威地位至今。从前面的分析中，我们发现实践美学以“实践本体”的全新解释方式，弥补了以往的物质本体论和精神本体论的缺陷，以社会实践为中心点，实现了人与自然、主观与客观、感性与理性、自由与必然等对立范畴的辩证统一，一定程度上解决了它们之间的联系与转化何以可能的问题，并在实践的基础上突破了传统美学的“主客对立”的二元对立结构。另外，实践美学从人的社会性物质生产实践活动出发，肯定了美与审美主体都是社会实践的产物，在一个特定的时代高扬了人的主体性、社会性，使美学真正具有了人的意义。实践美学一派的代表人物之间虽然存在着一定的理论差异，例如李泽厚主要强调社会实践积淀美学，刘纲纪则主张社会实践自由美学，蒋孔阳则是多层累突创美学，但是他们都是自觉地以《手稿》作为其理论基础和来源，能够以社会活动的性质界定实践美学，认为作为人类总体的物质生产方式，是不以个体的主观意识为转移的。这些都是值得我们继承的好的传统。

当代实践美学最大的意义显然不是在艺术和实证的方面，而是在哲学的层面。但随着新时期美学理论话语多元化的发展，包括中国社会正在经历着转型，当代实践美学中许多传统的观点和理论面临着如何走入现代性的问题；另外，当代哲学也在进行着转向，而哲学是美学的基础，所以从客观的角度，实践美学毋庸置疑地面临着很大的困境,实践美学也无可回避地面临着诸多的挑战。但是,尽管实践美学有这样或那样的不足,它对于中国美学的历史贡献是不可磨灭的,它的精髓将永远保留在未来中国美学的肌体中。正是在这一背景下,我们审视实践论美学的价值及其发展历程,并针对激进批评中的不实之词为它辩护。对此,笔者认为,我们不应该回避当代实践美学的困境,而是要为实践美学在现代性和全球化语境下的出路进行有益的探索。

“不能因为西方人不研究美的本质问题我们也就不研究了。我想,无论任何时候,什么是美、是艺术这样的问题是取消不了的。我们的任务是要对之作出符合时代变化与要求的、科学的回答,而不是简单武断地拒绝回答。你不回答,问题照样存在。研究美的本质问题的意义在于,它可以使我们从根本上把握美的规律和特征,使具体的美学问题的解决有深刻的理论根据。否则,很容易陷入狭隘的经验主义,停留在肤浅的现象上。当然,从事哲学美学研究的人不必太多。更多的人还是应该多从事应用性的、实证的研究。就是从事哲学思辨研究的人也必须重视实证的研究,否则那个思辨的研究是悬在空中的,往往是靠不住的。”①对实践美学的维护,其根本的目的还是要坚持和发展其哲学基础,即马克思主义哲学的实践观点。毕竟“在这个‘后实践美学’时代,实践美学仍有自己坚实的声音。它已从李泽厚实践美学独尊的时代进入到一个内部分化、自我拓展、多方并进的新阶段,李泽厚所奠基的实践美学事业正未有穷期,仍有十分广阔的学术前景”②。

---

① 刘纲纪.传统文化、哲学与美学[M].武汉:武汉大学出版社,2006:647.

② 薛富兴.李泽厚实践美学的学术前景[J].南开学报:哲学社会科学版,2004(3):57-62.

# 参考文献


著作类

[1] 马克思恩格斯选集[M]. 第一卷. 北京:人民出版社,1995.

[2] 马克思恩格斯全集[M]. 第三卷. 北京:人民出版社,2002.

[3] 毛泽东选集[M]. 第二版. 第一卷. 北京:人民出版社,1991 .

[4] 毛泽东选集[M]. 第二版. 第三卷. 北京:人民出版社,1991.

[5] 杨春时. 生存与超越[M]. 桂林:广西师范大学出版社,1998.

[6] 李泽厚. 华夏美学·美学四讲[M]. 北京:生活·读书·新知三联书店,2008.

[7] 李泽厚. 美学旧作集[M]. 天津:天津社会科学院出版社,2002.

[8] 李泽厚. 美学论集[M]. 上海:上海文艺出版社,1980.

[9] 李泽厚. 探寻语碎[M]. 上海:上海文艺出版社,2000.

[10] 李泽厚. 李泽厚近年答问录[M]. 天津:天津社会科学院出版社,2006.

[11] 李泽厚. 李泽厚集——思想·哲学·美学·人[M]. 哈尔滨:黑龙江教育出版社,1988.

[12] 李泽厚. 批判哲学的批判——康德述评[M]. 天津:天津社会科学院出版社,2003.

[13] 刘纲纪. 传统文化、哲学与美学[M]. 武汉:武汉大学出版社,2006.

[14] 陈先达. 处在夹缝中的哲学——走向21世纪的马克思主义哲学[M]. 北京:北京大学出版社,2004.

[15] 张法. 20世纪中西美学原理体系比较研究[M]. 合肥:安徽教育出版社,2007.

[16] 阎国忠. 走出古典——中国当代美学论争述评[M]. 合肥:安徽教育出版社,1996.

[17] 刘晓波. 选择的批判——与李泽厚对话[M]. 上海:上海人民出版社,1988.

[18] 张汝伦. 历史与实践[M]. 上海:上海人民出版社,1995.

[19] 聂振斌. 思辨的想象——20世纪中国美学主题史[M]. 昆明:云南大学出版社,2003.

[20] 钱竞. 中国马克思主义美学思想的发展历程[M]. 北京:中央编译出版社,1999.

[21] 章辉. 实践美学:历史谱系与理论终结[M]. 北京:北京大学出版社,2006.

[22] 邓晓芒,易中天. 黄与蓝的交响[M]. 武汉:武汉大学出版社,2007.

[23] 蒋孔阳. 美学新论[M]. 北京:人民文学出版社. 2006.

[24] 宗白华. 美学与意境[M]. 北京:人民出版社,1987.

[25] 王国维文集[M]. 第三卷. 北京:中国文史出版社,1997.

[26] 黄忏华编. 美学略史[M]. 民国丛书,第一编,第六十六卷. 上海:上海书局,1989.

[27] 朱光潜. 朱光潜美学文集[M]. 第一卷. 上海:上海文艺出版

社,1982.

[28] 复旦大学语言研究室. 陈望道文集[M]. 第一卷. 上海:上海人民出版社,1979.

[29] 复旦大学语言研究室. 陈望道文集[M]. 第二卷. 上海:上海人民出版社,1980.

[30] 周扬,缪灵珠,辛未艾译. 车尔尼雪夫斯基选集[M]. 上卷. 北京:生活·读书·新知三联书店,1958.

[31] 周扬. 马克思主义与文艺[M]. 北京:作家出版社,1984.

[32] 蔡仪. 新美学[M]. 上海:群益出版社,1948.

[33] 陈望衡. 20 世纪中国美学本体论问题[M]. 长沙:湖南教育出版社,2000.

**论文类**

[1] 李泽厚. 美的客观性和社会性——评朱光潜、蔡仪的美学观[N]. 人民日报,1957 - 1 - 9.

[2] 李泽厚. 美学三题议——与朱光潜同志继续论辩[J]. 哲学研究,1962(2).

[3] 刘纲纪. 马克思主义实践观与当代美学问题[N]. 光明日报:理论版,1998 - 10 - 23.

[4] 阎国忠. 给实践美学提十个问题[J]. 吉首大学学报:社会科学版,2005(4).

[5] 陈炎. “实践美学”与“实践本体”[J]. 学术月刊,1997(6).

[6] 杨春时,林朝霞. 实践美学和后实践美学论争的意义[J]. 学习与探索,2006(5).

[7] 杨春时. 实践乌托邦再批判——答张玉能先生[J]. 汕头大学

学报:人文社会科学版,2007(4).
[8] 杨春时.走向后实践美学[J].学术月刊,1994(5).
[9] 杨春时.关于《美学》的答辩——与张法对话[J].贵州社会科学,2007(9).
[10] 杨春时.艺术符号与解释[J].求是月刊,1989(5).
[11] 张玉能.实践美学与审美精神性[J].福建论坛:社会科学教育版,2008(8).
[12] 张玉能.实践美学:超越传统美学的开放体系[J].云梦学刊,2000(2).
[13] 张玉能.实践的类型与审美活动[J].人大报刊复印资料:美学,2001(2).
[14] 张玉能.新实践美学的告别[J].吉首大学学报:社会科学版,2006,1(27).
[15] 张玉能.新实践美学的创新探索[J].重庆三峡学院学报,2007,1(23).
[16] 张玉能.实践的结构和美的特征[J].华中师范大学学报:人文社会科学版,2001(1).
[17] 朱立元.实践美学的历史地位与现实命运——与杨春时同志商榷[J].学术月刊,1995(5).
[18] 朱立元.发展和建设实践本体论美学[J].广西师范大学学报:哲学社会版,2001(1).
[19] 朱立元.漫谈实践存在论美学[J].中文自学指导,2007,1(191).
[20] 朱立元.实践美学哲学基础新论[J].人文杂志,1996(2).
[21] 朱立元.对中国美学发展之途的一种思考[J].陕西师范大

学学报:哲学社会科学版,2004,33(4).

[22] 朱立元.美论:寻求对本质主义思路的突破——蒋孔阳思想新探之三[J].复旦大学学报:社会科学版,2004(5).

[23] 薛富兴.李泽厚后期实践美学的基本理路[J].广西师范大学学报:哲学社会科学版,2004,40(1).

[24] 徐碧辉.21世纪马克思主义美学的构想[J].哲学动态,2002(1).

[25] 潘知常.美学的重建[J].学术月刊,1995(8).

[26] 彭富春."后实践美学"质疑[J].哲学动态,2000(7).

[27] 易中天.走向"后实践美学",还是"新实践美学"——与杨春时先生商榷[J].学术月刊,2002(1).

[28] 邓晓芒.什么是新实践美学——兼与杨春时先生商讨[J].学术月刊,2002(10).

[29] 刘纲纪.马克思主义实践观与当代美学问题[N].光明日报:理论版,1998-10-23.